인물로 만나는
청소년운동사

인물로 만나는 청소년운동사

© 공현 외, 2016

2016년 9월 12일 처음 펴냄
         11월 21일 초판 2쇄 찍음

글쓴이 | 둠코, 공현
기획 · 편집 | 이진주, 설원민, 김도연
사진 | 최승훈
출판자문위원 | 이상대, 박진환
디자인 | 이수정
종이 | 화인페이퍼
인쇄 | 보진재
제작 | 세종 PNP

펴낸이 | 김기언
펴낸곳 | 교육공동체 벗
이사장 | 임덕연
사무국 | 최승훈, 이진주, 설원민, 김기언, 공현
출판등록 | 제2011-000022호(2011년 1월 14일)
주소 | (03971) 서울시 마포구 성미산로1길 30 2층
전화 | 02-332-0712, 070-8250-0712
전송 | 0505-115-0712
홈페이지 | communebut.com
카페 | cafe.daum.net/communebut

ISBN 978-89-6880-027-6 03300

이 도서의 국립중앙도서관 출판예정도서목록(CIP)은 서지정보유통지원시스템
홈페이지(seoji.nl.go.kr)와 국가자료공동목록시스템(www.nl.go.kr/kolisnet)에서
이용하실 수 있습니다. (CIP제어번호: CIP2016019996)

인물로 만나는 청소년운동사

공현·둠코 씀

교육공동체벗

차례

시대를 바꾼 청소년들

공현

언론에서 교사의 체벌이 문제시될 때, 머리카락을 염색한 청소년들이 야간 자율 학습도 하지 않고 거리를 지날 때, 우리는 "시대가 변했다"라고 이야기한다. 그렇다. 시대는 변한다. 세상은 변한다. 하지만 가만히 있는데도 알아서 변하는 것은 아니다.

2000년대 후반부터 학교의 두발 규제를 비롯해 많은 청소년 인권의 문제들에서 눈에 띄는 변화가 일어나기 시작했다. 그리고 2010년 경기도에서 한국 최초로 학생인권조례가 만들어졌고, 이어서 광주와 서울, 전북에서도 학생인권조례가 제정돼 시행되었다. 이처럼 현실에 성큼 다가온 청소년 인권에, 많은 사람들이 부산스럽게 한마디씩 보태기 시작했다. 성급하다거나 논의가 부족했다고 비판하는 목소리도 있었고 소위 '진보 교육감'들의 공이라고 떠받드는 목소리도 있었다.

하지만 청소년 당사자들이 학생 인권을 이야기하며 싸워 온 역사를 언급하는 사람은 드물었다. 심지어 일부 언론이나 단체들은 인권을 외치는 청소년들을 가리켜, 어른들에게 조종당했다며 교육감이나 교사 단체를 공격하는 구실로 삼았고, '홍위병'이라는 딱지까지 붙였다. 다른 한편에서는, 학교와 교육과 사회를 바꾸기 위해 나서는 청소년들을 순수하고 특별한 존재로 추켜세웠다. 그리고 청소년을 민주 시민으로 만드는 훈련을 시키기 위해 선거권 제한 연령을 낮추자고 했다. 오죽하면 청소년들이 공부도 안 하고 이렇게 나서겠냐며 '우리 아이들을 위해' 세상을 바꿔야 한다고 이야기했다.

우스운 노릇이었다. 예컨대 체벌 금지는 한국에서 20여 년 전에도 거론됐지만, 그때도 사람들은 준비와 토론이 필요하다고 했다. 물론 20여 년간 이루어진 것은 준비와 토론이 아니라 묵살과 외면이었다. 청소년 인권 현실의 개선을 요구하는 크고 작은 목소리들을 망각해 온 사람들이, 청소년 인권이 조금씩 나아지는 모습에, 자신들의 시야에 들어온 청소년들의 활동에, 새삼스런 반응을 보이고 있는 셈이었다.

이 와중에 무엇보다도 서글픈 것은, 사람들이 면면히 이어져 온 청소년운동과 그 주체들에 대해 기억하지 않는 점이다. 자신의 권리를 주장하고 교육과 사회를 바꾸려고 활동한 수많은 청소년들이 있다. 그런 운동을 만들어 내기 위해 좌충우돌한 이들이 있다. 나이를 먹으면 청소년이 아니게 될 테지만, 그럼에도 청소년으로서 자신의 현실을 바꾸겠다고 행동한 사람들. 지난 세월 동안 계속 존재해 왔던 그런 청소년들에 대해, 한쪽에선 어른들에게 조종을 당하는 피해자 취급을 했고, 다른 한쪽에선 '예비 우리 편'이나 예외적이고 기특한 존재 취급을 했다. 우리 사회가 그만큼 청소년운동에 대해 무지하고 무관심하기 때문이다.

고등학생운동에서 청소년운동으로

이 책에서 다루고 있는 '청소년운동'은 1990년대 중반부터 시작된, 청소년들이 자신들의 인권 보장 등 권익을 주장하며 활동한 사회운동을 말한다. 청소년운동은 그 이전 시대의 '고등학생운동'과는 시기적, 성격적으로 구분된다. 1980년대부터 1990년대 초반까지 민주화운동과 교사운동, 자주 통일·노동 해방 운동 등이 활발하던 와중에 형성된 청소년들의 운동이 있었으며, 이를 대학생운동과 구별하는 의미에서 '고등학생운동'이라고 불렀다.

고등학생운동은 중·고등학생들도 사회 변혁의 주체라고 선언했고, 교육과 사회의 민주화를 위해서, 학교 현장과 사회의 불의에 맞서 싸웠다. 독재를 비판하고 학생회를 학생의 것으로 만들려고 했으며 노동조합을 만들다가 해고당한 교사들을 지키겠다고 나섰다. 고등학생운동도 경쟁 교육과 학교 규율의 문제 등 청소년들이 겪는 차별과 고통에 대해 문제의식을 가지고 활동했다는 점에서는 지금의 청소년운동과 맥을 같이 한다. 그러나 고등학생운동이 그 시대 민주화운동·변혁 운동의 관점과 문화를 갖고 있었고 교사운동·대학생운동과 여러 차원에서 관계를 맺고 있었다는 점은 청소년운동과 다른 부분이다.

전면적인 탄압과 시대의 변화 속에 1995년 무렵 고등학생운동이 사라지고, 손에 꼽을 수 있을 만큼의 단체들만 그 명맥을 잇고 있다. 그리고 청소년운동이 생겨났다. 처음 청소년운동은 청소년 당사자들의 발언과 행동으로, 주로 청소년들이 학교 등에서 겪는 인권 침해를 고발하고 문제를 제기하면서 시작되었다. 청소년운동은 2000년 온라인 서명 운동의 형태로 이슈화된 두발 자유 운동으로 존재를 알리고 성장의 계기를 마련했다. 그 뒤 몇 년간 체벌, 0교시와 강제 보충 학습, 종교 강요, 정보 인권 침해, 학생회에 대한 간섭 등 학교 안의 수많은 인권 문제들이 공론화되었다. 이러한 학생 인권 이슈는 청소년운동의 주된 과제였고 학생인권조례 등으로 가장 먼저 성과를 일구어 낸 분야였다.

학생 인권 외에도 청소년들의 노동, 정치 등 다양한 문제들이 운동을 통해 수면 위로 올라왔다. 청소년들이 참정권을 보장받고 사회와 정치에 참여할 수 있게 하라는 운동, 특히 선거권 제한 연령을 낮추도록 요구하는 운동도 전개되었다. 청소년들의 정치 참여는 1990년대부터 주목을 받은 사안으로, 2002년부터 연속된 촛불 집회와 노무현 대통령 당선, 진보 정당 국회 진입 등 정치적 상황의 변동 속에서 한층 더 강조되었고 청소년들의 정당 활동과 같은 형태로 현실이 되기도 했다.

다양한 의제들이 발굴되고 확장되었으나 청소년운동 자체는 오랜 시간 답보 상태에 빠져 있었다. 시간이 지나면 당사자가 아니게 되는 청소년의 특성상, 대부분의 청소년운동 조직들이 생긴 지 2~4년 이내에 사라졌고 경험과 사람이 쌓이지 못한 채 흩어졌다. 2005년의 내신등급제 반대 촛불 집회와 두발 자유 서명 운동 및 집회를 계기로 청소년운동을 재정비하고 지속적이고 발전하는 운동으로 만들기 위한 논의와 도전이 시작되었다. 청소년운동의 주체도 만들어지기 시작했다.

2008년 무렵에는 정권이 교체되고 새로 들어선 이명박 정부의 정책에 항의하는 대중적 촛불 집회가 일어났다. 또한 교육감 직선제가 시행되기 시작했다. 2008년 촛불 집회는 초기에는 청소년들이 다수를 차지했다고 알려졌다. 촛불 속에서 청소년들은 정치적 주체로서 또 다른 가능성을 보여 주었고, 사회적으로 주목받는 이슈들에 관해 행동에 나서는 청소년들의 자생적인 움직임은 박근혜 정부 때에도 세월호 참사 관련 활동이나 역사교과서 국정화 관련 활동 등으로 계속되고 있다. 청소년운동은 일제고사 반대 운동 등 교육 정책에 대해서 자신들의 목소리를 높였고, 교육감 직선제 이후 학생인권조례는 지역별로 주요한 쟁점이 되었다.

이와 같은 운동의 역사와 흐름 속에서 우리는 각 시기별로 청소년운동을 보여 줄 수 있는 인물들을 선정하여 만나서 이야기를 들었다.

삶과 삶을 잇는 역사

우리는 당사자로서 청소년운동을 했던 이들의 목소리를 통해서 청소년운동이란 무엇이고, 청소년 활동가란 누구인지 보여 주려 한다. 먼저, 기록도 연구도 제대로 되어 있지 않은 청소년운동에 대해 인터뷰와 자료를 통해 청소년운동의 약 20년에 걸친 역사를 구성하려고 했다. 이에 더해, 지금도 계속되고 있는 그들의 삶의 이야기를 전하려고 했다. 어떤 사람들이 청소년운동을 했고, 청소년운동을 한다는 것이 개인에게 어떤 경험이며, 청소년운동을 했던 이들은 현재 어떤 삶을 살아가고 있는지 궁금했다.

이 책에 등장하는 열다섯 명의 인물들은 1990년대부터 2010년대까지 청소년운동에 뛰어들었던, 나이도 상황도 제각각인 다양한 사람들이다. 마흔이 다 된 사람과 갓 스물이 넘은 사람이 모두 자기 청소년기의 경험에 대해 이야기했다. 때로는 인터넷조차 없던 시대와 스마트폰이 일상화된 시대의 차이가 도드라졌고, 때로는 꽤 터울이 있는 사람들이 학교에서 겪은 흡사한 폭력을 이야기해 기시감이 느껴졌다.

그 사람들 각각의 이야기는 시작과 끝이 있는 몇 년의 토막이지만 그 이야기들이 이어지면서 약 20년 동안의 청소년운동의 흐름이 손에 잡히는 윤곽을 드러냈다. 1부에서는 그 흐름의 태동으로서 온라인 공간에서의 활동과 2000년 노컷 운동으로 자신들도 인권이 있는 존엄한 인간임을 선언한 청소년 주체들의 고민을 만날 수 있다. 2부에는 2000년대 들어서 청소년운동이 청소년 인권에 대한 여러 이슈들을 제기하고 정치적 발언을 하면서 여러 부침과 시행착오를 겪은 이야기가 담겼다. 3부에는 2000년대 후반, 청소년운동이 더 조직화되고 발전하면서 학교 안팎에서 학생 인권 개선을 위해 싸우고 촛불 집회와 일제고사 반대 등의 이슈에 뛰어든 이야기가 담겼다. 그리고 4부에서는 학생인권조례에서부터 교육운동, 참정권 운동 등의 이슈에서 청소년운동이 새롭게 도전하고 실패하거나 성과를 일구어 낸 사례들을 접할 수 있다.

이 책에서 만난 이들은 서너 명을 제외하고는 현재 청소년운동을 하고 있지 않다. 자신의 분야에서 일하고 있는 사람도 있고, 노동조합 활동을 하는 사람, 정당이나 지역에서 활동하는 사람 등 그 삶의 모습이 다양하다. 몇몇 어른들의 걱정처럼, 그 중요한 청소년기에 자신의 시간과 꿈과 에너지를 청소년운동에 바쳤던 그들이 삶에서 뒤처지고 손해를 보았다고 할 수 있을까? 그럴지도 모른다. 다만 그들도, 그리고 나도 청소년운동을 후회 없이 하기 위해, 자신의 삶과 세상의 주인이 되기 위해, 오늘 여기서 행복하게 사람답게 살기 위해 최선을 다했고 지금도 다하고 있다. 그들 각자의 삶에서도 청소년운동은 단지 과거로 머물러 있지 않았다. 청소년운동은 누군가에게는 반성하고 극복해야 할 반면교사로, 누군가에게는 자신의 삶을 바꾼 전환점으로, 누군가에게는 현재까지도 유효한 삶의 원리이자 체험으로 남아 있었다.

　인물을 정하고 찾는 데는 2006년부터 청소년인권활동가네트워크에서 진행한 '청소년 인권 운동, 길을 묻다'라는 이름의 청소년운동사 연구 작업이 큰 도움이 되었다. 물론 우리가 만난 사람들이 청소년운동의 모든 것을 보여 주는 것은 아니다. 빠뜨린 이야기들, 다른 관점의 기억과 해석들이 존재할 것이다. 필자들도 청소년운동을 하는 활동가들이기 때문에 미리 알고 있던 정보들로 이를 보충하려고 노력했지만 얼마나 채워졌을지는 솔직히 자신이 없다. 그러나 한계가 있더라도, 청소년운동을 한 인물들을 만나서 역사를 구성하는 첫 번째 작업으로서 이 책의 의의를 먼저 자축하고 싶다.

1부

인간을 꿈꾸다

청소년운동의 여명기

김한울·나정훈

글 공현

01 1998년 학생 인권 선언

김한울과 나정훈은 1990년대 중후반, PC통신이 한창이던 때 하이텔과 나우누리의 '중고등학생복지회(학복회)'라는 단체에서 활동했다. 김한울은 하이텔 학복회의 창립 멤버이고, 나정훈은 1998년 무렵부터 나우누리 학복회에서 대표를 맡아 2000년대 초 학복회가 사라질 때까지 활동했다.

두 사람은 현재의 청소년운동과도 가볍지 않은 연을 이어 가고 있다. 김한울은 현재도 청소년운동 단체의 후원 회원이고 관련 행사가 있으면 자주 얼굴을 비춘다. 나정훈은 2007년부터 2010년까지 '청소년인권활동가네트워크'에서 활동하기도 했다. 나는 이런저런 자리에서 두 사람을 마주칠 때마다 둘의 활동 당시 이야기를 듣는 자리를 꼭 마련하겠다고 말하며 오랜 시간 별러 왔다. 그들을 볼 때마다 마치 '선사 시대' 인물들이 바로 곁에 살아 있는 것 같은 느낌을 받았기 때문이다. 겨우 20년 전의 이야기를 선사 시대라고 표현하는 게 과한 감도 있지만 지금까지 청소년운동에서 계속 '역사'로 회자되는 그들의 존재감이 그러했다. 지금은 기록도 거의 남아 있지 않은 청소년운동 태동기의 이야기를 듣기 위해 둘을 만났다.

역사 없이 시작된 움직임

1995년 7월 22일, PC통신 중 하나였던 하이텔의 토론 게시판에 글이 하나 올라왔다. "김영삼 대통령 이하 교육부 장관, 강원도 교육감, 춘천시 교육장, 강원도지사, 춘천시장님께. 저는 강원도 춘천고등학교 1학년에 재학 중인 최우주입니다"로 시작한 글은 춘천고가 밤 11시까지 자율 학습을 강제하고 방학 중에도 보충 수업 등을 강요한다고 고발하며, 그것이 학생의 어떠한 헌법상 기본권을 침해하는지 하나하나 지적했다. 그리고 "저의 바램은 아주 상식적인 것입니다. 방과 후의 시간을, 방학 동안의 시간을 당연히 학생들 자신의 적성에 따라 활용할 수 있도록 학생 개개인에게 돌려 달라는 것입니다"라는 말로 끝맺었다. 최우주 학생은 자율 학습과 보충 수업 강요는 학생의 기본권을 침해한 것이라 헌법 소원을 제기하려고 한다며, 헌법 소원을 제기하기 전 다른 구제 절차를 먼저 거치고자 민원서를 냈다고 밝혔다.

그저 하나의 민원서였지만 최우주의 글은 큰 파문을 일으켰다. 언론에서도 이를 보도했고 하이텔에서는 '최우주 군의 학교 문제, 함께 따라가 봅시다'라는 제목의 토론 게시판이 개설되어 학생 인권에 대한 활발한 토론이 벌어졌다. 그동안 학생들이 품었던 학교에 대한 불만, 교육 제도에 대한 문제의식을 학생 당사자가 나서서 '학생의 기본권'이라는 개념으로 이야기한 최초의 사례였기 때문이다. 하이텔 토론방에 모였던 청소년들은 1996년 '중고등학생복지회'라는 이름으로 다시 모이게 된다. 김한울도 그렇게 모인 청소년 중 한 명이었다. 그는 최우주의 글에 대해 "학생도 '인권'을 가지고 있음을 보여 준 상징적 행위였다"라고 다른 인터뷰에서 말한 바 있다.

김한울 (활동을) 시작하게 된 계기는 1995년 하이텔 토론방에서 시작된 교육 문제 토론이었어요. 당시 고2였는데 최우주 사건에 대한 보도가 공중파 TV에 나가면서 최우주가 이슈화시킨 만큼 우리도 뭔가 액션을 취해야 하고 그러려면 모임이 있어야겠다 해서 학복회를 만들었죠. 가장 큰 기폭제는 최우주였어요. 그때 하이텔에서 '케이맨'이라는 닉네임을 쓰던 전영민이 그럼 '학생인권회복회'라는 이름으로 모임을 만들겠다고, 같이할 사람들은 알려 달라고 했고 12월쯤엔가 '학생 인권'보다는 '학생 복지'가 더 넓은 뜻인 거 같다며 '학생 복지'라는 이름으로 하는 게 어떻겠냐고 제안했어요. 저는 뭐든

김한울

상관없으니 일단 하자, 복지가 좋으면 복지로 하자 그랬어요. 하이텔에서 얘기만 왔다 갔다 하다가 전영민이 명동에서 모임을 하자 해서 갔더니 인터뷰를 하는 자리였어요. 당시 《시사저널》의 김은남 기자가 취재를 와서 학복회 네 명이 인터뷰를 했죠. 그게 첫 오프라인 모임이었어요. 1996년 3월쯤이었던 걸로 기억해요.

1990년대 PC통신과 인터넷은 한국 사회에 새로운 소통과 문화와 정치의 공간을 열어 주었다. 청소년들에게 온라인은 여러 제약을 뛰어넘어 사람들과 교류하고 청소년들의 발언과 활동을 만들 수 있는 좋은 수단이 되었다. 프로그래밍과 웹 기술을 습득한 소수의 청소년들은 더

적극적으로 온라인 공간을 활용했다. 청소년들의 웹진을 모토로 만든 '네가진'과 '채널텐', 청소년들이 개발한 청소년 커뮤니티이자 포털의 성격을 띤 '아이두', 웹진 형태로 기획됐으면서도 더 포괄적인 커뮤니티 기능을 가지고 있었던 '사이버유스'가 대표적이었다. 이후 채널텐, 사이버유스, 아이두는 온라인에서 두발 자유 캠페인을 기획하는 주축이 되기도 했다.

온라인을 통한 청소년들의 발언이 활발해지던 새로운 시대, 그중에서도 학복회는 청소년들이 자생적으로 만든 것이면서 학생의 인권을 보장한다는 분명한 목표 의식을 가지고 있다는 점에서 특별했다. 1980년대에서 1990년대 초반까지 존재했던 '고등학생운동'은, 청소년들의 주체성과 학교에서의 인권 문제 해결을 주장하긴 했지만, 사회의 민주화나 민중의 해방 등 거시적인 사회 변혁에 더 큰 관심을 갖고 있었다. 1990년대에 나타난 청소년들의 사회적 발언과 활동들과 학복회 같은 시도들은, 청소년들의 삶과 인권 문제를 중심에 두었고 다른 기성 사회운동의 영향을 별로 받지 않았다는 점에서, 과거 고등학생운동과는 그 주장도 조직적 기반도 다른 새로운 운동의 탄생이었다. 그것을 김한울은 "맥락 없이 갑자기 나왔다"고 표현했다.

> **김한울**　PC통신이라는 게 시간·공간의 제약을 넘어서 뭔가를 만드는 자생성의 바탕이었어요. 그건 청소년운동뿐 아니라 음악 동아리 같은 문화적 기반도 마찬가지였어요. 새로운 사람들에 의해서 새로운 가능성과 흐름을 만드는 역할을 PC통신이 했어요. 뜻 맞는 사람들과 만나서 교류하는 문화적 경험이 축적돼 있었어요. 저도 중학교 때부터 PC통신이나

사설 BBS* 같은 데 접속하면서 여러 가지 관심 있는 활동에 참여했거든요. 그런 경험들이 있어서 교육 문제에 대해서도 활동할 수 있었던 거 같아요. 당시 '21세기청소년공동체 희망'이라든지 '흥사단' 같은 청소년 단체는 그동안의 역사와 흐름이 있었고, 단체 안에 간사가 있어서 청소년들의 조언자 역할을 했는데, 학복회에는 그런 역할을 하는 사람이 전혀 없었어요. 학복회는 그렇게 맥락 없이 갑자기 나온 거예요.

PC통신 등 새로운 기술의 등장뿐만 아니라 사회적 변화도 큰 변수였다. 1987년 6월항쟁으로 대통령 직선제와 언론의 자유 보장 등이 이루어지고, 1992년 김영삼 대통령의 당선으로 '문민 정부'가 세워지면서 1990년대는 민주화가 실현될 거라는 기대감이 높았다. 1980년대 후반에 계속되었던 경제적 호황기의 영향도 남아 있었고, 서태지나 신해철 등으로 상징되는 새로운 대중문화가 나타났다. 김영삼 정부는 군사독재를 극복하고 민주주의를 이루겠다며 각종 정치 개혁을 추진했고, 1995년에는 '5.31 교육개혁'을 통해 교육에서도 자율과 다양성, 세계화 등을 중심 가치로 삼겠다고 발표했다.

그러나 모두가 민주화와 개혁을 말하는 순간에도 학교는 여전히 구시대적이고 억압적이며 비민주적인 공간으로 남아 있었다. 1990년대 신문기사에 등장하는 학복회 회원들은 일요일 학교 자습에 안 나갔다는 이

---

* Bulletin Board System의 약자로, 전자 게시판을 가리킨다. 본격적으로 인터넷이 등장하기 전에 널리 쓰이던 온라인 시스템으로, 전화선과 프로그램을 사용하여 특정한 BBS에 접속하여 메시지와 파일을 교환할 수 있었다. 개인이 개설한 무료 BBS도 많았고 유료 서비스도 있었는데, 사교적 목적이나 학술적 목적, 정보 공유 등 다양한 목표와 형식으로 운영됐다.

나정훈

유로 체벌을 당하고 부모가 학교에 불려 간 사례*, 시험에서 틀린 문제 수만큼 교사에게 맞은 사례** 등을 이야기했다. 경쟁과 차별로 채워진 교육 제도와 학생들의 의견에는 전혀 귀 기울이지 않는 학교의 비민주적인 구조 속에서 직접적인 폭행과 차별은 일상이었다. 김한울을 비롯해 많은 청소년들이 온라인 공간에 모여서 자신의 의견을 나누고 토론했던 것도, 그리고 최우주가 민주주의의 상징인 '헌법'과 '기본권'을 언급하면서 학교의 문제를 비판했던 것도 이러한 배경 위에 있었다.

김한울 노태우 정권이 끝나고 문민 정부가 출현하면서 군사 독재 시절에 있었던 제약이나 규율, 규제 같은 것들이 민주적 질서로 전환되는 사회적 분위기가 있었어요. 그 전에는 복종시키고 누르는 힘이 좀 더 세게 작용했다면 1990년대 중후반에는 자발적으로 올라오는 것들에 대해 더 관용하는 분위기였어요.

나정훈 1990년대 중반은 대중문화에 있어서 대한민국의 전성기였잖

---

* "“통제에 길들여진다는 건 너무 싫어요”", 〈한겨레〉, 1999년 4월 9일.
** "[신밀레니엄 청소년 문화 시리즈] (3) 기성세대에 말한다", 〈국민일보〉, 1999년 8월 30일.

아요. 우리 이전까지 배고픈 기억을 가진 사람들이 많았는데, 최초로 자본주의의 혜택을 보면서 계획된 교육을 받고 자라난 세대가 만든 문화인 거죠. 10대, 20대들에 의해 대중문화라는 것이 만들어지고 한국의 근대가 그런 청사진이 실현되는 시기였던 거 같아요. 그러니까 그 시대에는 좀 더 많은 이야기들이 나올 수 있었고요. 그 당시가 소수자운동들이 다 튀어나온 시기잖아요. 청소년운동도 그런 맥락에 있었던 거 같아요.

하이텔이라는 PC통신 게시판에서 활동을 시작한 김한울과 달리 나정훈은 먼저 고등학교 내에서의 활동을 기획하다가 온라인 단체를 찾아 들어왔다. 나정훈은 본래 학교 안에서 서클을 만들어 활동하려 했지만, 서클을 만들려면 전교 10등 안에 드는 학생이 있어야 한다는 학교 규정 때문에 어려움을 겪었다. 그리고 활동할 기반을 찾다가 나우누리 학복회 대표 선거에 출마하게 된다. 요즘의 청소년들이 청소년운동단체를 찾아 들어오는 것과 비슷한 경로였다.

나정훈 1998년에 고등학교에 입학했는데, 그 무렵에 친구랑 청소년 인권 문제가 중요하고 학교를 바꿔야 한다는 얘기를 많이 했어요. 그래서 학내에 서클을 만들려고 했죠. 대놓고 인권이나 사회 문제로 활동을 할 수 없으니까 역사학회를 만들기로 하고 한 네다섯 명 정도를 모았어요. 그런데 학교에서 전교 10등 안에 드는 애가 한 명 이상 있어야 서클이 허가된다고 하더라고요. 그래서 흐지부지됐죠.
그때 나우누리 학복회의 대표 자리가 공석이었거든요. 그래서 제가 대표로 나갈 테니 거기서 활동해 보자고 했어요. 그때는 학복회라서 들어간 게 아니라 기존 단체를 접수해서 활동 기반을 만들겠다는 생각이었죠. 마침 하이텔 학복회도 마침 선출 기간이어서 제가 양쪽에 다 대표 신청을 해 놓고 통합시키겠다고 공약을 내걸었는데 하이텔에선 원래 활동이 없던 애들이 갑자기 튀어나오니까 반발이 심해서 안 됐어요.

학복회를 '접수'하기 위해 대표 선거에 출마했다는 나정훈의 이야기에서 고등학생 시절 그의 자신감 같은 것이 느껴졌다. 나정훈에게 청소년 인권이나 교육 문제에 관심을 가지게 된 계기는 무엇이었는지 물어보니, 그는 초등학교 때부터의 자기 역사를 들려주었다.

나정훈 어릴 때 서울 노원구 상계동에 있는 주공아파트에 살았는데 아버지가 그때부터 돈을 많이 벌기 시작했거든요. 그래서 그 인근에서 제일 좋다는 사립학교에 절 입학시켰어요. 거기서 빈부 격차를 느꼈어요. 공립학교를 갔으면 제가 되게 부자라고 느끼면서 살았을 텐데 사립을 가니까 저보다 더 돈 많은 애들의 허세질을 보면서 가난하다고 느끼며 산 거죠. 그때부터 아웃사이더로 지냈어요.
그러다 중학교 때 경기도 일산으로 이사를 갔는데 일산이 비평준화 지역이었거든요. 맨 위에 백석고가 있었고 그 아래 정발고랑 몇 개 고등학교가 있었어요. 그런데 자기가 지원한 고등학교를 못 가면 많이들 죽었어요. 매년 열몇 명씩은 죽었던 거 같아요. 제가 중1 때 되게 좋아하던 서클 누나가 있었는데 주변 사람들을 잘 챙기는 정말 좋은 사람이었거든요. 그런데 어느 날 아침, 방송실 문을 열고 딱 들어갔는데 불이 꺼져 있는 데서 누나가 혼자 울고 있는 거예요. 시험을 보고 난 뒤에. 그걸 보고서 저렇게 착한 사람이 고통받는 건 문제가 있다는 생각이 들었죠. 그런 몇 가지 사건들이 청소년 인권 활동으로 저를 나아가게 했던 것 같아요.

김한울　로맨틱하다. (웃음)

　나정훈은 차별에 대한 예민한 감각과 사람을 불행하게 만드는 체제에 문제의식을 가진 사람이었다. PC통신이라는 기술적 바탕과 정치 사회적 배경도 중요했겠지만 무엇보다 그와 같은 '사람'들이 청소년운동이 시작될 수 있었던 싹이 아니었을까.

학교와 사회의 탄압, 여명기의 고난

　최우주가 글을 올렸을 당시, 강원도교육청에서는 "보충, 자율 학습의 강제성은 사실이 아니며 학생들의 기본권을 침해했다고 보는 것은 무리"라는 답변을 내놓았다. 춘천고는 최우주에게 민원을 취하하고 학교에 따르든지, 혼자 보충 수업이나 자율 학습에서 빠지든지, 아니면 전학/자퇴를 선택하라는 압력을 넣었다. 1998년에는 전북 전주 전라고 학생 임유빈이 학교 환경 개선에 관해 청와대 게시판에 글을 올렸다가 징계를 받는 사건이 일어났다. 학생들의 문제 제기를 학교가 탄압하는 데 아무런 거리낌이 없던 때였다.

　학복회에 대한 정부와 학교의 대응도 다르지 않았다. 하이텔 학복회에 대한 《시사저널》 기사*가 나가자마자 학교에서는 노골적으로 학생들을 탄압했다. 김한울과 함께 학복회 활동을 하던 전영민은 학교와 갈등 끝에 '자퇴'를 '당했'다. 당시 전영민의 담임 교사는 학교의 허락을 받지 않은 단체나 모임을 결성하거나 참여했을 시 징계를 받을 수 있다는 내용의 학칙을 보여 주었다.

> 김한울　1996년 4~5월쯤이었는데, 《시사저널》에 인터뷰 기사가 나간 다음 단체가 와해됐어요. 교육부에서 각 학교에 공문을 보냈거든요. 그러면서 조직적으로 움직일 수 있는 기반이나 커질 수 있는 싹이 잘렸죠. 전영민은 기사에 이름이 나가서 강서고에서 분쟁이 많았어요. 저도 인터뷰할 때 이름이랑 학교명이 나가도 된다고 했는데 기사에 가명으로 나갔더라고요. 학교에서도 제가 학복회 활동을 한다는 건 모르고 있었기 때문에 면담이 들어오진 않았어요. 그래도 조직적 측면에서는 거의 와해된 거나 마찬가지였죠.

온라인에서 모인 사람들은 운동에 대한 조직적이고 체계적인 계획을 가지고 있지 않았다. 때문에 잠재적 활동가이자 회원인 온라인 게시판 이용자들을 여러 학교에서 동시다발적으로 탄압하자 단체의 기반이 흔들렸다. 하이텔 학복회는 서울에서 처음 모였던 네 명만으로 활동이 이루어졌다.

---

* 〈교육 현실에 짓눌린 중·고생들 '권익 찾기'〉, 《시사저널》 336호, 1996년 4월 4일.

김한울 당시에 저하고 전영민, 이재권, 최범용, 이렇게 넷이 모였거든요. 최
범용은 중학생이었고 이재권은 저보다 한 살 어렸고 전영민이랑 저는 동
갑이었어요. 청주에도 한 친구가 있었는데 수도권이 아니니까 자주 올라
올 수 없었어요. 중·고등학생이 자신의 인권 이야기를 하기 시작했다는
이슈로 인터뷰를 한다든가 토론회에 나가는 정도의 활동을 했죠.

그러던 중 1996년 12월 부산에 갈 일정이 생긴 김한울이 경남·부산
쪽 회원들에게 연락을 돌렸다. 이참에 경남·부산 지역 사람들을 모아
보자는 생각이었다. 그때 부산에서 모인 사람들이 하이텔 학복회 부산
지회를 만들었다. 김한울은 "활동 중심이 1996년까지는 서울이었다면
1997년부터는 부산으로 옮겨 가게 됐다"라고 말했다. 그 뒤 하이텔 학
복회는 부산을 중심으로, 나우누리 학복회는 서울과 수도권을 중심으
로 활동했다.

인권을 선언하고 조직화를 고민하다

지금도 학복회 활동으로 많이 언급되는 것은 1998년 '학생 인권 선언
(선언)'이다. '선언'에 대한 구상은 교육부가 1998년 세계 인권 선언 50주
년을 기념하여 학생 인권 선언을 만들어 공포하겠다는 계획을 밝히면
서 시작됐다. 당시 정부가 선언을 급하게 추진하면서 교사들도 학생 인
권 선언에 부정적이었고, 학생들의 의견도 제대로 반영하지 못했으며,
인권 단체들 역시 인권 기준이 제대로 담기지 못한 이름뿐인 선언이 될
거라는 우려를 보내고 있었다. 정부의 학생 인권 선언은 흐지부지 중지

| 학생 인권 선언 |

인간의 존엄성은 누구도 침해할 수 없는 보편적 가치입니다. 학생의 인권 역시 보편적 인권 안에 존재하며, 학생은 자신의 삶의 주체로서 자신이 지닌 기본권을 정당히 누릴 권리를 가집니다. 그러나 학생들, 특히 중·고등학생들은 이러한 기본권을 제대로 누리지 못하고 있습니다. 교육 현장인 학교에서, 삶의 현장인 사회에서 교육의 주체인 학생의 인권은 공공연히 침해당하고 있으며, 편견과 인습을 통해 이러한 사실이 암묵적으로 정당화되고 있습니다. 뿐만 아니라, 학생의 문제에 대한 사회적 논의마저 당사자인 학생이 아닌 성년자가 중심이 됨으로써 일방적 보호, 훈육의 한계를 뛰어넘지 못하는 현실에 놓여 있습니다. 나아가 이 나라의 왜곡된 정치 구조와 맞물려 당국은 학생 문제를 투표권자인 성년의 시선으로 일관하는 정책을 남발하여 학생을 정치적으로 이용하기까지 이르렀습니다. 이에 우리는 학생 또한 자신의 의지와 생각을 지닌 독립된 하나의 인격체이므로 그에 따른 마땅한 권리를 가짐을 선언합니다. 그리고 학생의 권리와 의무를 학생 스스로 보장하고자 합니다.

1. 학생은 나이, 성별, 학교 성적 등 어떠한 기준으로도 부당한 차별을 받지 않습니다.
2. 학생은 과도기의 세대가 아닌, 인격을 가진 사회 구성원으로서 외부에 의한 신체적, 정신적 폭력으로부터 자유로울 권리가 있습니다.
3. 학생은 헌법에 보장된 모든 기본권을 누릴 수 있습니다. 그러므로 생각과 표현의 자유, 행동의 자유, 결사의 자유를 가집니다.
4. 학생은 쾌적한 환경에서 평등한 교육을 받을 권리를 지닙니다.
5. 학생은 학교의 방침에 따른 일방적인 교육을 거부하고 자신이 원하는 교육을 요구하고 보장받을 권리를 지닙니다.
6. 학교에서 학생의 모든 자치 활동은 교사나 학부모 등 타인에 의해 제한될 수 없습니다.
7. 학생은 자신이 원하는 매체를 접할 수 있고 자유로운 문화 활동을 할 수 있는 권리와, 학생들이 참여할 수 있는 문화 공간을 보장받을 권리를 지닙니다.
8. 학생은 자신이 원하지 않는 노동을 거부할 권리가 있습니다.
9. 학생은 자신이 원하는 노동 활동을 스스로 판단하여 할 수 있으며 학생이란 신분으로 노동 현장에서 부당한 처우를 받지 않을 권리가 있습니다.
10. 위와 같은 학생의 모든 권리를 부당한 기준으로 제한하지 않아야 합니다.
11. 학생은 스스로의 권리를 주장하고 지킬 책임을 지닙니다.

됐지만, 학복회는 자체적으로 학생 인권 선언을 준비하여 1998년 11월 3일에 발표했다.

흥미롭게도 '선언'에는 학생 인권에 대한 구체적인 내용보다 "원하는 노동 활동을 스스로 판단하여 할 수 있으며 노동 현장에서 부당한 처우를 받지 않을 권리", "학생들이 참여할 수 있는 문화 공간을 보장받을 권리" 같은 보편적 인권에 대한 문구들이 들어가 있다. 김한울은 이에 대해 "아마 유엔 아동권리협약을 참고해서 그렇게 됐을 것"이라고 이야기했다. 세계 인권 선언 50주년에 관련된 활동이기 때문이었을 수도 있고, 겨우 첫걸음을 떼는 학생 인권 이야기였기에 기존의 권위 있는 인권 문서에 의존했던 것일 수도 있다.

이처럼 학복회는 PC통신에서 처음 만들어졌지만 '온라인' 중심으로 활동하지는 않았다. 나우누리 학복회는 실제로 모임에 나온 사람들 중심으로 일을 나눠 맡아서 진행했고, 소식지를 인쇄해서 배포하고 '학생을 위한 학교 만들기' 서명 운동을 하는 등 체계적인 활동을 만들어 갔다.

나정훈　1998년 '선언'을 하이텔에서 만들 때 나우누리 학복회는 소식지

〈돋움〉을 만들었어요. 회원들한테 인쇄해서 우편으로 보내면 그걸 받은 회원들이 자기 학교나 주변에 뿌리는 방식이었어요. 소식지에는 청소년 인권에 대한 보편적인 이야기, 청소년 인권의 당위성을 주장하는 글, 학복회 소식이 들어갔어요. 외부로 내보내는 소식진데 내부 이야기도 같이 들어갔어요. 조직을 이렇게 하자는 주장이 들어가기도 하고요. 그렇게 한 3호까지 배포했어요.

우리 때 청소년 인권이 가장 이슈가 됐던 거 같아요. 학교 붕괴라는 말이 최초로 나온 시기였거든요. 그러면서 교육에 대한 이슈도 많이 생겼고 또 청소년 인권 문제로서 얘기되기도 했어요. 당시에 '청소년이 술을 먹어도 되는가'라는 주제의 토론회도 있었어요. 그런 식으로 청소년의 권리에 제한을 두는 것에 대한 얘기까지 나와서 주제로만 보면 지금보다 더 거대했던 거 같아요.

1990년대 후반에 학생 인권에 관련해서 가장 이슈가 된 사안은 체벌 문제였다. 1998년, 정부는 〈초·중등교육법 시행령〉을 만들며 체벌을 억제한다는 명분으로 "학교의 장이 (……) 지도를 하는 때에는 교육상 불가피한 경우를 제외하고는 학생에게 신체적 고통을 가하지 아니하는 훈육·훈계 등의 방법으로 행하여야 한다(제31조 ⑦)"라는 조항을 넣었다. 그 이전까지 체벌은 법령에서 정하는 바 없이 학교 현장에서 관행적으로 이루어지고 있었기 때문이다. 그러나 이 조항은 정부의 명분과 달리 '교육적으로 필요하다고 생각하면 체벌을 해도 된다'는 의미로 받아들여졌다. 이런 상황에서 학생이 체벌 교사를 경찰에 신고하는 등의 사건이 일어나자 김일주 자민련 의원 등 여야 국회의원 26명은

1999년 2월 교사의 체벌권을 명시하는 〈초·중등교육법〉 개정안을 추진하겠다고 발표했다. "교사가 학생에게 체벌을 할 때는 교육적 필요성과 적절성에 충분한 주의를 기울여야 한다"라는 대목을 추가해 교장에게만 주어진 체벌권을 교사에게도 법률로써 허용하겠다는 뜻이었다.*

학복회는 이에 반대하는 내용의 토론회 '우리에게도 인권이 있어요!'를 4월 3일 국회 의원회관에서 다른 시민단체들과 공동으로 개최하고 체벌 허용 입법화 반대 서명 운동 등을 벌였다. 나정훈은 "그 일로 토론도 많이 했지만 학복회 안에서 체벌을 완전히 금지해야 하는지에 대해선 의견이 잘 안 맞았던 걸로 기억한다. 그래도 체벌 사례들을 계속 모으려고 했고 그런 내용을 언론이나 토론회 등에서 알리려고 노력했다"고 회고했다. 당시 청소년운동에서는 학교 현장에서 감정적으로 불합리하게 이루어지는 체벌이 많다는 것을 사례로 이야기하며 '체벌이 교육적'이라는 주장에 반박했다. 또 체벌이 신체의 자유 등 기본적 인권을 침해하는 것임을 지적하고, 학생을 관리와 통제의 대상으로만 보고 획일적 삶을 살게 하려는 학교 교육 때문에 일어나는 것이라고 비판하기도 했다.**

---

* "'교사 체벌권' 법제화 추진", 〈경향신문〉, 1999년 2월 18일.
** 체벌에 반대한 그들의 목소리는 이후 학생인권과교육개혁을위한전국중고등학생연합의 체벌 반대 주장이나, 2003년 참교육을위한전국학부모회, 전국교직원노동조합, 21세기청소년공동체 희망, 전국민주중고등학생연합, 흥사단 교육운동본부, 대한민국청소년의회 등이 포함된 '학생체벌금지연대' 활동으로 이어졌다. 문제가 됐던 〈초·중등교육법 시행령〉 제31조 ⑦은 그로부터 12년이나 지난 2011년 3월 체벌을 금지하는 방향으로 개정됐으나(제31조 ⑧ 학교의 장은 법 제18조 제1항 본문에 따라 지도를 할 때에는 학칙으로 정하는 바에 따라 훈육·훈계 등의 방법으로 하되, 도구, 신체 등을 이용하여 학생의 신체에 고통을 가하는 방법을 사용해서는 아니 된다) 교육부는 이를 '직접 때리지 않는 체벌'을 허용하는 것으로 좁게 해석하고 있다.

그들은 조직화에 대해서도 고민했다. 김한울은 "하이텔 학복회가 무슨 사업을 하든 홍보에 열을 올렸던 반면 나정훈을 기점으로 청소년들을 어떻게 조직할 것인가에 대한 문제가 운동의 과제로 떠올랐다"고 말했다.

김한울 '셀(세포)'에 대한 고민들을 같이 얘기했던 기억이 어렴풋이 나요. 각 학교마다 조직을 만들고 전체적인 네트워크를 만드는 식으로 구조가 만들어지는 게 궁극적으로 지향해야 할 바가 아니냐는 거였죠. 셀은 원래 학생운동 조직에서 많이 쓰던 말인데, 제가 대학에 입학해서 운동하기 시작한 이유도 그거거든요. 대학생 조직의 조직 방법을 알아내 중·고등학생 활동가들에게 전해 줘야겠다 생각했어요. 중·고등학생은 아무것도 없잖아요. 위에 선배가 있는 것도 아니고, 만들자마자 교육부랑 학교가 깨 버려요. 그러니까 활동을 홍보하는 것도 중요하지만, 어떻게 조직하는가가 관건이라는 생각이 들었어요.

나정훈 학복회라는 조직을 어떻게 만들 것인가에 대한 고민이 있었어요. 강한 조직이 되어야 하는가 자유로운 참여가 가능한 조직을 만들어야 하는가. 저는 자율적인 형태가 돼야 한다고 생각했어요. 청소년 인권 문제에 대해 흩어져서 고민하는 친구들은 되게 많잖아요. 이 학교 저 학교 어느 공간에서든 많은데 이 친구들의 참여를 끌어오기가 되게 힘드니까, 각자가 있는 곳에서 모임을 만들고 학복회라고 칭하는 거예요. 일종의 연합회가 되는 거죠. 그 친구들이 하나의 세포가 되고 그중 누군가가 발언에 대한 책임을 가지고 전체가 참여하는 회의에서 결정을 하는 방식이 제가 마지막쯤에 구상했던 조직 형태였어요. 그래서 학교를 조직

나우누리 학복회에서 만들었던 소식지 〈돋움〉.

할 생각을 했는데 우리가 직접적으로 학생들을 만나서 조직하기가 쉽지 않아서 학생회들을 알음알음 소개받아 만났어요. 그때 이화여고랑 덕성여고가 묶여 있는 학생회 그룹이 있었거든요. 어떤 이슈가 있을 때 학생회 이름으로 같이해 달라고 조직을 한 거죠. 나름대로 네트워크는 만들었어요. 이후 만들어진 '학생연합(학생인권과교육개혁을위한전국중고등학생연합)' 같은 경우에는 전국적인 강한 조직을 만들고 싶어 했었죠. 청소년운동 안에서도 조직 형태를 어떻게 할 것인가에 대한 여러 논의들이 있어 왔는데 이 부분에 대해서도 이후에 평가가 있었으면 좋겠어요.

초기에는 활동에 대해 감을 잡지 못했더라도 1년, 2년이 지나면서 활동이 꼴을 갖춰 가고 발전하는 것을 기대해 볼 수도 있다. 그러나 심한울과 전영민은 1997년 고등학교를 졸업하면서 학복회 활동에 참여하지 않게 되었고, 초창기에 함께했던 이들의 경험과 고민이 이어지지 못했다. 당시 학복회는 청소년 당사자만 활동하는 문화가 있었다. 청소년들의 주체성을 지키는 것도 중요했고, 당시 한국대학총학생회연합(한총련) 조직 사건 등을 보면서 대학생이 배후에 있다는 식으로 공격을 받진 않을까 하는 염려도 컸다고 언급했다.

김한울 학복회 활동을 할 때 청소년이 아닌 사람이 와서 동향을 파악하는 낌새가 몇 번 있었어요. 학생들이 모여서 뭔가를 하고 있다니까 친한 척하면서 영향을 미치려 하고. 그런 것을 경계했죠. 그리고 1996년 연세대 한총련 사태 이후 한양대에서 아직도 1980년대 학번들이 학생운동을 배후 조종 하고 있다면서 쫙 다 잡혀 들어간 적이 있어요. 그런 것에 영향을 받아서, 그땐 당사자 운동이라는 말을 쓰진 않았지만, 당사자 운동의 원칙을 지키는 게 맞지 않겠냐, 우리가 만들긴 했지만 고등학교를 졸업하면 청소년운동과 거리를 두는 게 좋겠다는 이야기를 전영민과 했죠. 둘 다 대학에 진학하려고 했고 대학에 들어가서 중·고등학생들의 운동과 관련해서 움직이면 그게 또 사회적으로 (배후 조종이라는 식의) 문제가 될 수도 있지 않겠나 하는 걱정이 있어서 일부러 "우리는 1997년 2월 이후로는 더 이상 활동하지 않겠다, 새로 대표도 뽑고 활동하면 좋겠다" 말하고서 학복회 운영에는 개입하지 않았어요. 가끔씩 게시판을 보고 의견을 남기는 정도였죠.

그런데 당시 신문 기사에는 김한울이 학복회 사람으로서 '선언'의 초

안 작성을 맡았다는 언급이 나온다.* 1997년 이후로 활동을 그만두었던 김한울이 '선언'의 초안 작성을 맡은 것은 어떻게 된 일일까 궁금했다. 기사 내용과 달리 그는 내용 작성에 개입하지 않았다고 했다.

> **김한울**　그때 교육부에서 학생 인권 선언을 한다고 하는데 이건 좀 얘기해야 될 것 같더라고요. 학복회 게시판에 들어가서 학생 인권 선언은 학복회에서 해야 하는 거 아니냐 말했죠. 결국 그게 진행됐어요. 사실상 제가 학복회와 관련해서 한 활동은 거기까지라고 봐야겠네요. 가능하면 사람들과 토론하면서 만들면 좋겠다 제안했고, 내용을 논의하는 자리에는 일부러 가지 않았어요.

이후 1999년 나우누리 학복회에서 활동하던 사람들 중 일부가 '업그레이드upgrade 학복회'를 만들자면서 단체를 나갔고 이는 '학생인권과교육개혁을위한전국중고등학생연합(학생연합)'으로 발전한다. 나정훈은 청소년운동이 쭉 발전하기보다는 나선형으로 비슷비슷한 고민들과 시행착오들을 반복하면서 조금씩 커진 것 같다고 말했다.

> **나정훈**　나우누리 학복회 활동 자체는 굉장히 잘됐다고 생각해요. 그 당시에 많은 논의들을 쌓았고요. 많이 모이면 스무 명까지 모였으니까 꽤 규모가 컸는데 김태일이 '업그레이드 학복회'라는 걸 제안했어요. 저는

---

* "'학생 인권 선언문' 초안은 이 문제를 처음 제안한 김한울(21·숭실대 컴퓨터학부) 씨가 맡아 오는 24일까지 피시통신에 띄우기로 했다."("'학생 인권 선언 스스로 만들자'", 〈한겨레〉, 1999년 10월 22일)

마라톤 회의를 해서 우리가 나아갈 방향을 정하자고 역설했어요. 체벌이나 두발 문제에 대해서도 우리끼리 합의된 생각이 없었거든요. 누가 "체벌 반대를 주장하나요?"라고 물어보면 누구는 "네" 하는데 누구는 "사랑의 매도 필요하고" 이랬단 말이죠. 저는 조직의 형태를 확장하는 게 문제가 아니라 운동의 방향을 잡는 게 먼저라고 생각했어요. 그래서 토론부터 하자고 했죠. 방학 기간에 며칠간 연속 토론을 했는데 '업그레이드 학복회'를 하는 애들은 그때 이미 나갈 생각을 했던 것 같아요. 나중에 마라톤 회의에 안 들어오면서 파투를 냈어요. 그리고 학복회를 나가면서 "너희는 (PC통신에서) 인터넷으로 옮기는 것에 반대했다"고 했는데, 사실 그게 문제가 아니었어요.

김한울도 나정훈도 PC통신에서 꾸려져 있던 학복회가 언제 사라졌는지 정확하게 기억하지는 못했다. 나우누리 학복회의 경우 1999년에 '업그레이드 학복회'를 주장한 사람들이 나간 이후로도 얼마간 유지된 것 같다. 하이텔 학복회와 나우누리 학복회는 1999년 12월에 연세대에 모여서 파티를 하기도 하고 MT를 가기도 했다. 2000년대 들어서 온라인 공간의 주도권도 PC통신에서 인터넷으로 옮겨 가고, 2000년에 두발 자유 운동 등으로 청소년운동의 새로운 국면이 열리면서 학복회도 자연스레 활동이 사라진 것으로 추측해 본다.

청소년운동을 후회한다는 사람들 속에서

김한울과 나정훈은 학복회가 청소년운동이나 우리 사회에서 갖는 의미에 대해 어떻게 평가하고 있을까?

김한울 학복회의 역할은 중·고등학생들이 자신들의 인권 문제를 직접 얘기하고, 얘기하고 있다는 사실을 사회적으로 알린 것, 딱 그 정도였던 거 같아요. 거기서 더 나아가지는 못했어요.

나정훈 청소년 인권이라는 주제로 활동한 것도 학복회가 처음이지만 반권위 운동의 형태를 취한 것도 처음인 거 같아요. 어리다는 이유로 함부로 대하는 것에 대해 거부했어요. 나이 많은 사람이 반말하면 우리도 똑같이 반말하고. 처음부터 이런 성격을 띠었던 건 아니었는데, 시간이 지나면서 그런 식으로 어떤 권위에 저항하는 의미도 생긴 거 같아요.

그러면서 나정훈은 같이 활동했던 이들 중에 청소년운동을 후회하는 이들이 많다는 이야기를 꺼냈다. 운동을 통해 눈에 보이는 성과를 내지 못했기 때문에 실패의 경험으로 당시를 기억한다는 것이다.

나정훈 그런데 저는 청소년운동이 성과를 내는 게 중요한 운동이라고 생각하지 않아요. 생각해 보면 우리가 고등학교 1, 2학년 때 학교에 불만을 갖고 잘 어울리지 못했던 애들이잖아요. 그런 애들이 한 공간에 모여서 함께 지냈던 시간만큼은 성공적이라고 얘기할 수 있거든요. 실제로 어떤 성과를 만들기 위한 활동도 있었지만 서로를 케어해 주는 것도 우리 안에서 중요한 활동이었어요. 그런 부분에서 청소년운동이나 학복회가 하나의 공동체 운동적인 성격을 띠었던 거 아닌가 싶어요. 이런 일종

의 동아리 같은 느낌의 조직들이 계속 청소년운동에 있었죠. 그 역할을
적극적으로 평가했으면 좋겠어요.

　나정훈은 고등학교 졸업 후 대학에 진학하지 않고 계속 청소년 인권
관련 모임을 만들어 활동하다 군 제대 이후인 2000년대 중반에 다른
사람들보다 늦게 대학에 입학했다. 스무 살 나정훈이 대학을 안 가는
데 큰 영향을 미쳤던 친구는 얼마 전 자기 인생에서 가장 큰 실수로 대
학에 가지 않은 것을 꼽았다. 당시 청소년운동을 했던 사람들은 사회의
직간접적인 탄압 말고도, 청소년운동의 어려운 상황, 무엇 하나 이루지
못했다는 좌절감, 운동에 열중하면서 입시 경쟁에서 뒤처지는 불리함
까지 개인이 오롯이 감내해야 했다.

나정훈　청소년운동만이 아니라 어떤 운동이든 간에 성공의 기억을 조금
이라도 가지고 있으면 긍정적으로 평가할 수 있을 텐데 실패라고 생각
하면 거기에 투여한 시간을 후회할 수밖에 없잖아요. 친구들이 너무 실
패로 기억을 안 했으면 하는데 그럼에도 실패 얘기가 계속 나오는 건, 기
억이라는 게 지금 현재에서 불러오는 거라 그런 것 같아요. 그때 그렇게
헌신했는데 나한테 성과가 없거나, 지금 사는 데도 안 좋은 영향을 주니
까요. 그런 면에서 보면, 그때 운동으로 지금도 불이익을 당하고 있는 거
죠. 우리 소식지 〈돋움〉의 편집장을 하던 친구는 서울예고에 다니던 친
구였는데 그때 공부를 잘해서 서울대에 합격할 수 있는 상을 받았어요.
그 상을 받은 사람은 대부분 서울대를 갔거든요. 그런데 고3까지 학복
회 활동을 하느라 입시 준비를 제대로 못 해서 서울대를 못 갔어요. 애

는 지금도 청소년운동 얘기를 꺼내면 엄청 화내요.

저 같은 경우도 뒤늦게 대학을 가게 된 이유가 이대로 살면 외로워서 죽겠다는 생각이 들어서였어요. 20대 초반만 하더라도 친구들이랑 정치적인 의견이 서로 맞았는데, 직업이 달라지고 사는 것도 달라지니까 멀어진 거죠. 체계적인 이론을 가지고 청소년운동을 했던 게 아니잖아요. 정치 문제에 대한 견해도 다 다르고 이런 갈등들이 계속 쌓이다 보니까 군대 갈 때쯤 그 관계들이 다 파탄 난 거예요. 그 친구들이 저한텐 가장 친한 친구들이었는데. 군대 갔다 와서 '내가 뭘 해야 하지? 먹고살 수는 있을까?' 그런 생각이 많이 들었어요. 그걸 혼자 버텨 내야 하는 게 어렵더라고요.

김한울 나정훈이 활동했던 시기가 되게 과도기적이었어요. 1997년 정도만 하더라도 학복회에서 자기의 생활과 운동을 등치시키는 사람들이 별로 없었는데, 1998년 이후로는 그쪽으로 기울기 시작했어요. 그런데 대학 진학을 거부했을 때 감당해야 하는 것들은 지금에 비해 훨씬 더 많았어요. 지금의 운동과 그 이전의 운동 사이에서 다리가 되는 시기에 가장 스트레스를 많이 받고 크게 결심해야 하는 상황이었던 거 같아요. 예를 들어 대학을 안 가는 거랑 군부 독재에 항거하다 학교를 그만두고 군대에 끌려간 거랑은 사회적 대우가 다르잖아요. 그때 학벌 좋은 대학에 들어가서 학생운동 하다 잡혀 가면 나중에 민주화운동 유공자로 대우받았지만 청소년운동은 이런 것과 아무 상관이 없었으니까요.

지평선 너머로 하늘이 밝아 오고 세상이 보이기 시작하며 변화의 희망이 부풀어 오른다. 하지만 동트기 전 새벽의 찬바람과 안개를 견려 내야만 비로소 새로운 하루를 맞이할 수 있다. 김한울과 나정훈이 지나온 '여명기'는 그런 시간이었다. 이제 막 싹튼 청소년운동은 새로운 세계관과 희망을 주었지만 탄압과 세상의 몰이해는 차가웠고, 들여야 하는 수고와 희생에 비하면 성과는 미미해 보였다. 지금 청소년운동을 하는 사람들도 개인이 치러야 하는 희생이 많다고 힘들어하거나 청소년운동 때문에 인생이 망한 것 같다고 후회하는 일이 비일비재한데 '청소년운동'이라는 개념도, 청소년운동의 활동가라는 정체성도 명확하지 않았던 1990년대는 어땠겠는가.

그런 맥락에서 나정훈이 그 시기에 부상했던 다양한 청소년 모임들이나 대안교육, 정부의 지원을 받은 청소년 문화 기획 등과 선을 그으려고 하는 것도 이해가 갔다. 나정훈은 당시에 청소년 문화를 중심으로 활동한 하자센터나 대안교육, 사이버유스 등이 현실을 개선하려고 하기보다 문화적으로 어떻게 표출하고 그것을 푸는지에 초점을 맞추고 있어서 그에 대해 비판적인 입장이었다고 이야기했다. 학복회는 이들과 다른 성격과 지향을 가졌으며, "그때는 우리가 잘 활동했기 때문에 (청소년들의 저항에) 대응하기 위해서 저런 공간들이 생겨난다고 생각했다"고 말했다. 학복회는 그 이름을 기억하는 이도 이제 얼마 남지 않았는데, 정부의 지원을 받은 청소년 공간이나 문화 행사 등은 현재도 남아 있고 많은 이들에게 의미 있는 것으로 기억되는 현실은 다소 씁쓸한 일이다.

"어차피 망했다면 더 용감한 선택을"

학복회 이후에도 두 사람이 걸어온 역사는 흥미진진하다. 나정훈은 학복회 이후에 채팅에서 만난 청소년들과 함께 '고슴도치'라는 모임을 만들어서 청소년 인권에 관련된 활동을 했다. 고슴도치는 2003년 정도까지 활동했으며, 그 무렵 가장 큰 사건이었던 용화여고 투쟁*에도 참여했다. 그 뒤 나정훈은 군대에 입대했다가 전역한 뒤, 2007년부터 청소년인권활동가네트워크에서 활동을 했다. 2009년, 성공회대에서는 '슬리퍼'라는 이름으로 노숙 모임을 만들었다. '슬리퍼'는 20대의 빈곤 문제(일자리와 주거권 등)를 알리기 위해서 당사자들의 언어로 이야기하고 작업하는 모임이었고, 성공회대에서 텐트를 치고 생활하면서 주거 문제를 해결하는 동시에 빈곤의 현실을 전시하는 퍼포먼스와 활동을 진행했다. 노숙 모임 활동은 약 2년간 이어졌다.

한편 김한울은 김대중 정부에서 플라스틱 주민등록증을 새로 만들 때 지문 날인 거부에 동참했다. 그리고 서울 종로구 서촌 지역의 주민으로서 지역에서도 계속 활동해 2016년 제20대 총선에 종로 지역 후보로 출마하기도 했다. 현재는 노동당 당직자로 활동하고 있다. 2014년 지방선거 당시 투표 참관인으로 앉아 있다가 박근혜 대통령의 악수를 거부하고 "죽어 가는 사람들의 손을 먼저 잡으라"라고 SNS에 글을 남겨서 화제의 인물이 되기도 했다. 나정훈도 김한울도 모두 자신들의 그러한 삶에 청소년운동을 할 당시의 문제의식과 감수성, 정체성이 큰 비중을 차지하고 있다고 이야기했다.

---

* 서울 용화여고 학생 허성혜가 교육청 게시판에 학교에서의 강제 자율 학습, 체벌, 성추행, 비리 의혹 등을 올렸다가 2002년 12월 학교에 의해 퇴학을 당하고, 이어서 허성혜의 징계를 철회하라고 나서서 싸운 교사 진웅용이 2003년 10월 파면을 당하자, 학교 구성원들과 시민사회단체들이 부당한 징계를 취소하라고 요구한 투쟁이다. 용화여고 투쟁에는 여러 청소년 단체들도 힘을 보탰는데 그중 고슴도치도 있었다.

나정훈 노숙 모임은, 청소년운동에서 안고 있던 제 숙제들을 푸는 활동이었어요. 당사자 운동으로서 공동체 운동으로서 자율적 형태의 운동, 반권위 운동으로서의 노숙 모임이었거든요. 저는 계속 그 고민을 갖고 가는 거 같아요. 지금 있는 위치에서 당사자 운동을 어떻게 조직할 것인가. 계속 당사자 운동을 하고 평등한 관계에서 청소년들과 연대하는 것이, 지금 할 수 있는 청소년운동이라 생각하고, 어떤 의미에서는 청소년운동을 계속하고 있다고 얘기하고 싶어요.

그리고 저는 청소년운동을 통해서 마이너성을 다진 거 같아요. 제 주변에 대기업에 취직한 애가 딱 하나 있고 나머진 다 마이너예요. 지금은 어떤 길을 선택하든 마이너가 되는 시대라서, 어차피 마이너가 될 거면 사람들이 좀 더 용감한 선택을 했으면 좋겠어요.

김한울 얼마 전에 '헬조선' 얘기가 나오면서 그런 말이 많더라고요. 어차피 망했으니 운동을 해야 한다고. (웃음) 어쨌든 청소년운동은 마이너리티의 정체성으로 시작하는 운동이잖아요. 학벌의 기반 위에 있는 대학생운동으로 운동을 시작하는 것과는 다른 거 같아요. 마이너리티 운동 일반에 대해서 인권적 감수성을 계속 고민하게 돼요. 그게 제가 과거에 했던 활동과 일관된 것이기도 하고요. 중·고등학생 인권 운동에서 시작했던 것이 그렇게 영향을 미치고 있는 것 같고 스스로 강화하고 있는 것 같다는 생각이 들어요.

나정훈은 요즘은 집안의 빚을 갚느라 정신이 없고, 김한울은 얼마 전에 아이를 낳아 그 아이와의 관계를 고민하고 있다. 김한울은 "부모의 역할을 어떻게 해야 하는지 실험 중"인데 "인간이 다른 존재를 인격적으로 존중한다는 게 어디서 출발해야 하는가" 하는 것을 두 살 딸을 통해 배우고 있다고 한다.

청소년운동을 거쳐 간 뒤에 청소년운동에는 관심도 안 두고 남 일처럼 생각하는 사람들이 많다. 아니면 아예 '꼰대'가 되어 청소년운동에 훼방을 놓는 사람들도 있다. 김한울과 나정훈은 청소년운동을 했던 이들 중 나이가 많은 축에 속한다. 하지만 만나서 긴 시간 이야기를 나누며, 역시 김한울과 나정훈은 청소년운동의 지지자이자 후원자이자 참여자로 계속 있어 줄 거라는 믿음을 갖게 됐다. 청소년운동을 한 것을 후회한다고 하는 나정훈의 친구들도 지금의 청소년 활동가들을 만나서 이야기 나눈다면, 그리고 지금의 사람들로부터 그때의 운동을 기억하고 있다는 말을 듣는다면, 생각을 바꿀 수 있지 않을까? 그들에게 당신들이 청소년운동의 여명기를 견디고 길을 만들어 주었기에 지금의 청소년운동이 있을 수 있었노라고 이야기해 주고 싶었다. 지금의 청소년운동 주체들이 청소년운동의 역사와 운동에 함께한 사람들을 기억하는 것은 청소년운동의 발전을 위한 것이기도 하지만 과거 운동에 함께했던 사람들의 회복을 위한 것이기도 하다.

김한울이 청소년운동을 시작했던 1996년에 태어난 사람이 어느새 스무 살이 넘어가는 시기가 되었다. 이토록 시간적으로 거리가 먼 사람들이 청소년운동이라는 동질감을 갖고 동료로 만날 수 있다는 것이 청소년운동의 매력 아닐까.

특이한 청소년들, 세상에 말 걸다

박준표

글 공현

박준표를 처음 만난 것은 2006년이다. 그는 2006년 5월 14일 열린 '두발 자유, 바로 지금!' 집회에서 머리를 잘랐다. 땅에 닿지 않을까 싶을 정도로 긴 머리였다. 자신이 참여했던 2000년 '두발 제한 반대 노컷 no-cut 운동' 당시 "학교의 두발 규제가 폐지될 때까지 자르지 않겠다"고 스스로 약속하고 6년의 시간 동안 길러 온 머리라고 했다. 그는 자기 머리카락을 가위로 손수 자르며 말했다. "오늘 이 자리에서 자신의 인권은 자신이 찾겠다고 청소년들이 선언한 것만으로도 두발 자유를 향해 한 발짝 더 나아간 것이다."

박준표의 긴 머리는 2000년 노컷 운동을 대표하고 있었고, 6년의 시간 동안 수그러들지 않고 이어져 온 자유를 향한 청소년들의 투쟁 역시 상징하고 있었다. 박준표가 머리카락을 자기 손으로 자르는 것은 타의에 의한 두발 규제와 강제 이발에 저항하는 정치적 행위 예술이었다. 그의 머리카락이 바닥에 떨어지는 것을 보면서, 나는 어깨가 무거워졌다. 그날 그 자리에서 나는 2000년 세대의 두발 자유 운동의 바통을 이어받았다는 생각을 했다.

박준표와의 인터뷰는 이번이 두 번째였다. 첫 번째 인터뷰는 2006년 두발 자유 집회 직후에 한 것으로, 2000년 노컷 운동에 대해서 개략적인 이야기를 들었다. 그 인터뷰 이후 박준표에 대한 호기심은 오히려 더 커졌다. 박준표는 1997년부터 2000년 노컷 운동과 2002년 18세 선거권 운동 '낮추자' 활동 등 적어도 6년 이상 청소년운동에서 중요한 이슈를 만들어 온 인물이었으며, 당시 운동의 한 흐름을 보여 주는 사람

이었다. 박준표와 그 동료들은 청소년운동에 큰 족적을 남겼지만 기록
이 제대로 남아 있지 않다. 그래서 나는 당시 박준표의 이야기를 듣고
1990년대 그들이 한 청소년운동의 퍼즐 조각을 맞추는 일을 묵혀 둔
숙제처럼 생각해 왔다.

마침내 숙제를 할 기회가 왔다. 첫 번째 인터뷰로부터 10년이 지난
2016년 3월, 박준표를 만나러 서울 상암동의 고층 빌딩으로 찾아갔다.
IT 관련 일에 종사하는 그는, 내가 질문을 던지기도 전에 자신의 청소
년운동에 대해 긴 이야기를 쏟아 냈다.

단체 아닌 네트워크

박준표 쉽게 말하면 그 시대의 새로운 가족 관계와 비슷해요. 느슨한 네
트워크나 흐름에 가까웠죠. 우리는 잘 헤어지는 게 목표였어요. 그랬다
가 재밌는 게 있으면 또 모여서 하고. 단체의 운동이라기보다 마이크로
미디어, 마이크로 테마를 가지고 뭉쳤다 흩어졌다 하는 네트워크형 운
동에 가까웠죠. 단체를 만들어서 힘을 갖고, 청소년에 관련된 모든 이
슈에 대해 대표자처럼 얘기하는 걸 굉장히 경계했어요. 저희의 운동 자
체가 그런 권력에 반하는 것이었기 때문에 권력화되는 것을 반대했거
든요. 단체와 권력을 만드는 것을 당시에는 후지다고 생각했어요.

박준표는 자신과 함께 활동했던 사람들, 그리고 그들과의 관계에 대
한 설명으로 운을 뗐다. 보통 생각하는 단체와는 성격이 다른 그룹이
니 그런 문화와 특성을 먼저 이해해야 한다는 것이었다. 특정한 조직

구조나 멤버십을 가진 단체가 아니라 그렇게 자발성과 관계에 의해 만들어진 네트워크 그룹이 바로 2000년 노컷 운동과 2002년 낮추자 운동을 만든 원동력이었다. 그런 관계였기 때문에 "누군가 주도해서 무엇을 시키는 게 아니라, 각자 자기가 할 수 있는 것을 스스로 아이디어 내서" 할 수 있었다. 두발 제한 반대 운동을 하고 난 뒤 다들 흩어졌다가 누군가가 "선거 때 우리도 뭐 할까?" 이야기를 하면 관심 있는 사람들이 모여서 선거권 관련 활동을 하고서 또 흩어지는, 그런 식이었다는 것이다. 그렇다면 그런 네트워크를 이룬 사람들은 어떤 사람들이었고, 어떻게 처음 모이게 된 것일까?

박준표　제가 고등학교 2학년이던 1997년도에 문화관광부에서 주최하는 청소년 정책 창안 대회에서 대상을 받았어요. 그때 대회가 4회째였는데 1, 2, 3회 수상자들 네트워크가 있더라고요. 그 네트워크에 있는 애들이 모여서 뭘 하자는 얘기를 했고, 김우겸이란 친구가 주축이 돼서 애들을 모았어요. 모임 이름을 제가 제안했는데 그게 청소년 인권 동아리 '타래'예요. '실타래'에서 '실'을 뺀 거예요. 타래는 얽혀 있는 네트워크를 뜻한 거예요. 청소년 인권과 관련된 활동을 해 보잔 이야기는 우겸이가 했던 걸로 기억해요. 그래서 청소년 인권과 관련된 동아리가 처음 생긴 거죠. 인원수는 열 명에서 스무 명 사이였어요.

박준표는 타래의 활동보다는 타래에서 만난 사람들을 더 자세히 기억하고 있었다. 박준표가 언급한 이름 중에 낯익은 이름도 있었다. 현재 칼럼니스트로 활동하고 있는 김현진은 청소년 웹진 '네가진'의 편집

박준표

장이었다. 1996년 "입시 위주의 교육 제도를 견디지 못해 자퇴한다"라는 사유서를 내고 고등학교를 자퇴한 뒤 교육 제도를 비판하고 '탈학교'의 대표 주자가 되었던 전한해원 등도 함께 활동했다. 박준표는 김현진과 전한해원이 언론 등에 '자퇴생'으로서 한국 교육의 문제점을 비판하는 인터뷰를 하거나 글을 많이 쓰게 됐고 그것이 사회에 '탈학교'라는 언어가 본격적으로 등장하는 계기였다고 증언했다.

이처럼 다양한 청소년들의 목소리가 사회에 공론화되고 여러 사건들이 쌓이면서 비로소 '청소년 인권'이라는 것을 이야기할 여건이 마련되었다. 그때만 해도 청소년과 인권을 연결시키는 것 자체가 낯설고 새로운 현상이었다. 박준표는 당시가 "애들이 학교에서 맞고 집에 가면 부모가 '네가 잘못했으니까 맞았지'라고 하던 시기였다"면서 "청소년 인권이라는 단어 자체가 어색한 표현이었다"고 설명했다.

함께 활동하던 전한해원의 모친이 조한혜정 연세대 교수라는 인연으로, 박준표는 조한혜정이 하던 여러 사업들에 참여하게 되었다. 1998년, 조한혜정은 한국청소년개발원과 함께 '사이버유스'라는 청소년 웹진을 만든다. 사이버유스는 '청소년들이 대상이 아닌 주체로 서서 자신의 삶에 대해 말할 수 있는 공간을 만드는 것'을 목표로 내세웠으며,

문화관광부의 프로젝트로서 정부의 재정 지원을 받았다. 사이버유스는 글을 싣는 웹진이자 토론의 장을 제공하는 커뮤니티의 성격도 갖고 있었다. 박준표는 자신이 사이버유스에 참여하게 된 경위를 "놀다가 그랬다"고 표현했다.

> **박준표** 조한혜정 교수가 한국청소년개발원이랑 사이버유스라는 청소년 웹진 프로젝트를 하게 되고 오픈 파티에 저를 초대했어요. 거기 형, 누나들이랑 친해져서 사이버유스에 많이 놀러 갔어요. 사이버유스에서 〈한겨레〉랑 하는 프로젝트 같은 게 있어서 저도 글도 쓰고 기자로 활동도 하고 그러면서 청소년 선거권, 노동권, 놀 권리 이런 것들에 대한 탐색을 많이 했죠. 그러다가 사이버유스가 연세대와 계약한 연구 프로젝트가 끝나서 독립할 때 제가 편집장을 맡게 돼요. 그때가 스무 살인가 스물한 살인가 그럴 거예요. 2000년쯤.

노컷 운동을 했던 것도 사이버유스 편집장을 맡았던 그해였다. 하지만 그의 활동을 사이버유스라는 단체의 이름으로 설명할 수는 없다. 박준표는 함께 활동했던 동시대 사람들의 네트워크가 중요했다고 이야기했다. 그는 포털 사이트 다음DAUM의 지원을 받았던 청소년 웹진 '채널텐Ch.10'의 청소년들 등 소속에 상관없이 그 시기의 다양한 청소년들과 함께 관계를 맺고 활동했다.

> **박준표** 그런 아이들이 모였어요. 인터넷에 익숙하고 컴퓨터를 잘하고 통신에 밝은 애들. 당시에는 한국에서 최상위급 기술을 갖고 있던 애들이

에요. 똑똑하고 특이하고 재밌는 애들이 많았어요.

1990년대 중후반은 한국 사회에 인터넷이 보급되고 온라인 공간이 출현하던 때이다. 그 환경에 빠르게 적응하여 인터넷을 활용할 줄 알고 비교적 자유로운 문화를 가졌던 일부 청소년들의 만남, 그것이 바로 박준표가 이야기하는 그 네트워크라는 생각이 들었다. 그들 중에는 자신들의 이야기를 언어 등으로 표현하는 작가도 있었고, 행사나 활동을 기획하는 기획자도 있었으며, 온라인 공간을 디자인하고 구현할 수 있는 기술자들도 있었다.

이와 같이 일찌감치 온라인 공간을 다룰 수 있는 능력과 언어를 갖추고 있었던 청소년들은 상당한 경제적·문화적 자원을 가진 이들일 가능성이 높다. 그런 계급적인 배경이 이들에게 더 많은 네트워크와 지원을 제공했을지도 모른다. 박준표는 자신들의 네트워크가 청소년들 사이에서만 있었던 것이 아니고 기업이나 시민사회단체 등에도 닿아 있었고 자신들을 도와준 사람들이 참 많았다고 했다. 예를 들어 사이버유스 같은 경우도, 한국청소년개발원과 문화관광부의 지원을 받은 덕에 '불량 학생'이나 '반항적인 아이들'이라는 세간의 편견으로부터 좀 더 자유로울 수 있었다는 것이다. 학전 소극장의 김민기와 함께 청소년 뮤지컬 〈모스키토〉와 그 부속 토론회를 진행하기도 했다. 이 외에도 그가 이야기한 사회적 경험이나 지원들은 다채롭고 풍성했다.

이야기를 들으면서, 아마도 그들의 모습이 그 시대 청소년들 다수의 모습은 아니었을 거라는 생각이 들었다. 하지만 동시에, 어쩌면 그들의 모습이야말로 그 시대를 가장 잘 보여 주는 것일지도 모른다는, 그들이 바로 시대가 낳은 청소년들일지도 모른다는 생각을 했다.

노컷 운동, 청소년 인권을 이슈화한 첫걸음

21세기가 시작된 2000년, 두발 규제에 반대하는 온라인 서명 운동-노컷 운동이 벌어졌다. 1990년대부터 온라인을 통해서 다양한 청소년 인권의 문제들에 대해 토론이 이루어지고 교육과 사회에 대한 청소년들의 불만이 가시화되고 있었다. 이러한 움직임이 뚜렷한 사회운동으로 표출된 것이 바로 노컷 운동이었다.

지금도 두발 규제를 비롯한 각종 용의 복장 규제, 야간 자율 학습 강요 등은 학교의 대표적인 인권 침해 문제이다. 2000년 무렵 학생 인권의 상황은 더욱 심각하다 못해 잔혹했다. "머리 단속이 너무 심해요. 알아듣게 말로 해도 되는데, 걸리면 그 자리에서 가위로 흉측하게 잘라 버려요. 그러면 어쩔 수 없이 삭발해야 돼요. 근데 다음 날 삭발하고 오면, 학교에서 '너 불만 있냐'고 트집 잡으면서 또 때리고 그래요." "사정을 얘기하려고 하면 더 맞아요. 무슨 이유를 대냐고 그러면서 일단 맞고 봐라는 식이에요. 맞을 때 무슨 말 한마디라도 더하면 매만 버는 거예요. 조용히 맞고 선생님이 하라는 대로 하고 그냥 그래야 돼요." "공부에 필요 없다고 생각하는 거는 모두 뺏겨요. 뺏고 나면 안 돌려 줘요. 나중에 졸업할 때 찾아가라고 그러면서……." 2000년 발간된 학생 인권 관련 책에 실린 학생들의 인터뷰 사례이다.*

---

* 배경내, 《인권은 교문 앞에서 멈춘다》, 우리교육, 2000.

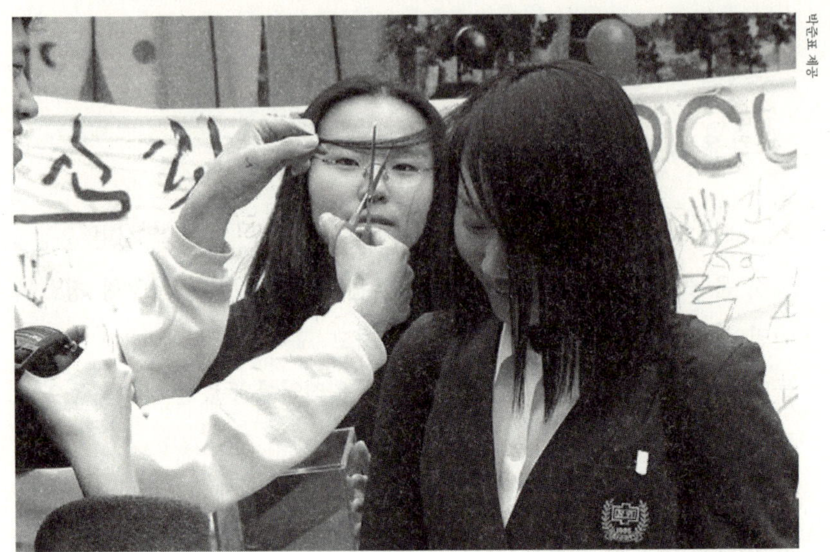

노컷 운동 참가자들이 신촌 문화 축제에서 머리카락을 자르는 퍼포먼스를 하고 있다.

　그런 문제들 중에서도 두발 규제는 대부분의 중·고등학생들이 겪는 인권 침해이면서 자신의 몸에 관련된 문제이자 직관적으로도 너무나 불합리해 보이는 억압이었기 때문에 사람들이 문제의식을 가지기 쉬웠다. 노컷 운동에서는 두발 규제가 학생들의 개성과 신체의 자유를 침해하는 반인권적인 규제라고 주장했다. 또한 국제 행사에 갔는데 한국 청소년들만 똑같은 교복에 똑같은 머리 모양을 하고 있었다는 에피소드를 소개하며 학교에서 두발 단속을 하는 것은 일제 시대의 잔재라는 점을 지적했다. 그리고 두발이 자유화되면 학생들이 탈선을 할 것이라거나 면학 분위기가 흐트러질 것이라는 우려에 대해서, 머리를 기르고 염색만 하면 갑자기 문제 행동을 하게 되는 것이냐며 그것이 얼마나 비현실적인 우려인지 논박했다.

이 노컷 운동을 진행한 것이, 청소년을 중심으로 한 온라인 공간들인 사이버유스, 채널텐, 아이두가 모여서 만든 웹 연대 '위드With'였다. 박준표의 이야기대로라면 위드 역시 단체들의 연대체라기보다는 개인들이 각각 자신이 활동하던 온라인 공간들을 이용하여 네트워킹한 모임이었다고 이해하는 것이 더 정확할 듯싶다.

박준표　채널텐 편집장인 펭도 등 그런 친구들을 그때 다 만나게 됐는데, 사실은 아이두가 제일 먼저 노컷 운동을 하고 있었어요. 서명 인원이 얼마 안 됐고 다 친구들이니까 "야 그거 할 때 힘을 실어서 같이하자" 했고 그래서 우리가 '위드'란 걸 만들어서 같이했어요. 펭도랑 저랑 이준행(아이두)이랑 주로 셋이 이야기했고, 그렇게 두발 제한 반대 운동을 하게 된 거죠.

2000년 봄이 지나자 몇 개월 만에 두발 규제에 반대하는 온라인 서명 운동 참가자는 16만 명을 넘어섰다. 청소년 인권 문제가 청소년들의 기획과 참여에 의해 하나의 사회 이슈로 떠오른 첫 사례였으며, 한국 사회에서 대규모 온라인 서명 운동이라는 방식이 등장한 첫 사례이기도 했다.

온라인에서의 서명 운동이 많은 참여 속에 주목을 받고 두발 문제가 청소년 인권 이슈의 중심으로 부각되자, 당시 출범을 준비하고 있던 학생인권과교육개혁을위한전국중고등학생연합(학생연합)도 5월 무렵부터 두발 자유를 요구하는 행동에 나섰다. 학생연합은 명동 거리에서 피케팅을 하고 캠페인을 하는 등의 활동을 하면서 인지도를 높였다.

　　2000년의 노컷 운동은 온라인에서의 배너 달기와 서명 운동 등으로 시작되었고, 그 이후 학생연합이 거리와 학교에서 활동하면서 더 대중적이고 눈에 보이는 운동이 되어 갔다. 박준표는 온라인 중심의 노컷 운동과 학생연합의 운동 방식이 달랐다고 이야기했다.

박준표　학생연합은 그때 시위를 하려고 했어요. 저희는 그때 그게 후지다고 생각했어요. 외쳐 봤자 아무도 안 듣고 외면당하는 걸 많이 봤거든요. 제 형이 저보다 다섯 살 많은데 한총련 운동을 했어요. 그걸 보면서 저런 방식의 이슈 파이팅은 세상을 바꿔 내지 못한다고 생각했어요. 함께 참여하는 기반을 만드는 게 사람들을 더 변화시킬 거라고 생각했죠. 제가 1994년부터 풍물을 했었는데 그런 흥이 있던 사람들이 문화적으로 네트워킹이 된 거예요. 음악을 하는 사람들은 연결이 팍팍 돼요. 눈만 봐도 감성이 오간단 말이에요. 그래서 저희가 했던 모든 운동에 '구호'가 없어요. 캐치프레이즈가 없었다는 게 아니라 모여서 "자르지 마, 자르지 마" 이런 구호를 외치는 걸 한 번도 안 했다고요. 저희가 운동했던 방식은 축제나 놀이하고 비슷했어요. 온라인에서 이야기하다가 모여서 노는 거죠. 사람들한테 이런 문제를 생각해 볼 수 있는 기회를 주는 거였죠. 사실 그때 청소년 대중을 대상으로 뭘 한다기보다는 우리가 하고 싶은 이야기를 재미있게 해 보자, 그리고 그 결과로 공감하는 사람들이 많이 생기게 하자는 것에 가까웠어요.

　　이 이야기를 한 뒤, 박준표는 그때 후지다고 생각했던 것은 자신의 좁은 시야 때문이었고 지금은 서로 방식이 다른 것일 뿐이라고 생각한다며, 그렇게 시위를 하거나 조직하는 방식이 더 필요한 때도 있을 거라고 덧붙였다.

이처럼 위드는 신촌 문화 축제의 한편에서 노컷 운동의 내용으로 '통곡의 벽'을 만드는 퍼포먼스를 통해 사람들에게 감성적으로 접근했다. 벽돌을 쌓아서 만든 벽에는 청소년들이 두발 자유와 학생 인권을 바라는 이야기들을 적었고, 참여자들은 자신들의 머리카락을 조금씩 잘라서 투명한 아크릴 상자 안에 넣었다.

박준표　청소년들이 단지 머리를 안 잘리려고 하는 게 아니라 머리로 대표되는 것이 청소년 인권 문제라는 걸 보여 주는 거였죠. 머리를 잘라서 넣는 게 약간 충격적으로 보이기도 했고요. 김대중 대통령한테 공개서한도 썼어요. 대통령도 머리카락 좀 달라고요.

노컷 운동이 사람들의 공감을 얻으며 참여를 이끌어 낼 수 있었던 데는 이런 접근 방식도 한몫했을 것이다. 지원의 힘도 컸다. 채널텐은 포털 사이트 다음에서 서비스하는 청소년 웹진이었고, 한메일의 이메일 광고로 노컷 운동 배너를 넣을 수 있었다. 그 당시 한메일은 한국에서 가장 점유율이 높은 이메일 서비스였다. 박준표는 "한메일 서비스를 쓸 때면 두 번 중에 한 번은 우리 배너가 노출됐다. 지금으로 치면 몇억의 가치가 있는 광고 자리를 지원받았던 것"이라고 평했다. 물론 학교에서 일상적으로 인권을 억압당하고 있었던 청소년들의 삶과 불만이, 노컷 운동의 파장을 만들어 낸 가장 큰 원동력이었을 테고 말이다.

노컷 운동의 결과 두발 규제를 비롯하여 학생 인권에 대한 사회적 관

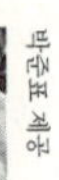

신촌 문화 축제에서 만든 '통곡의 벽'.

심이 높아졌다. 위드는 온라인에서 모은 두발 제한 반대 서명을 정부에 제출하며 "인권 침해라 할 수 있는 두발 제한을 철폐하고 그 시행 방안을 교사, 학생, 학부모가 민주적으로 정하게 하는 법적 규정을 마련해달라", "교사의 과도한 체벌과 성추행 등 인격을 침해하는 행위에 대한 규제도 있어야 한다"라고 요구했다.* 결국 2000년 10월, 교육부는 학교에서 민주적인 토론을 통해 학생들의 의견을 반영하여 두발 규정을 제·개정하라는 지침을 발표한다. 성과라면 분명 성과였고 실제로 그 결과 두발 규정이 완화되는 학교도 있었다. 하지만 이로 인해 두발 규제가

---

* "뒤틀린 교육에 반기 든 학생들 '안티스쿨' 사이트 속속 개설", 〈한국교육신문〉, 2000년 9월 4일.

사라지지도 않았고, 학생들의 의견을 제대로 반영하지 않는 학교들도 많았다. 인권을 보장해야 할 정부의 책무를 생각해 보면 이는 오히려 교육부가 책임을 회피하고 절차적 민주주의라는 형식과 학교의 자율성 이라는 명분으로 문제를 묻어 버린 것에 가까웠다. 박준표는 노컷 운동 의 결말에 대해 이렇게 기억하고 있었다.

박준표 어느 날 제가 사이버유스에서 일하고 있는데 전화가 왔어요. 전화를 한 사람은 교육부 사람이었어요. 자기가 청와대에서 전화 받고 연락하는 거라면서, 너희가 원하는 게 뭐냐고 물었어요. 저희는 "두발 제한을 하는 게 맞는지, 그리고 우리를 옥죄고 있는 그런 교칙들이 필요한 지를 터놓고 이야기해 보자"라고 말했어요. 합리적인 결정을 내릴 수 있도록 함께 논의하는 구조가 있어야 계속 변할 거 아니에요. 서로 토론하고 고치고 시간이 지나면 또 이야기해 볼 수 있는, 그런 구조가 만들어지길 바랐어요. 그때 제가 제일 많이 했던 말이 커뮤니케이션, 소통, 대화, 그런 거였어요. 학교는 그런 게 없는 공간이라고.

교육부에서 온 전화를 받았을 때 무작정 '자유화해 주세요' 하면 어른들에게 떼쓰는 것 같은 느낌이 들 수도 있다고 생각했어요. 지금이야 두발 자유화 하는 게 당연하다고 생각하지만, 당시는 그런 논의가 무르익지 않았던 때예요. 그렇기 때문에 토론회가 있었으면 좋겠다, 토론의 결과에 따라 각급 학교에서 결정할 수 있으면 좋겠다는 이야기를 했죠. 다음 날 주요 일간지 1면에 기사가 났어요. '애들이 머리를 기를지도 모른다, 각 학교에서 토론을 한다'라고.

두발 제한 반대 운동을 했던 사람들의 역량은 사실 거기까지였어요. 그

걸 이슈화하고 세상에 이야기하는 것까지. 그 이후는 생각도 못 했고, 힘도 없었어요. 제 마음은 '토론회까지 했으면 됐지 뭐, 이제 각 학교에서 청소년들이 알아서 해라'였던 것 같아요. 원하는 게 뭐냐고 물었을 때 '자유화요'라고 했어야 하는데. (웃음)

노컷 운동은 청소년이 스스로 사회적 이슈를 만든 첫 청소년 인권 운동 사례였다. 박준표의 표현을 빌리면 "청소년들이 나와서 '우리가 머리를 잘리고 있고 이게 문제가 있습니다'라는 이야기를 하는 것 자체가 혁명적이고 엄청난 일"이었다.

첫걸음이었던 만큼 부딪혀야 하는 벽도 있었다. 사회적으로 청소년 인권이라는 말 자체가 막 새롭게 대두된 차였고 반발도 거셌다. 머리카락에 대한 규제를 없애는 것만으로도 '불량 청소년'들이 쏟아져 나오고 학교가 통제력을 잃을까 두려워하는 사람들도 많았다. '두발 규제를 없애면 청소년과 성인을 구별하기 어려워져서 청소년들이 술, 담배를 사기 쉬워진다' 같은 주장이 두발 자유 반대 논리로 유통되었다. 청소년 운동 내부를 봐도, 아직 운동의 방법론이 제대로 만들어지지 않은 때였다. 박준표는 그때 자신은 이슈화만 하면 두발 자유가 당연히 될 거라고 생각했다고 말했다.

박준표 두발을 제한하는 것 자체가 너무 말이 안 되잖아요. 그래서 이슈화만 되면 세상이 바뀔 줄 알았어요. 학교에서 가르치는 거랑도 모순되잖아요. 고등학교 2학년 때 프랑스 혁명을 공부하고 헌법의 신체의 자유를 배우는데, 그 수업이 끝나고 선생님이 들어와서 머리를 잘라요. 그때 제가 쓴 글을 보면 그런 얘기가 나와요. "우리는 학교에서 인권에 대해 배우는데 그 공간에서 선생님이 '너 나와' 하고 머리를 자르는, 그런 장면이 말이 되느냐"라고.

두발 제한 반대 운동의 우수성은 '커뮤니케이션'에 있었다고 봐요. 이런 문제를 세상에 알린다, 세상과 소통한다. 저희 운동은 소통하는 것에 만족했어요. 그게 또 한계죠. 입법적 성과를 내거나, 그런 목표를 두지 않았던 것이 운동적 측면에서 보면 느슨하잖아요. 그런데 두발 규제는 인권 침해라는 게 너무나 명백하기 때문에, 헌법을 위반하는 것이기 때문에 그렇게 세상에 이야기하면 당연히 자유화가 될 줄 알았어요. 진짜 그렇게 생각했어요.

"온라인이었기에 가능했던, 상근자 하나 없이 16만 명의 서명을 모아 낸 운동." 박준표의 평가대로 2000년의 노컷 운동은 여전히 특별한 위치에 있다. 1990년대 온라인에서 쏟아져 나오던 청소년들의 목소리를 서명 운동의 모습으로 구체화시켰고, 새로운 2000년대의 청소년 인권 운동의 효시가 되었다. 설령 운동의 주체들이 문제를 너무 쉽게 생각했다 하더라도, 두발 규제는 잘못된 것이 명백하기에 제대로 토론만 하면 폐지시킬 수 있을 거라고 믿었던 것이 잘못일 수는 없을 것이다. 노컷 운동은 청소년 인권 운동이 사회적 이슈를 만들어 낼 수 있음을 증명하면서 동시에 이슈화만으로는 뚜렷한 한계가 있다는 것을 보여 주는 사례이기도 했다.

낮추자, 18세 선거권을 청소년 인권의 문제로

2002년 사이버유스가 한국청소년개발원의 사정상 문을 닫을 때까지 박준표는 사이버유스에서 활동했다. 그때 박준표는 대학에 다니면서, CBS 라디오 〈N클리닉〉 출연자, 하자센터 직원 등 서너 개의 직업을 갖고 매우 바쁘게 살고 있었다. 그러던 와중에 그는 2002년 대선을 앞두고 선거권 제한 연령을 20세에서 18세로 바꾸라고 요구하는 '낮추자' 운동을 시작했다. '낮추자'는 위드, 문화연대, 학벌없는사회, 사회당 청소년위원회 등이 함께 연대한 활동이었다. 박준표는 이 운동 역시, "그런 단체의 청소년들이 친해져서 논 것에 가깝지 단체로서 들어왔다는 느낌은 약했다"고 회상했다.

박준표 두발 제한 반대 운동을 했던 몇 명이 '낮추자'를 하게 됐어요. 그때도 우리는 '선거니까 뭐 해 볼까?' 하고 가볍게 모인 거였어요. 낮추자는 정치적 이슈니까 사회당 청소년위원회도 관심을 가졌고, 문화연대는 그 당시에 게임 같은 청소년 규제 관련 활동을 하면서 청소년에 관심이 많았던 터라 같이하게 됐죠.

낮추자 활동은 토론회와 모의 투표 등으로 진행됐다. 온라인과 명동 거리에서 '20세 이하'의 시민들이 참여한 모의 투표를 통해 선거권 제한 연령을 낮추자는 주장을 전달했던 것이다. 2002년 대선에서는 대통령 후보들 중에 선택하는 방식으로 모의 투표를 했고, 2004년 총선에서는 지지 정당을 선택하는 식으로 모의 투표를 했다. 박준표는 이를

"(투표를) 못 하게 하니까 하자"는 생각으로 기획한 퍼포먼스였다고 기억했다. 낮추자의 모의 투표는 단지 투표소를 설치하고 표를 투표함에 넣는 행사가 아니라, 18세 선거권 주장을 알리고 랩 공연과 퍼포먼스 등을 통해 참여하는 문화제였다. 2002년 대선 모의 투표에는 총 689명이 참여했고, 당시 노무현 후보가 1위를 했다. 2004년 총선 모의 투표에서는 온·오프라인 합산 총 투표수가 664표였고, 득표는 열린우리당 306표, 한나라당 133표, 민주노동당 107표, 새천년민주당 44표 등이었다.

박준표 　모의 투표는 명동에서 했어요. (2002년 대선, 2004년 총선) 두 번 다 그랬어요. 어떻게 하면 무효표가 되는지 설명하고, 투표를 왜 해야 하는지도 이야기하고. 선거권 연령을 낮춰 달라는 법적인 투쟁은 안 했어요. 그때 모의 투표를 진짜랑 똑같이 하고 결과를 공개했죠. 명동에서 랩 공연도 했는데 청소년 인권이나 투표와 관련된 내용의 랩이었어요. 집회 신고를 하고 문화 공연처럼 했죠.

낮추자의 18세 선거권 운동은 단지 선거권 제한 연령을 조정하자는 것이 아니라, 청소년 인권을 이야기하는 활동이었다. 당시 사람들은 선거 연령을 18세로 낮추면 선거인단에 고등학생들도 포함되는데 고등학생은 성숙한 판단을 할 수 없다는 이유로 반대했고, 낮추자는 청소년들도 오늘을 살아가는 시민임을 역설했다. 18세 선거권은 곧 청소년들도 정치에 참여할 권리가 있고 우리 사회의 일원이라는 뜻을 담고 있었다. 박준표는 그때 언론 인터뷰들을 통해 "낮추자 운동은 청소년이 우리

사회의 당당한 일원으로 자신을 긍정하게 하는 운동", "청소년들이 사
회를 사랑하는 방법을 스스로 배우는 운동"*이라고 말했다.

박준표 투표 연령 제한이 없어야 한다, 투표는 정치에 참여하고자 하는
시민이라면 누구나 할 수 있어야 한다는 게 원래 제 주장이었어요. 근데
그건 너무 급진적인 주장이라고 해서 운동에서는 18세를 요구했던 거
예요. 그때 선거법과 관련된 자료를 보니 백오십몇 개국 중에 백이십몇
개국의 투표 연령이 18세더라고요.
당시 투표 연령이 18세가 되면 안 된다는 논리 중의 하나가 고3 학생들
이 포함된다는 거였어요. '고등학생이 무슨 올바른 판단을 할 수 있냐',
'고등학생이면 공부를 해야지' 이런 논리죠. 두발 제한 반대 운동에서
두발 제한을 반대하는 이유가 청소년 인권이라고 이야기한 거랑 똑같
이, 선거 연령을 18세로 낮춰야 한다고 주장한 이유도 청소년 인권이었
어요. 그런데 2005년에 선거 연령이 19세로 결정돼서 못내 아쉬웠어요.
선거 연령이 18세가 안 된 건, 고등학생들은 판단할 능력이 없다고 사
회에서 인정해 버린 거랑 같아요. 사실은 인권이 더 처참하게 짓밟힌
거죠.

　　낮추자의 운동 이후로도 다른 여러 단체들이 나서서 18세 선거권을
요구했고, 2005년 열린우리당과 한나라당의 합의로 선거권 제한 연령
은 20세에서 19세가 됐다(2부 〈자치의 시대, 청소년 정치를 고민하다〉 편

---

* "'투표권 없는 청소년도 국민' 청소년 모의 투표서도 노무현 당선", 〈오마이뉴스〉, 2002년 12월
20일.

(108~131쪽) 참조). 박준표는 18세가 아니라 19세로 된 것이 오히려 청소년의 인권을 대놓고 부정한 것이었기에 아쉬웠다고 했다. 그것 역시 노컷 운동과 마찬가지로 이슈화하고 퍼포먼스식으로 한 운동의 한계였다고 말이다. 다만 "퍼포먼스나 모의 투표에 참여한 청소년들이 환기된 것, 그리고 언론에서 이런 목소리가 소개된 것이 성과라면 성과"라고 평가했다. 낮추자의 운동은 실제로 이후 많은 청소년운동 단체들

명동에서 진행한 낮추자 모의 투표 행사. 박준표의 모습도 있다.

이 18세 선거권 운동을 벌이게 되는 시발점, 그리고 다른 시민사회단체들이 18세 선거권 문제를 청소년 인권의 문제로 인식하게 되는 계기가 되었다. 그래서 박준표는 그 이후 더 이상 18세 선거권 운동을 하지 않았다고 한다.

박준표 2002년 대선 때 활동한 걸 기반으로 "야, 이번엔 뭐 안 할 거야? 이번에도 하자" 해서 2004년 총선 때도 한 거예요. 2002년의 힘이 2004년까지 간 거죠. 그 다음에는 우리가 안 해도 누가 하더라고요. 2002년도

만 해도 선거권 운동 같은 거 하는 애들이 없었어요. 그런데 2006년쯤에 그런 단체가 수십 개가 생겨요. 그래서 '다른 사람들이 하는데 우리까지 할 필요 있겠나' 하고 안 했죠.

그 이전에도 선거권 제한 연령을 18세로 하자는 시민단체 등의 요구는 있었다. 시민단체들은 주로 시민의 정치 참여 확대나 국제적 추세에 맞춘 기준으로서 18세 선거권을 요구했다. 대학생 단체들 역시, 대학교 1~2학년 학생들이 선거에 참여할 수 없는 현실을 이야기하면서 선거 연령을 인하할 것을 요구했다. 청소년들은 사이버유스에서의 온라인 토론 등에서 청소년에게도 선거권을 보장해야 한다거나 선거권 제한 연령을 18세로 하자는 등의 토론을 하곤 했다. 낮추자는 이를 청소년 인권의 문제로 이야기하고, 청소년들이 직접 나서서 '모의 투표'라는 형식으로 구체화한 본격적 활동이라는 점에서 의의가 크다. 위드라는 이름으로 활동했던 박준표를 비롯한 사람들, 혹은 박준표의 표현대로 느슨한 네트워크로 이어져 있었던 그 "특이했던" 청소년들. 그들이 바로 두발 자유와 18세 선거권이라는 청소년운동의 굵직한 두 이슈를 앞서서 제시하고 사회에 '소통'하자고 말을 걸었던 것이다. 그 이슈들은 지금도 청소년운동의 대표적인 과제로 남아 있다.

"청소년은 여전히 내게 중요한 영역"

박준표나 그의 활동은 청소년운동에 큰 영향을 미쳤지만, 박준표가 활동했던 사이버유스나 하자센터가 정부의 지원을 받는 곳이었기 때문에, 단체의 성격과 활동에 대해 짐작하기가 쉽지 않았다. 혹시 노컷 운동 등을 하면서 정부로부터 활동에 대한 어떤 압력은 없었는지, 당시 같이 활동했던 다른 사람들은 어떻게 생각했는지 궁금했다.

박준표 우선 청소년운동이란 말 자체가 없었어요. 청소년들 중에서 엘리트라 할 수도 있고 계몽됐다고 할 수도 있는 친구들이었는데, 그게 한 줌이었어요. 100명도 안 됐으니까요.

정부 지원을 받으니까 밖에서 보면 관변 단체 같다는 느낌이 있었을 거 같아요. 채널텐도 다음의 서비스를 지원받았고요. 노컷 운동은 그런 자원들이 연결되어 있는 네트워크 속에 자연스럽게 있었다고 보시면 돼요. 하지만 공식적인 청소년 참여 기구는 우리도 싫어했어요. 개네들은 어른들이 시키는 말만 했거든요. (웃음) 관변 단체인데 우리는 반항적인 이야기를 막 하잖아요. 하지만 두발 제한 반대 운동을 한다고 제약을 받은 적은 없어요. 어른들의 지지나 지원은 있었지만 그들로 인해 독립성을 훼손받은 적은 없었어요.

사회적 주체성에 '눈뜬' 청소년들과 그들을 지원하는 정부나 기업, 어른들의 네트워크. 박준표의 설명은 그렇게 요약할 수 있다. 그러면서도 독립성을 보장받을 수 있었던 것은 이제 막 청소년에 대한 새로운 정책과 관점들이 제안되고 논의되던 특별한 시대적 상황 덕분이었을지도 모르겠다. 박준표는 1990년대를 청소년이라는 존재가 새로운 문제로 부각된 시기, 청소년학과나 청소년지도사 등이 제도화되던 시기였다고 이야기했다. 이에 더해 최초로 민주화운동 세력이 정권을 잡았던 김대

중 정부의 색깔이 작용한 것일 수도 있다.

2006년 두발 자유 집회에서 머리를 자른 이후로 박준표는 청소년운동에 직접적인 참여는 하지 않았다. 하지만 그는 자신이 여전히 예전과 같은 맥락에서 일종의 청소년운동을 하고 있다고 이야기했다.

박준표 제가 가진 시간의 10~15% 정도를 청소년들과 하는 활동에 쓰고 있어요. '삼성 크리에이티브 멤버십'이라고, 청소년들에게 창의 교육을 하는 기관이 있어요. 거기에 고등학교 교육과정을 제가 설계해서 3년째 가르치고 있고요. 한국문화예술교육진흥원에서 하는 '우락부락 캠프'라고, 초등학교 3학년에서 6학년 사이의 차상위 계층 아이들을 대상으로 하는 문화 예술 캠프가 있는데, 거기에서 청소년들이랑 작업하기도 하고요. 이런 걸 할 때 청소년운동을 하면서 고민하고 공부했던 철학 같은 게 발휘되죠.

저는 제가 다른 방식으로 운동을 하고 있다고 생각해요. 청소년들과 만나는 태도랑 자세, 그들의 이야기를 듣는 것, 이런 것들을 통해서 다른 경험을 하게 해 주는 거죠. 그걸 통해서 그들이 세상을 보는 느낌이 달라졌을 거라 생각해요. 퍼포먼스를 통해서 운동의 의의를 알렸던 것과 똑같이, 제가 하는 워크숍이나 강의를 통해서 청소년들이 메시지를 얻게 하는 것이 제가 하려는 운동이죠. 제가 주고 싶은 메시지는, '네 생각도 옳다', '네가 하고 싶은 이야기를 할 수 있고, 너에게 정답인 것과 나에게 정답인 것이 다르다' 그런 거예요.

박준표는 지금도 청소년이라는 단어만 들으면 가슴이 뛴다고 한다.

청소년에 관련된 일은 강의료나 컨설팅료에 상관없이 맡아서 하기도 한다. 그는 그런 걸 두고 "청소년에 관련된 것이 자신에게 순수의 영역에 속한다"라고 말했다. 현재 서로 다른 분야의 IT 전문가들이 협업할 수 있도록 컨설팅하는 일을 하고 있다는 그는, 자신의 일에도 청소년운동의 경험이 영향을 미쳤다고 평했다. 자신이 청소년운동을 하면서 생각하고 경험했던 가치, 소통의 중요성이나 협업을 통해 정말 행복하게 일할 수 있다는 깨달음 등을 일하는 데에도 그대로 사용하고 있다는 것이다.

박준표가 지금 하고 있는 일들이 청소년운동의 범주에 드는 일은 아니지만, 그가 청소년을 위해서 하고 있는 중요한 실천임은 분명해 보였다. 그의 그런 모습들을, 청소년과 청소년 인권에 대해 애정을 표현하는 하나의 방식이라고 해도 좋을 것이다.

박준표는 청소년운동을 할 때 '대한민국 청소년 표'라고 자칭했다. 이름에서 따온 닉네임 '표PYO'에, '대한민국 청소년'이라는 '직함'을 붙인 것이다. 이제 청소년이라고 자칭하기는 어색한 나이가 되었으나 그의 '대한민국 청소년 표'라는 직함을 떠올리니, 그 시절 그와 그의 동료들이 대한민국의 한 시대의 특징을 나타내는 하나의 푯말 같은 존재들이었을 거라는 생각이 들었다. 그리고 그때 그들이 했던 이야기들은 아직도 청소년운동이 나아가는 방향을 가리키고 있다.

상처투성이 첫걸음이 남긴 것

장여진

글 공현

과거 청소년운동을 했던 사람들을 만나서 이야기를 나누다 보면 오래된 창고 속을 뒤적이는 기분이 든다. 아무래도 더 오래전 활동했던 사람을 만날수록 내가 이미 알고 있는 이야기는 적기 마련이다. 단편적인 기사나 들은 이야기를 실마리 삼아 몰랐던 이야기를 끌어낼 때면 마치 새로운 유물을 발굴해 내는 것 같다. 때로는 미리 준비해 간 과거 자료를 보여 주며 기억을 되살리려고 애쓰기도 하고, 새로운 사실을 들으면 두근거리기도 한다. 그러다가 또 어느 순간은 비슷한 감정이나 공통 지인들에 대한 화제를 만나서 같은 시대를 사는, 청소년운동을 경험한 사람으로서의 동질감을 느끼곤 한다.

장여진과의 인터뷰도 그랬다. 내가 청소년운동을 시작한 것이 2005년이고 장여진이 활동을 한 시기가 2000년 무렵이니 활동 시기에 차이가 꽤 나는 셈이다. 하지만 그 시간 차가 무색하게도 인터뷰는 생각보다 새로웠고, 예상보다 더 친숙했다.

오프라인으로 나온 노컷 운동

장여진 2000년 4월이었을 거예요. 인터넷 서핑을 하다가 짤막한 성명서 같은 걸 봤는데 거기에 "학생인권과교육개혁을위한전국중고등학생연합(준)"이라고 쓰여 있었어요. "함께할 멤버를 모집한다"고요. 길 가다가 전봇대에서 '같이 활동할 동지를 찾습니다'라는 쪼그만 벽보를 발견한 기분이었어요. '준비위원회'라고 해서 거창한 건 줄 알았는데 가 보니까 저

포함해서 네 명 됐나? 그때 단체를 만들자고, 연세대 인권 동아리 '열음' 에 쳐들어가서 우리끼리 회의하고 방향 만들고, 그렇게 고등학교 1학년 때부터 대학 가기 전까지 1년 반 정도 활동을 했어요.

장여진은 2000년 '학생인권과교육개혁을위한전국중고등학생연합(학생연합)'에서 활동을 시작했다. 학생연합은 PC통신에서 꾸려졌던 중고등학생복지회(학복회)의 일부 멤버들이 새롭게 '업그레이드upgrade 학복회'를 만들어야 한다고 주장하며 나와서 만든 단체였다. 비록 준비위원회라는 이름을 달고 있었지만 장여진의 말처럼 그 첫 시작은 몇 명 되지 않았다. 김태일, 장하영, 육이은 등 고등학생들이 있었고, 유상준 등의 대학생도 함께 참여했다.

학생연합(준)은 활동을 시작하자마자 명동에서 두발 자유를 주제로 거리 캠페인과 퍼포먼스를 하는 등 직접 행동을 하는 방식으로 두발 자유 운동에 뛰어들었다. 당시 2000년 두발 자유 운동, 소위 '노컷no-cut 운동'*은 아이두 등의 청소년·십 대 포털이나 웹진들의 모임 '위드'가 온라인 서명 운동을 시작해 몇 개월 만에 서명 10만 명을 넘기면서 불이 붙고 있었다. 먼저 사회에서 주목을 받고 사회적 이슈가 된 것은 온라인 서명 운동 쪽이었던 것이 분명하며, 학생연합(준)은 이런 온라인 운동의 덕을 본 측면이 있다.

다만 학생연합(준) 내에서도 그 이전부터 두발 자유를 주제로 운동을 하자는 논의는 있었다고 하니, 당시 두발 규제에 대한 불만과 문제의식

---

* 좁은 의미에서 노컷 운동은 웹 연대 '위드'에서 진행한 온라인 서명 운동을 가리키지만, 넓은 의미에서는 온라인 서명 운동에서부터 시작된 2000년의 두발 자유 운동 전반을 일컫는다.

은 어느 청소년 인권 운동 단체를 막론하고 널리 자리 잡고 있었던 듯하다. 두발 규제가 직접적으로 학생들에게 모욕감과 고통을 주는, 비합리적인 학교 규칙의 대표 격이었고 대중적인 불만이 표출되고 있었기 때문일 것이다.

장여진 신체 구속, 그러니까 신체에 직접적으로 억압을 가하는 부분이라서 두발 자유 운동을 했어요. 아, '두발 자유화냐 두발 자율화냐' 가지고 논쟁이 많았어요. 우린 '자유화'로 했던 거 같아요. 처음에 집회 신고를 하고 보도 자료도 배포하고 명동에 모여서 퍼포먼스랑 간단한 피케팅을 했는데, 아마 저희보다 기자가 더 많았을 거예요.

장여진

자유화는 두발 규제를 아예 없애자는 것이었고, 자율화는 두발 규정을 정하는 과정에 학생이 참여하게 하자는 것이었다. 당시에는 자유화가 과격하고 급진적인 주장으로 받아들여진 반면 자율화 주장이 좀 더 온건하고 실현 가능한 것으로 여겨져 청소년 단체들 사이에서도 의견이 분분했다. 청소년들의 집회와 행동은 세간의 주목을 받았다.

장여진 그 뒤에 명동 거리에서 무대를 쌓고 학생연합 출범식을 했어요. 랩 하는 애들이 축하 공연도 하고 선언문을 낭독하면서 시작했어요. 두발 자유 외에 다른 주장들도 포함해서, 전면적인 투쟁을 선언하는 것처럼 결의를 다졌죠. 그 밖에 여력이 되는 학교는 학내에서 피케팅을 했던 걸로 알고 있어요. 그런데 뭔가 조금 되려고 할 때 줄줄이 퇴학당하거나 자퇴를 했어요. 학내 운동은 그렇게 초기에 많이 차단당했고, 할 수 있는 거라고는 명동 같은 거리에서 하는 것뿐이었어요. 게다가 출범식 때도 교총(한국교원단체총연합회) 소속 교사들이 엄청 많이 와서 자기 학교 학생들이 혹시 있나 감시했었죠.

앞서 말했듯 노컷 운동은 2000년 10월 교육부가 학생들의 의견을

반영해서 학교별로 두발 규정을 개정하라는 입장을 발표한 뒤 마무리
됐다. 그 결과 실제로 두발 규정이 완화된 학교들도 있었고 학생들의 의
견을 민주적으로 반영하려고 노력하는 경우도 있었다. 그러나 대다수
의 학교에서 두발 규제가 그대로 유지되었고, 조금 완화해 주는 시늉만
하고 끝난 학교들도 부지기수였다. 두발 자유를 이루었는지 여부로 보
면 성공하지 못한 운동이었다.

> **장여진** 그래서 우리가 교육부 말이 뻥이라고 성명을 냈어요. 마치 그걸로
> 청소년들의 요구를 다 받아들인 것처럼 청소년 인권 운동에 찬물을 끼
> 얹었고, 실제로 그 뒤에 운동 분위기가 죽었어요.

그러나 노컷 운동의 파급력은 작지 않았다. TV 토론 프로그램에서
두발 자유를 비롯한 여러 학생 인권 문제를 주제로 다루었고, 당시 학
생연합의 공동 대표였던 육이은이 토론자로 출연하기도 했다.* 노컷
운동은 한국 사회 전체적으로는 '학생 인권'이라는 주제가 공론화되
고 알려지는 하나의 계기였고, 온라인을 통한 시민운동의 가능성을 드
러낸 사건이기도 했다. 또한 학생연합(준)은 노컷 운동을 통해서 짧은
시기에 대중적으로 인지도를 높였고, 여러 지역에 회원이 크게 늘어
났다.

---

* "두발 자유화 논쟁, 어떻게 볼 것인가", MBC 〈100분 토론〉 43회, 2000년 10월 13일.

'전국적 학생 인권 조직'이라는 목표

학생연합(준)은 2000년 12월 23일 정식 출범을 하고, 전국적으로 지부를 꾸렸다. 학생연합의 조직 형태에 대해서는 처음부터 많은 논쟁이 있었다. 장여진은 어떤 모델로 만들 건가를 두고 논쟁이 됐고 결국 전국적인 조직을 만들기로 결론이 나면서, 초기 멤버 중에 더 다양한 활동을 '실험적으로' 기획해 보고 싶어 했던 이들은 그만두기도 했다고 설명했다.

> 장여진 어떤 조직을 만들 건가. 인권운동사랑방 같은 인권 단체가 될 건가 아니면 전교조(전국교직원노동조합) 같은 전국 조직체를 만들 건가 그 걸로 논쟁하다 전국 단체로 가기로 했어요. 다행히 서울지부, 부산지부, 광주지부 이렇게 각 지역 지부를 만들 수 있었어요. 중앙이 있긴 해도 각자 하고 싶은 활동을 자유롭게 할 수 있다는 점, 전교조나 각 지역 단체들과 교류하면서 청소년 단체들이 사무실도 얻고 모여서 회의할 수 있는 공간이 마련됐다는 점은 좋았어요. 그런데 현실적으로 청소년들끼리 이런 조직을 만들어서 매일 만나기가 쉽지 않았고 그래서 각자 운동을 했어요.

학생연합은 노컷 운동을 계기로 많은 이들에게 알려지면서 회원이 빠르게 늘었다. 규모가 어느 정도 되었느냐는 질문에 장여진은 "서울의 경우 몇 개월 단위로 짧게 활동한 회원들까지 합하면 40~50명은 넘었으니 전국적으로 백 단위는 됐을 것"이라고 했다. 그리곤 "나중에는 잘 모르는 분이 학생연합 어느 지부에서 활동했었다고 말을 건네 오는 경험을 여러 번 했을 만큼, 서로 교류는 없었지만 스스로 학생연합이란 이름을 걸고 활동한 친구들이 많았다"고 덧붙였다. 이는 학생연합이 단기간에 크게 성장했다는 의미이기도 하지만, 회원 수가 정확히 파악되지 않을 만큼 회원들 사이의 교류, 멤버십 관리가 잘 이루어지지 않았다는 이야기일 수도 있다.

이에 더해서 학생연합은 2000년 5월부터 미지^{MIZY}센터(서울시립청소년문화교류센터. 'MIZY'는 Myeongdong International Zone for Youth의 약자로 원래 명동 중심부에 자리하고 있었으나 지금은 남산의 유스호스텔로 옮겼다) 내의 인권 센터에 협력 단체로 들어가면서 서울 지역의 안정적인 사무실도 확보하게 되었다. 활동 때문에 학교를 강제로 자퇴하게 됐던 장여진은 청소년운동의 역사에서 자신이 최초로 상근자처럼 일을 했다고 회상했다.

장여진 저희는 주로 제도권 내에 있는 학생의 인권 문제를 제기했어요. 2004~2005년 이후의 청소년운동이 나이주의를 비롯해 다양한 이슈를 청소년 관점에서 다루었다면, 저희는 딱 제도권 교육의 문제, 교육 정책만 다뤘어요. 교육 불평등 문제도 제기했고요. 교육 불평등은 대단한 건 아니고 그때 고교 평준화 문제로 언론사에서 입장을 묻는 일이 많아서 입장을 표명한다거나 성명서를 내는 정도였죠. 그리고 인권 지표 개발을 제가 담당했는데 잘 못했어요. 운동의 확장성이 크지는 않았어요.

정식 출범 이후 학생연합은 '내 머리 내 거야' 같은 문구의 배지를 만들어서 배포하는 등 두발 자유 이슈로 활동을 했다. 그리고 인권운동 사랑방과 함께 2001년 '인권을 찾자 교칙을 찾자' 캠페인을 전개해, 학생들에게 교칙을 제보받고 정보 공개 청구로 244개 학교들의 교칙을 수집해 인권의 관점에서 분석, 비판하는 보고서를 발간했다. 보고서에서는 학생회 대표로 출마하는 데 '품행 단정', '성적 우수', '교사 추천' 등을 요구하는 학교 규칙, 용의 복장 규제, 과도한 징계 규정 등을 분석하여 어떤 문제가 있는지 고발했으며, "금지와 처벌을 강조한 규정에서 학생이 누려야 할 인권을 정의하고 보장하는 규정으로 방향 전환이 돼야 한다"라고 요구했다. 학생연합은 그 밖에도 체벌, 고교 평준화 문제 등에 대해 발언하며 학생 인권과 교육 문제에 대해 학생들의 입장에서 목소리를 높여 갔다.

장여진은 학생연합에서 가장 중요시했던 일은 각 학교별로 지회를 조직하는 것이었다고 말했다. 하지만 학교의 탄압이 심했기 때문에 녹록지 않았다. 학생연합에서 한동안 학생회에 관한 소책자를 만들어서 배포하고 학생회를 조직하려고 했던 것이나, 이후 학생회 법제화 토론회를 열고 '학생 대표의 학교운영위원회(학운위) 참여'를 의제로 활동에 나선 것도 그 연장선상에 있는 활동으로 해석할 수 있다. 당시 학생연합 광주 지역 대표로 활동했던 박고형준은 학생의 학운위 참여를 주장하며 거리에서 캠페인을 하고 서명을 받았지만 별다른 성과가 없이 끝났다고 증언했다.

학생 대표의 학운위 참여 주장은 학생회 등의 문제를 단지 '자치'의 관점이 아니라 평등하게 참여할 권리로 봤다는 점에서 새로운 면이 있었다. 학생연합이 선언한, 학생이 "단순히 참관의 형태가 아니라, 교사,

학부모, 지역 인사와 동등한 자격으로 학교운영위원회에 참여하여 학교 공동체의 운영에 관한 전반적인 의사 결정에 주체"가 될 수 있게 하라는 요구는 그 뒤로도 학생회 법제화와 학교 민주주의를 얘기할 때 빠지지 않는 이슈가 됐다.

　장여진은 서울 지역 대표를 맡고 있다가 운영위원회에서 불신임되어 물러나는 등 우여곡절을 겪고, 2002년 대학에 진학하면서 학생연합 활동을 하지 않게 됐다. 그 이후 학생연합의 역사는 다른 이들의 증언과 기록에 의존해야 한다. 2002년 이후 학생연합의 활동을 편의상 2세대라고 한다면, 2세대의 규모나 활동은 1세대 때 노컷 운동과 '인권을 찾자 교칙을 찾자' 캠페인, 학생 대표의 학운위 참여를 제기하던 것에 비하면 분명 줄어든 것처럼 보인다. 2002년 초, 학생연합은 주로 활동하던 회원들이 나이를 먹어 단체를 떠나고, 미지센터와의 컨소시엄 계약이 끝나서 안정적인 사무실을 잃게 되고, 일부 회원이 직위를 만들어 사칭하고 회원들 사이를 이간질하는 등 어려운 상황에 처했다.

　그러나 학생연합이 바로 와해된 것은 아니다. 학생연합은 남아 있던 활동가들을 모아 캠프, 포럼, 토론회 등을 열고 이전의 활동을 돌아보며 내실을 다지려 했다. 1세대 때 단기간 급속 성장한 규모가 거품이었음을 인식하고, 활동하는 주체들이 운동에 대한 인식을 공유하려고 한 것이다. 그리고 '공교육 부실화 정책 반대 및 체벌 전면 폐지 운동'을 하고, 2003년에는 NEIS*에 반대하여 배지를 배포했으며, 아이두 등과 연대하여 '내 정보 사수 궐기대회'라는 캠페인에 참여했다. 학생연합이 와

---

* National Education Information System의 약자로 교육행정정보시스템을 이른다. 자세한 내용은 2부의 〈부당함은 본능이 먼저 알지요〉 편(90~107쪽)을 참조하면 된다.

해된 것은 2세대 주요 멤버들이 고3으로 입시 준비를 시작하거나 나이를 먹어 활동을 떠난 2003년 하반기였다.

왜 파란색 머리핀은 안 되는데

2000년이면 학생 인권 또는 청소년 인권이라는 말이 그리 대중적으로 알려진 때도 아니었을 텐데 장여진은 어떻게 학생연합에 관한 소식을 인터넷에서 보고 바로 찾아 들어갈 생각을 했을까? 이야기를 들으며 가장 먼저 호기심이 생긴 건 바로 그 부분이었다. 혹시 학생 인권에 대해 그 전부터 관심이 있었거나 들어 본 적이 있었는지를 물어봤더니 그는 자연스레 중·고등학교 시절 경험을 이야기했다.

장여진　중학교 때 말도 안 되는 교칙 때문에 선생님들이랑 많이 싸웠어요. 맨날 학생 주임한테 불려 가서 네가 뭔데 교칙을 바꾸려고 하느냐고 엄청 많이 맞았죠. 그분은 나중에 보니까 TV 아침 프로그램에 출연해서 '학교에 체벌은 반드시 필요하다'고 주장하는 유명한 분이었어요. 하루는 파란색 핀을 끼고 학교에 갔는데 선도부에서 파란색은 안 되니까 무조건 까만색으로 바꾸라고 하는 거예요. 그때 집안 형편이 어려워서 뭘 새로 살 수가 없었거든요. 이거 때문에 처음 선도부랑 다투고 선도부에서 선생님에게 도움을 요청하고 그랬어요. 선생님들은 다른 폭력, 큰 잘못보다도 교칙에 도전하고 잘못했다고 말하지 않는 걸 더 심각하게 받아들이는 경향이 있었어요. 제가 눈물을 뚝뚝 흘리면서도 끝까지 맞고 있는 애였거든요. 학교에서 되게 독한 애 취급을 받았어요.

그 뒤에 뭔가 사건이 있으면 제가 주도했을 거라고 선생님들이 지레짐작해서 불려 가 두들겨 맞는 일도 잦았어요. 고등학교에서도 잘 모르는 선생님들이 이유 없이 제 가방을 뒤진다거나 말도 안 되는 이유로 체벌하는 일이 있었어요. 그게, 중학교 때 담임 선생님이 고등학교 선생님한테 저에 대해, 제어하지 않으면 학교 분위기를 엉망으로 만들 위험한 애라는 식의 악의적인 소문을 퍼뜨렸기 때문이라는 걸, 후에 자퇴하고 나서 알게 됐어요. 그때 그런 문제로 많이 싸웠어요. 당연히 부모님은 내가 별나다고, 이해 못 하겠다고 했죠. 나도 '내가 너무 이상한가', '내가 인내심이 없거나 모두 다 지키는 걸 나만 못 지켜서 발생하는 문제인가' 고민했어요. 졸업하는 날까지도 구령대에서 맞았어요. 모든 학부모들과 전교생이 보는 앞에서. 밀가루 가지고 놀았다고요. 그때 다 같이 놀았는데 분명 장여진이 주도했을 거라고, 그래서 대표로 구령대에 나가서 테니스 채로 맞았어요. 그런 사건들이 쌓이니까 '정말 난 반사회적인, 사회 적응도 못 하고 인내심도 없는 문제아인가' 고민을 했어요. 그럴 때 학생 인권 운동을 만났으니까 반가웠죠.

장여진이 다닌 중학교는 서울 강북구에 있었는데, 경제적으로 빈곤한 학생들이 많았다고 한다. 부모들은 교사가 아무리 심한 체벌을 하더라도 항의할 생각을 못 했고, 오히려 부모가 잘못 키워서 그러니까 더 많이 때려 달라고 부탁하는 곳이었다. 한번은 학교에 체벌 때문에 항의가 들어온 적이 있는데 그게 부모나 학생이 아니라 학교 옆 빌라에 사는 주민이 보다 못해 "너무 심하게 때리는 거 아니냐"라고 신고한 거였다고 한다. 그래서 학교에서는 복도에서 학생을 때리기 전에 꼭 창문을 닫아 놨다나. 장여진의 힘든 학교생활의 출발점은 '파란색 머리핀'이었던 셈이다. 머리핀 색깔까지 규제하려 드는 학교의 억압과, 순순히 굴복하지 않는 학생을 힘으로 꺾으려고 드는 폭력성은 기어코 그를 '문제아'로 만들었다.

졸업식 날, 딸이 구령대에서 맞는 광경을 본 그의 어머니는 꽃다발을 던지고 집에 가 버려서 그는 중학교 졸업 사진도 찍지 못했다고 한다. 어쨌건 장여진 같은 이들의 노력으로 법적으로는 체벌 금지를 이루어 내고 폭력에 대한 사회적 감수성을 높여 왔으니 그것을 하나의 성과라고 할 수 있을까? 하지만 그렇게 그를 폭행한 사람들도 또 인권을 짓밟아 온 학교도, 아무런 반성도 사과도 없이 잘 지내고 있고 심지어 어디선가 체벌이 필요하다고 공공연히 주장하고 있을 거라 생각하니, 비록 전해 들은 15년 전의 일이었지만 속이 꼬여 오는 기분이 들었다.

머리핀 색깔까지 간섭하는 학교가 장여진의 청소년 인권 활동을 허용할 리 없었다. 장여진은 이후 학생연합 활동을 하면서 언론에 쓴 글 때문에 학교에서 자퇴하라는 통보를 받게 됐다.

장여진　그때 기자가 학교 교칙이나 학생 인권 관련한 글을 써 달라고 해서 썼어요. 제가 당시에 서울여상에 다녔는데 서울여상이 학생들을 하도 심하게 규제해서 자퇴나 전학이 많았거든요. 취업 때문에 맨날 다이어트 시키고 그랬어요. 한 학기 내내 수업은 거의 안 하고 우리 학교가 취업을 얼마나 잘 시키는지, 주로 어디 취업률이 높은지 가르쳤어요. "옛날엔 삼성이지만 지금은 김앤장이야" 그러면서. 그런 학교의 문제를 글에 썼는데 기자가 기사를 약간 선정적으로 각색하고, 이름이랑 학교명은 그대로 둔 채 제 학년만 1학년에서 3학년으로 바꿔서 내보낸 거예요. 그 글 때문에 방학 내내 학교에서 회의가 열리고 그랬나 봐요. 학생이 이런 단체 활동을 하는 건 문제가 있다, 어떻게 해야 하느냐 이런. 그리곤 개학하는 날 불러서, 3일 안에 전학을 안 가면 퇴학시키겠다고 했죠.

통보를 받고 그는 여러 학교에 전화를 돌리며 전학 갈 학교를 찾았지만 그를 받아 주는 학교는 없었다. 여섯 군데 중 겨우 한 곳, 와 보라는 학교가 있어 갔으나 "불량해 보인다"는 말을 들었다. 2000년 9월, 결국 그는 학교를 자퇴했다.

장여진　학교에 가자마자 담임 교사도 못 만난 상태에서 순식간에 도장 찍고 자퇴 절차가 완료됐어요. 5분도 안 걸렸을걸요.

뒤늦게 담임 교사와 동아리 교사, 상담 교사 등이 찾아왔지만 이미 자퇴 처리는 끝난 뒤였다. 사실상 학교가 내쫓은 것이었다.

이렇게 회원이 인권 활동을 하다가 학교에서 부당하게 쫓겨났는데 학생연합에서는 이에 대해 어떤 항의를 했을까? 장여진의 말로는, 학생연합에서 활동하던 사람들 모두 어떻게 할지를 몰라서 그냥 있었다고 한다.

장여진　어떻게 보면 무책임했죠. 저 스스로에게도 무책임했고요. 활동을 하다 학교에서 잘리는 그런 상황이 같이 활동하는 친구들에게 두려움을 줬던 것 같아요.

그때 청소년 활동가들은 학교에서 쫓겨날 위험을 감수하고 활동해야 했고, 쫓겨나더라도 어떻게 대처하고 권리를 구제받아야 할지 몰랐다. 학생들을 덜 쪼는, 또는 상식적인 교사가 많은 학교에 다니는 이들은 그런 위험 없이 활동을 할 수 있었지만 그것은 운에 맡겨야 하는 일이 었다. 학교가 억압적인 만큼 학생 인권 운동의 필요성은 컸지만, 동시에 학교 현장에서 조직화하고 활동하는 위험 부담은 커졌다.

처음 해 본 그 운동의 한계

장여진은 학생연합 활동을 돌아보면서 갈등을 빚었던 일들을 많이 언급했다. "좋았던 기억이 사실 그렇게 많지가 않다"라고도 말했다.

장여진 이전의 학복회가 온라인 기반으로 활동했고, 학생연합은 오프라 인으로 나와서 처음 만든 조직이다 보니까, 조직을 어떻게 만들어야 되 느냐 논쟁도 많았고 거기에서 오는 갈등도 많았어요. 저는 사실 좋았던 기억이 그렇게 많지 않아요. 제가 기억하는 학생연합은, 똑똑한 애들끼 리 모여서 잘난 척하는 단체였어요. 실제로 독하게 억압당했거나 자기 문제를 가져온 친구보다는 정말로 똑똑한 친구들이 많았어요. 문제아도 아니었고요. 그냥 다 자기가 잘나 가지고 싸운 기억밖에 없어요. 우리 안에서도 인권 감수성이 그렇게 높지 않아서 서로 상처를 많이 줬어요. 자꾸 남자들끼리 따로 모여서 결정한 걸 다음 날 이야기하고, 주로 활동 하는 사람들 중에 여성이 저밖에 없어서 제가 문제를 제기했다가 "회의 하고 싶으면 너도 고추 달고 와"라는 말도 들었어요. 그래도 나중에 참여한 친구들은 되게 괜찮은 친구들이어서 잘했는데, 그 친구들이 고3이 되거나 대학에 가면서 무너진 거죠. 재생산은 안 되고.

이야기를 들어 보니 단체 안에서의 갈등은 운동 방법이나 의견의 차이에서 비롯되기도 했지만, 성별 권력의 문제나 차별의 문제도 있었던 것 같다. 장여진은 처음에 학생연합을 주도했던 이들이 '똑똑하고 잘난' 학생들이었다고 이야기하기도 했고, 한편으로는 "우리 역시 인권 감수성이 현저히 낮았다. 2000년이면 한창 (운동 사회 성폭력 뿌리 뽑기) 100인위가 활동했던 시기니까 학생연합의 친구들이라고 뭘 알았겠나"라고 말하기도 했다. 분명 시대적 한계도 있었을 테고, 단체 구성의 한계도 있었을 것이다. 그렇다면 학생연합에서는 새롭게 가입한 회원들의 사회적 의식을 높이기 위해서 어떤 교육이나 학습을 했을까?

장여진 회원 교육보다는, 같이 모여서 세미나 하는 수준이었어요. 한번은 누가 사회학 수업 때 듣는 사회학 책을 갖고 와서 "재밌다" 그러면서 같이 보고요. 세미나는 다양하게 했던 것 같아요. 베트남 전쟁 학살에 관련해서도 했었고, 성차性差 관련해서 논쟁도 많이 했어요. 청소년의 음주, 흡연 문제나 청소년의 성에 대해서도 토론했는데, 대체적으로 인정하는 분위기였지만 개중에서도 그런 데에 보수적이어서 반대하는 친구들도 있었어요.

단기간에 회원이 늘었고 단체를 출범시켰지만 그들 사이에 충분히 공동의 목표 의식을 만들고 학생 인권이나 운동에 대한 세계관을 공유하지 못한 것도 학생연합 활동이 어려웠던 이유 중 하나로 보였다. 참여한 사람들 사이에서 학생연합에 대한 기억과 평가가 갈리는 이유이기도 하고 말이다. 그것을 그들의 한계였다고 말할 수도 있겠지만, 또 어떻게 보면 별다른 준비 없이 처음 시작한 단체였기 때문에 어쩔 수 없는 일이었다고도 할 수 있을 것이다. 준비라는 게 불가능했을지도 모른다.

마지막으로 학생연합에 대한 종합적인 평가가 궁금했다. 청소년운동의 역사 속에서든 장여진 개인의 삶에서든 학생연합은 어떤 의미였을까. 그리 긍정적인 평가가 나오지 않을 줄은 알았지만, 예상을 뛰어넘어 장여진은 학생연합 활동의 역사적 의미가 아예 없다고 평가 절하했다.

장여진　역사적으로 중요한 운동은 아니었던 것 같아요. 운동 자체로 성과가 있거나 새 세대로 넘어가는 재생산을 했어야 하는데 이전의 학복회와 학생연합, 그리고 학생연합과 이후의 청소년인권행동 아수나로 사이에 연결점이 없거든요. 학복회의 어떤 멤버가 학생연합을 만들고, 학생연합의 어떤 멤버가 아수나로를 만든 거지 단체로 연결된 건 아니에요. 주기적으로, 활동했던 사람이 졸업하면 없어지고, 한두 명 남아서 재건했다가 그 사람이 졸업하면 또 없어지고, 청소년운동이 이런 방식으로밖에 되지 않았고 그게 한계인 거 같아요. 그런 맥락으로 봤을 때 학생연합이 청소년운동이나 학생 인권 운동에 이바지한 건 미미하다고 생각해요. 현실이 안 변했으니 실패했다는 것은 아니에요. 두발 자유화가 이루어지거나 학교 규칙이 느슨해지는 영향은 있었죠. 그보다 실패를 하더라도 연속적으로 할 수 있을 만한 역량을 만들어 낸다거나 재생산을 했어야 하는데 그러기에는 역부족이었어요. 그때로 다시 돌아간다고 해도 잘됐으리라 생각하진 않아요. 분명한 한계가 있었기 때문에. 그만큼이라도 된 건 사실 도움을 준 단체나 사람들이 있었기 때문이라고 생각해요. 운동이란 무엇인가, 우리가 앞으로 무얼 할 것인가에 대한 지점에 대해 약속되거나 논의된 바가 없었고, 그러면서 자연스럽게 혹은 급작스럽게 조직이 무너졌죠. 이 활동으로 자퇴하거나 퇴학당한 친구들의 피해 구제를 할 수 있는 수준이 아니었고 이 단체가 정말 소중하고 중요했던 사람들에게는 최악의 단체였다고 생각해요. 결국 그런 희생이 각자의 몫으로 남아야 했으니까요. 기본적으로 청소년운동이 가진 한계와 위험성을 우리가 잘 모른 채로 시작했고, 그걸 상쇄할 만큼의 결과가 나오든 과정이 아름답든 해야 했는데 그렇지도 못했고요. 오프라인에서 활동하는 전국 단위의 조직체를 만들려고 한 건 훌륭한 시도였지만, 역으로 당사자 운동으로는 이룰 수 없는 목표였던 거죠.

장여진은 여기에 "우리는 우리 자신에게도 너무 미안할 정도로 책임감 없는 운동을 했었다. 그건 타인에게도 마찬가지였더라"라고 덧붙였다. 운동이 그 운동에 함께했던 이들의 삶을 고려하지도, 책임지지도 않은 것이 잘못됐다는 것이다. 그는 그때 같이 운동했던 친구 중 두 명이 자살한 사실을 언급하며 "운동이 한 사람의 인생을 크게 바꿀 수 있다는 점에서 신중하게 조직해야 한다는 생각이 들었다"라고 말했다. 그리고 자신의 삶에서 청소년운동은 '반면교사'라고 말했다.

장여진 청소년운동에서, 나는 어떤 사람이고 무엇에 적합하며 어떤 걸 원하는지, 그리고 운동이란 건 뭐고 어떻게 해야 되는지, 이런 것들을 수

혜적으로 배운 게 아니라 그냥 반성적으로 배웠어요. 제 삶에서 반면교사로 삼았던 게 청소년운동인 거 같아요. 지금도 무언가에 나서는 거랑 장을 맡는 걸 극단적으로 싫어해요.

장여진은 15년 전의 청소년운동이 지금의 운동에 남긴 의미가 없는 것 같다고 했지만, 나는 과거의 청소년운동이 첫 시도로서 자신의 역할을 할 만큼 했다고 생각한다. 비록 긍정적인 유산을 뚜렷하게 남긴 게 없을지는 몰라도 '반면교사'로서의 역할, '시행착오'로서의 역할은 충분히 한 것 아닐까. 장여진의 삶에서 청소년운동이 반면교사의 역할을 하고 있듯이 말이다. 상처만 남은 것 같은 기억도 결국 다시는 그렇게 넘어지지 않겠다고 주의하는 마음을 길러 주기 마련이다. 그리고 "그때 주류파였던 친구들은 여전히 사회 변혁을 위해 무언가 하고 있는가 하면 아니다. 비주류였던 (나 같은) 친구들은 어디서 어떤 식으로든 그런 역할을 하고 있는데 말이다"라고 말하는 그의 말 속에는 그때의 청소년운동을 반면교사로 삼은 자신에 대한 자부심 같은 것도 있는 듯했다. (그러면서도 그는 자기만 너무 좋은 사람인 것처럼 얘기한 것 같다고 걱정했다.)

장여진은 대학에 진학한 뒤, 학생운동을 하다가 단체 활동을 하고 국회에서도 일했다. 그 뒤에는 인터넷 언론 〈레디앙〉에서 기자로 일했는데, 지금은 퇴직한 뒤 사업을 하고 있다. 그는 자신의 최대 화두는 '재생산'이라며 돈을 벌어서 기자들에게 돈을 제대로 주는 '진보 언론'을 만드는 것이 목표라고 웃으며 말했다.

장여진 운동이 힘들 때일수록 자꾸 운동 안에만 있으면 안 되는 것 같아요. 잠깐 쉬고, 나가서 돈도 벌고, 그러다 또 돌아와야죠.

인터뷰 막바지, 장여진이 지금의 청소년운동에 대해서 "우리도 합리적인 판단을 할 수 있다, 우리도 성숙하다고 이야기할 수 있지만, 사실 서른이 되고 마흔이 돼서도 자신이 미성숙할 수 있다는 걸 충분히 인정해야 하는데, 자신을 이미 완전체라고 가정하는 건 위험한 발상이지 않을까?"라고 조심스레 말했다. 나는 지금 청소년운동 진영에서도 비청소년이든 청소년이든 누구나 미성숙하다는 쪽으로 주장한다고 답했다. 바로 그게 중요한 것 같다고 맞장구를 치는 장여진의 모습에서 청소년 활동가 같은 친숙함이 느껴졌다. '우리들'의 상처투성이 청소년운동이 치유받을 일은 아마 없겠지만, 그저 이렇게 같이 이야기 나누다 보면 뭔가 나아지는 것 같은 기분이 들곤 한다. 이런 운동을 하고 이렇게 살았던 청소년 활동가들이 있었음을 기억하고 알아주는 사람들이 점점 많아지기를 바랄 뿐이다.

2부

잃어버린 권리를 찾아서

부당함은 본능이 먼저 알지요

박정훈

글 둠코

박정훈은 나름 유명 인사다. 아르바이트 노동자들의 노동조합, '알바노조'의 위원장을 맡고 있기 때문이다. 수백 명의 조합원을 가진 대중조직의 대표라는 무게감도 있고, 그가 알바노조 위원장으로서 CGV의 외모 벌점제를 고발하고* 최저임금 1만 원을 주장하며 단식 농성을 벌이는 등 전면에서 활발하게 활동하고 있기 때문이기도 하다. 박정훈은 노조 활동 과정에서 연행되기도 하고 기소당하기도 하는 등 다사다난한 일상을 보내고 있었다. 서울 신촌에 있는 알바노조 사무실에서 박정훈을 만나기로 한 날도 전날 밤을 샌 듯 충혈된 눈으로 나타났다.

박정훈은 2002년 중반부터 2004년 초까지 부산에서 청소년운동을 하면서 NEIS** 반대 운동 등을 진행했다. NEIS 반대 운동은 교육부에서 도입하는 정책에 대해 청소년들이 반대의 목소리를 냈다는 점, 그때 전교조 등의 교사운동과 같은 의제로 동시에 진행됐다는 점, 그리고 우리 사회에서 '정보 인권'이라는 낯선 개념을 제기했다는 점 때문에 청소년운동에서 중요한 위치에 있다. 박정훈으로부터 그 무렵 그가 했던 NEIS 반대 운동과 더불어 다니던 학교 안에서의 화려했던 학생회 활동에 대해 들었다.

---

* CGV가 여성 아르바이트 노동자들에게 "또렷한 눈썹을 만들고, 반드시 생기 있는 피부 화장을 하세요", "입술을 윤기 나게 하세요. 빨간색 붉은 립스틱은 필수입니다" 등의 용모·복장 기준을 제시하고 이를 충족하지 않을 경우 '꼬질이 벌점'을 부과해 인센티브를 깎아 온 사실이 2016년 4월 알바노조를 통해 알려져 사회적 논란이 됐다.
** 교육행정정보시스템. 교육 당국에서는 긍정의 의미를 담아 '나이스'라고 부르나 시민사회운동 진영에서는 '네이스'라고 부른다.

'미선·효순만의 문제가 아니구나'

박정훈이 청소년운동을 시작하게 된 계기는 2002년 미군 장갑차 사고(속칭 '미선이 효순이 사건')였다. 당시 경기도 양주에서 중학생 심미선, 신효순이 미군 장갑차에 깔려 사망하자 이를 추모하는 촛불 집회가 서울을 비롯해 전국에서 벌어졌고, 박정훈이 살던 부산에서도 일어났다. 당시 박정훈은 이들을 추모하고 제대로 된 사건 해결을 요구하는 촛불 집회에 참여했다는 이유로 학교에서 반성문을 요구받았다. 이 일을 계기로 그는 인권 침해의 문제가 자신을 비롯해 누구에게나 일어날 수 있다는 것을 깨닫게 되었다.

박정훈 2002년 미선 씨 효순 씨 사건을 접하고 나서 촛불 시위에 가자고 학교 홈페이지에 글을 올렸어요. 제가 순진해서 '이렇게 정의로운 일에 관심을 가지면 선생님이 칭찬해 주시겠지?' 생각했던 것 같아요. 그런데 칭찬은커녕 면담을 하자고 하시더라고요. 반성문을 쓰라고 하는데 안 쓰고 선생님한테 유엔 아동권리협약을 뽑아서 읽어 보시라고 드렸어요. 한국도 비준했으니까 학칙보다 상위법이다, 청소년에게도 정치적 권리가 있다 하면서요. 선생님도 좀 당황해서 저한테 무슨 책을 읽었는지 써내라고 했어요. 좀 구식이죠? 저는 그게 뭘 의미하는지는 몰랐지만 반감이 들었어요. 학교에 부모님이 불려 가셨는데 부모님이 저를 믿는다고 하는 바람에 그 루트는 차단됐죠. 어머니 입장에서 '아들이 하는 일인데' 그런 마음이 있었던 거 같아요. 사실 부산, 경상도의 가부장제 사회에서 아들이 가지고 있는 권력 때문에 가능했던 거죠. 여학생이었다면 좀 달랐을 거예요. 어쨌든 이런 학교의 반응을 보고 나서 이게 미선, 효순만의 문제가 아니구나 하는 생각이 들었고 그 뒤로 청소년 인권에 관심을 가지기 시작했어요.

이후 박정훈은 꾸준히 촛불 집회에 참가해서 교복을 입은 청소년들을 무작정 만나고 연락하며 청소년 인권에 관심을 가진 사람들을 모았다. 박정훈은 처음에는 '전국민주중고등학생연합(민학연)'에 들어가서 활동을 시작했다. 민학연은 학생인권과교육개혁을위한전국중고등학생연합(학생연합)에서 분화되어 만들어진 단체였는데, 그는 민학연 내부의 반민주적인 운영 문제에 대해 비판하고 나와서 새로 모임을 꾸렸다. '청소년을위한희망네트워크 작은숲(작은숲)'이라는 이름의 동아리 연합체였다.

박정훈　부산 지역에서 청소년 활동가들을 모아서 '작은숲'이라는 단체를 만들었습니다. 어떤 단체였다고 규정하기 힘든데, 그냥 그 시대에 같은 고민을 하는 친구들이 모였고, 그중에 추진력이 있는 인간들이 다소 있었어요. 그래서 민주적 방식으로 모든 게 결정되고 같이 '으쌰으쌰' 하는 분위기가 있었죠. 주로 NEIS 반대 운동이랑 청소년 참정권 운동을 했어요. 공부도 하고 몇몇 오피니언 리더들 중심으로 캠페인 등의 활동을 했습니다. 그래서 일은 참 잘됐는데, 오피니언 리더들이 사라짐과 동시에 몰락했어요.

작은숲에서는 새로운 지역 동아리를 찾아 네트워킹하고, 서울에서

박정훈

작은숲에 함께하는 사람들의 팀을 만드는 등 활동할 청소년들을 모았다. 박정훈은 작은숲을 만들 때 부산 지역에는 민주공원, 청소년축제 반, 학생연합 부산지부 등에서 활동하는 청소년들이 있어 사람들을 모을 수 있었고, 많을 때는 스무 명 정도가 모였다고 전했다. 많이 모였다고 감탄하자 박정훈도 "엄청 잘나갔다"며 으쓱했다.

작은숲은 지역에서부터 자라난 청소년들의 자생적 모임으로 활동의 공간이기도 했지만 구성원들에게 소통과 배움의 공간이기도 했다. 일주일에 한 번씩 꾸준히 모여 회의와 공부를 했고, "우선은 만나서 수다를 떨었다"고 했다.

박정훈 일요일에 해방구 같은 느낌으로 모였어요. 답답했던 6일을 이 하루를 위해서 참는 거죠. 일단 만나면 좋으니까 출석률이 되게 높았어요. 우선은 만나서 수다를 떨었죠. 그러다 수다만 떨지 말고 뭘 해 보자 해서 '배움새'라는 이름으로 서로 배움터를 열었어요. 서로가 선생이 되어서 자신이 잘하는 걸 가르쳐 주는 거죠. 애니어그램도 있고, 만들기도 있고, 잘 모르지만 서로 공부해서 강의를 했어요. 일반사회 교사를 모시고 근현대사 공부도 했어요. 각각의 주체성을 인정하고 독려하는 것이 가장 큰 장점인 조직이었죠. 실제 외부 활동은 목소리 큰 사람 두세 명이 했고요.

NEIS 반대, 이론보다 본능이 먼저 움직인 활동

2003년 초부터 NEIS 문제가 불거졌다. NEIS는 김대중 정부 때 도입이 결정되어 2003년에는 전면 시행을 앞두고 있던, 교육 행정에 관한 각종 정보를 전산으로 처리할 수 있도록 만든 전국 단위의 시스템이다. 과거 개별 학교 단위로 관리하던 학생생활기록부, 건강기록부 등의 학사 기록을 한곳에 모아 인터넷으로 통합 관리하고, 학생과 학부모, 교사들이 함께 이용하도록 한 것이 핵심이다. 교육 관련 정보를 공동으로 이용하기 위해 전국 1만여 개의 초·중·고교와, 16개 시·도교육청 및 산하 기관, 교육인적자원부를 인터넷망으로 연결하여 교무·학사뿐 아니라 인사·예산·회계 등 교육 관련 전체 업무를 전자적으로 연계하고자 했다. 정부는 이를 효율성을 내세워 도입하려 했으나, 그 과정에서 개인 정보 보호 원칙이나 정보 인권의 문제는 크게 고려하지 않고 있었다.

때문에 NEIS는 도입이 결정되었을 때부터 많은 논란이 일었다. 단순한 행정적 정보들만이 아니라 학생들의 생활기록부·보건(건강)·교내외 활동·상담 일지, 그리고 교사들의 정치·사회단체 활동과 재산 내역 등까지 모두 수집하려 해 정보 인권 침해와 국가의 통제 강화, 악용 가능성이 우려되었던 것이다. 다른 정부 부처가 NEIS의 정보를 활용할 수 있도록 한 규정이나 오래전 졸업한 학생들의 정보까지 저장해 두는 것, 그리고 정보 유출 사고 가능성 등도 문제가 되었다. 이에 더해 이를 모두 입력하고 관리하는 행정 업무를 교사들에게 부과해 교원 업무가 과중해지는 것도 교사들의 우려 사항 중 하나였다.

이에 진보네트워크센터, 인권운동사랑방, 전국교직원노동조합(전교조) 등 많은 시민사회단체들이 NEIS를 비판하며 반대 운동을 진행했다. 국가인권위원회도 NEIS의 법적 근거가 미비하며 정보 수집 항목이 너무 많으니 개인 정보에 해당하는 정보는 제외해야 한다는 등의 권고를 하기도 했다. 21세기청소년공동체 희망, 전교조와 참교육을위한전국학부모회(참학) 등 스물세 개 시민사회단체들은 공동 성명서를 발표하며 NEIS 도입 중단과 재검토를 요구했다.

중대한 인권 침해, NEIS를 폐기하라

교육부는 아무런 법률적 근거도 없이 당사자들의 동의도 얻지 않은 채 1981년 이후 전체 졸업생들의 방대한 개인 정보를 이미 축적해 놓았을 뿐 아니라, 올해 2월에도 학교의 온갖 정보를 은밀하게 NEIS로 이관하고 있다. 이와 같은 방대한 개인 정보의 축적 및 집중은 국민의 안전과 프라이버시에 대한 심각한 침해이며, 감시와 통제의 전체주의 사회로 가는 지름길이다. (······) 이것은 OECD의 가이드라인이 제시하고 있는 '수집 제한의 원칙'과 '목적 명확화의 원칙'에 명백히 위배되는 것이다. 아울러 방대한 정보의 입력·관리 과정에서 교원의 업무 증가와 교원에 대한 통제 강화는 교원의 교육 활동을 심각하게 위협할 것이며, 교원은 단순한 입력 사무원으로 전락할 것이다. (······) 개인의 신상 기록이 행정자치부나 병무청, 경찰청, 국가정보원 등 교육과 무관한 기관으로 넘겨져 다른 목적에 악용될 소지도 있음을 특히 우려하지 않을 수 없다.

— 시민사회단체 공동 성명서 중, 2003년 2월 6일

이미 2000년대 초반부터 인권 단체들은 모든 국민에게 지문 날인을

강요하는 주민등록증, 생년월일과 성별 등의 개인 정보를 숫자로 드러내며 하나의 번호로 공적·사적 영역을 가리지 않고 여러 행정 처리에 이용하는 주민등록번호 제도의 위험성을 지적하고 있었다. 주민등록번호 하나만 유출되어도 모든 영역의 정보들이 위험해지는 보안 문제가 대표적이었다. 이는 국가가 행정의 편의성과 국민에 대한 관리·통제를 위해서 각종 정보를 일원화해서 수집하고 관리하는 시스템이 낳은 폐해였다. 이러한 논란을 거치며, 급속도로 컴퓨터와 인터넷 등이 보급된 한국 사회에 정보 인권에 대한 사회적 인식이 싹트고 있는 와중이었다.

박정훈은 그런 배경 덕에 학생의 성적과 각종 정보들을 전산화해서 모으고 관리하는 시스템이 문제라고 바로 느꼈다고 말했다. NEIS 도입 소식을 듣고 청소년 활동가들이 '본능적으로' 위험을 감지했다는 것이다. 작은숲에서는 NEIS 반대에 많은 힘을 쏟았다. 21세기청소년공동체 희망, 민학연 등의 청소년운동 단체들 역시 NEIS를 반대했다.

박정훈 당시에 정보 인권에 대한 담론이 나오고 있는 상황이었어요. 주민등록증 자체에 대한 이야기도 있었고요. 그런 상황에서 생활기록부를 전자 시스템으로 만들어 보관한다는 데 문제의식이 컸죠. 본능적인 거였어요. 최근에 〈테러방지법〉 도입할 때 시민들이 가졌던 느낌이랑 비슷했던 것 같습니다. 〈테러방지법〉이 만들어지면 왠지 내 개인 정보가 몽땅 털릴 거 같잖아요. 당시 청소년 활동가들이 받은 느낌도 그랬어요. 내 개인 정보가 전산화되고 거기에 누구든지 접속할 수 있다, 이건 제2의 주민등록증이다 싶었어요. 성적, 품행 이런 게 다 기록되고 공유되는 데 대해 본능적으로 문제를 느꼈고, 그 다음에 공부를 했죠. 직관이 먼저였어요.

작은숲은 여름방학 기간에 교육청 앞과 부산의 번화가 앞에서 꾸준히 캠페인과 1인 시위를 진행했다. 그리고 다른 지역의 청소년 활동가들에게도 '전국 동시다발 1인 시위'를 하자고 제안했다. 전국 동시다발 1인 시위는 '행동하는청소년', '청소년의힘으로' 등의 단체들이 참여하여 2003년 11월 22일, 강원도 강릉, 광주, 대구, 대전, 부산, 경남 산청·진주에서 진행되었다. 박정훈이 부산에서 1인 시위를 하는 사진이 포털 사이트 다음 메인 화면에 걸리면서 청소년들의 NEIS 반대 운동은 화제가 되었다. 학교는 박정훈의 NEIS 반대 운동 기사를 보고 징계위원회 회부 등을 거론했으나 해당 기사를 쓴 기자가 학교 측에 징계를 하려는 게 사실이냐고 진위를 물어 오자 징계 절차를 백지화했다. 당시 박정훈이 들었던 피켓에는 "청소년의 권리 찾기, NEIS의 근본적 문제는 청소년을 하나의 인간으로 보지 않는 것이다!"라는 문구가 쓰여 있었다.

박정훈　정치적인 문제라고 생각했어요. 우리가 투표권이 없기 때문에, 청소년은 표가 아니기 때문에, 우리를 어리게 바라보기 때문에 우리 성적이나 정보 정도는 아무렇게나 다뤄도 상관없다는 거구나, 성인의 정보라면 이렇게 쉽게 전산화해서 열람하게 할 수는 없었을 텐데 그렇게 생각했던 거 같아요. 예를 들어 "이 사람은 주의가 산만하고" 이런 개인적인 내용을 전산화하는 건 심각한 문제잖아요.

시민사회단체의 NEIS 반대 운동은 11월 말엽까지 꾸준히 이어졌다. 작은숲을 비롯하여 청소년운동 단체들이 NEIS 반대 목소리를 냈던 것은 전교조와 교육부 사이의 갈등에 초점이 맞춰져 있던 NEIS 전선에서 작게나마 청소년들의 의견을 제시했고 언론들도 주목했다. 첨예한 논쟁이 이루어

2003년 8월 박정훈과 작은숲 회원들은 부산시교육청 앞과 부산 서면 한복판에서 NEIS 반대를 주장하며 1인 시위를 벌였다.

지고 있는 교육 정책 문제에서 당사자로서 활동을 하고 입장을 낸 것은 청소년운동의 존재감을 만드는 일이었다. 전교조도 NEIS의 문제점으로 주로 정보 인권 침해를 꼽으며 반대 운동을 하긴 했지만 청소년들을 대신할 수는 없었기 때문이다.

 NEIS 반대 운동의 결과, 교무 학사, 입학·진학, 보건 항목 등 개인 정보 부분을 별도로 분리시켜 관리할 것, 개인 정보를 함부로 공유하지 않을 것, 정보를 국가가 통합해서 관리하지 않을 것 등을 전교조와 교육부가 합의했다. 이는 NEIS에서 문제로 지적된 정보 인권 문제들을 상당 부분 개선한 것이었지만, 학교나 정부가 학생들의 정보 인권에 대해 충분히 존중하고 이해하게 된 것은 아니었다. 학생들의 성적 정보나 각종 개인 정보는 여전히 함부로 다루어지기 일쑤이고, 도입 몇 년 뒤에는 보호자가 집에서 자녀의 NEIS 정보를 열람할 수 있게 되는 등 NEIS

의 문제는 계속되고 있다.

NEIS가 결국 도입되었을 때 작은숲에서는 어떤 대처를 했냐고 박정훈에게 묻자 "대처를 못 했어요. 처음 운동을 시작했던 사람들의 졸업과 동시에 활동이 자연 소멸됐거든요"라는 서글픈 답이 돌아왔다. 박정훈은 NEIS 반대 운동에 대해서, 자신들이 할 수 있는 최선을 다했지만 2003년 여름방학이 지난 후에도 계속해서 활동을 유지하기에는 한계가 있었다고 말했다. 운동을 마무리 짓거나 끝난 운동을 평가하는 것조차 제대로 할 수 없었던 것이 그 당시 청소년운동의 현실이었다.

작은숲의 의미

박정훈은 NEIS 반대 운동을 하면서, 청소년에 관한 정책을 청소년의 의견을 듣지 않고 진행할 수 있는 이유, 청소년의 정보를 마음대로 전산화·공유·열람하는 정책을 만들 수 있는 이유가 청소년에게 정치적 권리가 없기 때문이라고 보았다. 2003년 겨울 무렵부터 2004년까지 이루어진 청소년 참정권 운동*은 이러한 문제의식 속에 시작된 것이었다.

작은숲에서는 2004년에 이루어진 18세 선거권 운동 '낮추자'의 모의 투표 활동에 부산 지역 연대 단체로 함께하며 거리에서 청소년들에게 모의 투표를 받았다. 그 밖에도 부산 지역의 번화가에서 캠페인을 진행했고, 대구에서 진행된 'I WANT YOU 광합성'이라는 행사에도 참여했다. 박정훈은 선거권 제한 연령에 대해 작은숲이 자체적으로 토론하

---

* 일반적으로 청소년운동에서는 '정치적 권리 운동', '정치적 기본권 운동'이라는 말을 썼다. 선거권, 피선거권, 표현·집회·결사의 자유, 여러 참여권을 주장하고 요구하는 운동을 가리키는 말이다.

는 과정에서 '17세 선거권'을 주장했다고 기억했다.

> **박정훈**　17세 참정권을 주장했는데, 당시 제일 급진적인 구호여서 17세를 주장했던 것 같아요. 다른 데서 다 18세를 주장하니까 우리는 한 살 내린 거죠. (웃음) 선거 국면이었을 거예요. 2004년 총선을 앞두고, 선거 국면에 부산 서면에서 주로 캠페인을 하고, 발언도 하고요. 이게 계기가 돼서 대구의 '청소년문화아케이드 우주인'이라는 단체에서 여는 '광합성' 행사에 가기도 했어요. 부산에서 캠페인을 너무 잘해서 대구에서 와 달라고 한 거죠. '광합성'이라는 제목은 '청소년들이 광합성 할 시간이 없으니, 광합성 하러 와라' 이런 뜻이었죠. 여기서 17세 선거권 관련해서 설문도 받고, 서명도 받았어요.

노무현 정부가 집권하고 촛불 집회와 온라인에서의 시민운동이 활성화되면서, 많은 시민들이 정치를 통해 사회가 변화할 수 있을 것이라는 희망을 품고 있던 시대였다. 청소년운동도 그런 분위기에 영향을 받고 있었다. 박정훈이, 청소년들이 정치적 권리를 갖고 활동해야 현실을 바꿀 수 있다고 생각하게 된 것도 이런 흐름 안에 있었다. 박정훈은 "노무현을 빼고는 얘기할 수 없는 시대인 것 같다. 그때 당시 노무현에 대한 사람들의 기대는 지금 상상하는 것보다 엄청났다"라고 말했다.

> **박정훈**　노무현 대통령이 당선된 시대적 배경도 있고, 시기적으로도 전환기였던 거 같은데, 그 시기에 청소년운동의 길이 뚜렷하게 없었어요. 작은숲은 과도기에 등장해서 돌출적으로 잘된 예외적인 경우인 거 같

작은숲에서는 2004년에 이루어진 18세 선거권 운동 '낮추자'의 모의 투표 활동에 부산 지역
연대 단체로서 함께하며 거리에서 청소년들에게 모의 투표를 받았다.

아요. 2000년에 노컷 운동을 하면서 청소년운동이 좀 떴고, 그 뒤에
다시 청소년 인권 운동 단체들이 본격적으로 생기기 전, 딱 이 사이거
든요. 작은숲은 그 과도기의 시대에 이념적 지향도 있고, 자생적이고 자
율적인 모습도 있고, 그런 두 가지 성격이 버무려져 있는 조직이었어요.

행동하고 목소리를 내는 청소년들은 많아졌고, 여러 지역에서 작은
숲과 같은 자생적인 조직들도 생겨났으며, NEIS와 같은 이슈에 대해 활
동할 수 있을 만큼의 역량도 갖고 있었다. 하지만 주축이 되는 청소년
들이 나이를 먹고 떠나면 더 이상 유지되지 못했기에, 2~3년을 넘기는
청소년운동 조직을 찾기가 어려웠다. 당시 청소년운동은 이처럼 활기에
차 있었지만 동시에 조직적·운동적 한계에 부딪히고 있었다.

일진들의 사랑을 독차지한 파란만장 학생회장

박정훈은 고등학교 안에서도 파란만장한 활동들을 이어 갔다. 활동을 시작하게 된 계기가 촛불 집회 참여에 대한 학교의 탄압이었기 때문에 학교 안의 문제는 그가 가장 관심을 가지는 일일 수밖에 없었다. 촛불 집회 참가 후인 2003년, 그는 학생회장에 출마했다. 박정훈은 "원래 학생회장에 당선되면 학교에 정수기를 달아 주겠다는 전교 1등인 학생이 학생회장으로 내정되어 있는 상황이었는데 '학생에게도 인권이 있다고 당당하게 이야기하겠다'고 공약해 당선됐다"며 당선 배경을 설명했다.

학생회 간부가 되면 학교에 많게는 100만 원, 적어도 수십만 원 돈을 기부하는 관행을 따르지 않았기 때문인지 박정훈은 학교로부터 환영받지 못했다. 학생회 내의 얼차려 문화 등을 거부하고 권위주의에 반대하면서 후배에게도 꼬박꼬박 인사를 했지만, 학생회 내의 분위기는 녹록지 않았다. 대신 그는 다른 동급생들, 그리고 '일진'들 사이에서 전폭적 지지를 받았다. 그는 교사들에게 당당하게 자기 할 말을 하는 자신의 모습이 그들의 로망을 자극했던 것 같다며 웃었다.

박정훈 졸업 여행 때 애들이 다 가방에 술 한 병씩 들고 오잖아요. 입소식을 할 때 교관들이 소지품 검사를 한단 거예요. 그래서 입소식에서 학생회장이 대표로 선서할 때 맨 마지막에 그랬어요. "동시에 수련원 측의 일방적인 소지품 검사를 거부할 것을 선서합니다." 교감 선생님 표정은 일그러지는데 일진들은 뒤에서 난리가 났어요. 그래서인지 모르겠지만 실제로 소지품 검사를 안 했어요. 그게 되게 큰 임팩트를 준 것 같아요. 지금은 그렇게 못 하죠. 그땐 운동을 앞뒤 재지 않고 했으니까요.

졸업 여행 이전부터도 박정훈은 학교 안에서 다양한 활동을 했다. 학교 안에서 급식 문제를 제기한 것이 대표적이었다. 그때 이슈가 됐던 '친환경 무상 급식 운동'의 영향을 받은 것이기도 했다. 박정훈은 급식에 대해 학생들에게 설문조사를 하고 대자보를 붙이면서, 급식의 질을 개선하고 급식에 대해 학생들이 모니터링할 수 있게 하라는 요구를 했다. 그 운동은 급식 신청 거부까지 이어졌다. 박정훈은 급식 거부가 오래가지 못했고 목표한 만큼을 달성하지 못했기 때문에 이를 실패라고 기억했지만 그래도 급식 모니터링이나 질 개선 등의 일부 요구는 관철시킬 수 있었다.

이 같은 박정훈의 활동은 학교 안에 다른 분위기를 만들었다. 박정훈의 친구 중 한 명은 학생의 뺨을 때리는 교과 교사를 찾아가 항의한 끝에 그 교사로부터 수업 중 공개 사과를 받아 냈다. 박정훈은 비록 자신이 그렇게 앞뒤 따지지 않고 '객기'를 부려서 다른 학생들과 함께하지 못한 것이 아쉬웠다고 평가했지만, 그의 존재와 활동들은 다른 학생들에게 나름의 자극을 주기에 충분해 보였다.

박정훈 당황하는 교사도 있었지만 응원하는 교사도 있었어요. 미안하다고 하시는 분도 있었고요. 사립학교여서 더했죠. 학교에 전교조 교사는 한 명도 없었어요.

아쉽게도, 튀는 학생회장이었던 박정훈의 운동 경험은 작은숲 안에서 계획적, 조직적으로 공유되지는 않았다. 이런 운동 경험들이 작은숲의 다른 청소년 활동가들에게도 자극이 되고 또 그들이 각자 자기 학교에서 운동을 조직했다면 어땠을까. 그는 학교 안에서의 탄압 때문에 다른 청소년들이 다들 자기처럼 하지는 못했다고 이야기했다.

청소년운동 덕분에 좀 더 자유롭게, 좀 더 새롭게

대학에서도 박정훈은 군기 잡기 문화와 위계 질서 등을 거부하면서 학생들 사이에 섞여 들지 못했다. 그래도 그는 학생운동을 잘해 보려고 노력한 끝에 학회와 동아리 등을 만들고 단과대 학생회장에 출마해 당선됐다. 이후 '대학생 사람연대' 활동을 하면서 장애운동을 접하고, 서울 강남구 포이동에서 철거민 투쟁을 접했다. 그토록 많은 사람들의 기대를 받았던 노무현 정부였지만 사람들의 삶은 크게 나아지지 않았고, 억압받고 내몰리면서 잊히는 사람들마저 있었다.

박정훈은 학생운동의 질서에 대해 고민을 시작했다. '이런 식으로 하는 게 맞나. 사회 변화를 일으키는 것보다는 조직을 재생산하고 어디와 연대하는 것에서만 자기 존재 이유를 찾는, 그런 운동이 계속 유지 가능할까?'라는 고민이었다. 2012년 대선 때 청소 노동자 김순자 후보의 선거운동본부 활동을 한 것을 계기로 박정훈은 선거운동본부에 함께 했던 청년들과 알바연대·알바노조를 만들었다. 박정훈의 말을 옮기면, 대학생·청년들이 노동운동에 '연대'를 하는 것이 아니라 자신들의 불안정 노동을 이야기하면서 노조를 따로 만드는 것은 전통적인 학생운동이라면 상상할 수 없는 새로운 방식이었다.

　그는 이러한 자신의 고민과 운동 방식의 변화에 청소년운동에서의 경험이 직접적으로 많은 도움이 됐다고 말했다. 청소년운동을 하면서 익힌 감수성이나 문화가 좀 더 자유롭고 폭 넓게 사람들을 만날 수 있는 밑바탕이 되었다는 것이다. 박정훈은 전형적인, 틀에 박힌 운동을 하지 않고 새로운 운동을 만들 수 있었던 것도 청소년운동 경험 덕일지도 모르겠다고 했다.

박정훈　제 10대를 그렇게 스펙터클하게 보낸 게 지금은 너무 좋아요. 일단 사람을 만날 때 공감할 수 있는 게 많아요. 제 경험이 많으니까 그 사람의 경험에 대해 잘 들을 수 있고, 편견이 적거든요.
청소년운동을 하다 보면 자존적인 고민을 할 수밖에 없어요. '내가 내일 학교에 가서 선생님한테 어떤 태도를 취해야 되지?' 매일같이 고민하면서 살아요. 나는 어떤 사람이고 어떤 삶을 살려고 하는가에 대한 대답을 찾으려고요. 보통은 사춘기라 하는데 그 시절에 좀 더 구체적인 질문을 가지고 나와 대화할 수 있었던 거 같아요. 그래서 자존감 형성에 커다란 도움이 됐어요. 그 질문에 대해서 도망갔다면 내 자존감에 큰 상처가 남았을 거예요. 성격도 많이 변했어요. 그 전에는 조용한 모범생이었는데 더 활발해지고 나 자신에 대한 자신감도 더 생겼어요.

　박정훈은 2013년, 병역 거부를 선언하고 징역 1년 6월을 선고받아 감옥에 갔다 왔다. 운동을 하면서 〈집회및시위에관한법률〉 위반 등으로 벌금을 낸 적도 많아서 이미 많은 전과를 쌓은 뒤였다. 그의 병역 거부 선택에도 청소년운동 경험이 영향을 미쳤을까? 그는 청소년운동을 하기 전부터 고민해 온 일이라고 말했다.

> **박정훈** 고1 때 9.11 테러 붕괴 장면을 TV 화면에서 봤는데 너무 충격적이었어요. 그때부터 고민하기 시작했어요. 오히려 미선, 효순 촛불 집회는 제가 직접 나서게 된 핑곗거리 같아요. 고민은 그 전부터 있었고 세계에 대한 의심도 있었어요. 개인적으로 어릴 때 집이 가난했고, 사회과학 서적을 좀 일찍 접했거든요. 조정래의 《아리랑》 같은 대하소설을 중학교 때 읽었고, 그러면서 생각이 조금씩 바뀌어 간 거죠. 저도 이제 정형화된 인물이고 조직적 질서에 영향을 많이 받는 사람이지만, 그렇게 청소년운동으로 운동에 입문해서 다소 자유롭게 사유할 수 있는 것 같아요.

촛불 집회에 참가했던 고등학생 시절부터 NEIS에 반대하며 '청소년 권리 찾기'를 외쳤고, 사람연대 대표와 병역 거부 수감자를 거쳐서 알바노조 위원장이 된 박정훈의 이야기는, 지극히 정치적이면서도 가장 자유로운, 삶과 운동이 분리되지 않는 한 사람의 모습을 담고 있었다. 그에게 마지막으로 하고 싶은 말이 있냐고 묻자 알바노조 가입을 권했다. 청소년운동이 지금도 자신의 관심사이고, 알바노조에서도 청소년 아르바이트 노동자들을 조직하고 싶다고 하는 박정훈. 알바 노동 운동에서 청소년 주체들이 기획하고 결정하고 활동할 수 있도록 필요한 지원을 해 주는 그런 역할을, 그는 왠지 해낼 것만 같았다.

자치의 시대,
청소년 정치를 고민하다

신정현·김종민

글 공현

2002년부터 2000년대 중반까지의 청소년운동은 '정치의 시대'였다고 해도 과언이 아니다. 2002년 미군 장갑차 사고 이후 일어난 촛불 집회, 노무현의 대통령 당선, 2004년 노무현 대통령 탄핵 반대 집회, 민주노동당이라는 진보 정당의 국회 진출 등 한국 사회의 정치적 역동 속에서 청소년들 역시 거리에서의 대중 집회에 참여하고 운동을 접했으며 정당이나 참여 기구, 사회단체 등에 참여할 수 있는 기회를 얻었다. 그리고 당연하게도, 정치로부터 배제되어 있는 청소년들의 참정권 보장 요구 운동 역시 지속적으로 일어났다.

그리고 2005년, 45년 만에 선거권 제한 연령이 20세에서 19세로 바뀌었다. 18세 선거권이 당론이었던 열린우리당이 2004년 국회의원 선거에서 국회 과반 의석을 차지한 뒤 한나라당과 합의한 결과였다. 이같은 법 개정과 선거권자의 확대는 노무현 정부와 열린우리당의 정치 개혁으로 평가받았다. 젊은 세대의 표심을 예측하려고 언론도 정당도 분주했고, 바로 그 다음 해인 2006년 지방선거에서는 19세 유권자들이 주목받았다. 그런데 이러한 변화의 배경에 오랜 시간 청소년 인권 문제로서 '18세 선거권'을 말해 온 이들이 있다는 것을 기억하는 사람들은 거의 없는 듯하다.

'18세선거권낮추기공동연대(낮추기공동연대)'에서 활동했던 신정현과 김종민은 2004년 무렵 전개된 18세 선거권 운동의 당사자로, 그 시절 청소년운동의 모습을 보여 주는 이들이다. 신정현은 정부의 청소년 참여 기구에서 활동한 뒤 지역에서 단체를 만들어 활동하다가 낮추기공동연대를 꾸려 공동 대표를 맡았다. 김종민은 청소년 단체와 정당의 청소년위원회에서 활동하다, 군 입대 때문에 활동을 그만둔 신정현 다음으로 낯추기공동연대의 대표를 맡았다. 2004년부터 2005년까지 이어진 18세 선거권 운동과, 선거 연령이 결국 19세로 정해지게 된 과정 등을 듣기 위해 두 사람을 만났다.

자치가 필요해

김종민과 신정현이 청소년운동에 발을 들인 계기는 고등학교에서의 학생회 활동이다. 신정현은 1998년, 만들어진 지 얼마 안 된 신생 학교였던 경기도 고양시 주엽고에서 학생회장에 당선됐다. 그리고 고양시 중·고등학교 학생회장들의 연합회를 만들어서 그 회장까지 맡게 됐다. 학생회 활동을 하면서 '자치'를 내세웠다는 그는 그때 "청소년 인권, 문화 이런 걸 처음 고민해 봤다"고 했다. 한편 김종민은 100년 가까운 역사를 가진 서울 중앙고에서 학생회장을 했다. 두 사람이 청소년의 현실에 문제를 느끼고 자치나 정치 참여 등에 관심을 갖게 된 것은 학생들의 대표 조직인 학생회조차도 제대로 된 권한을 보장받지 못하고 있었기 때문이다.

신정현 야자 시간에 옆 반 선생님이 불러서 그러시더라고요. "신정현이, 이리 와 봐. 너 학생회장 출마한다며? 하지 마. 너 어차피 서울대 못 가잖아." 그 당시엔 내신 1등급인 학생이 학생회장까지 하면 수시 입학의 리더십 전형으로 서울대에 갈 수 있었거든요. 그러니까 전교 1등인 애가 학생회장을 하게끔 저보고 출마하지 말라는 거예요. 그 얘기를 저한테 진지하게 했어요. 너무 상처받았죠. "선생님 이야기는 못 들은 걸로 하겠다. 말씀을 들으니 진짜 출마해야겠다"라고, 되바라지게 말하고 뛰쳐나왔어요.

교사들의 기대와 달리 학생들의 지지를 받아 학생회장에 당선된 신정현은 열성적인 학생회 활동으로 교사들에게 "넌 학생이 아니라 교직원 같다. 맨날 학생회 회의 한다고 수업 시간에 자리에 없다"라는 타박을 받으면서도 꿋꿋하게 활동했다. 그는 학교에서 축제 예산을 200만 원밖에 배정하지 않자 방송국에서 일하는 학부모를 찾아가 무대 등을 후원 요청 하기도 했다. 그리고 그렇게 아낀 예산은 학생 동아리 제도를 만드는 데 사용했다.

신정현 그 당시 우리 학교에 동아리란 게 아예 없었어요. 동아리를 만들어야겠다 해서 신청서를 뿌렸죠. '이제 동아리 제도를 시작합니다. 하고 싶은 거 뭐든 좋으니까 다 써내세요'라고. 별 게 다 나왔어요. 뭐든 제외하지 않고 다 받았더니, 일진 애들이 애니메이션 동아리를 만들겠다고 신청서를 낸 거예요. 선생님들이 우려했죠. 제외하라고 했는데, 제가 안 된다고 막 우겼어요. 모두 다 된다고 했는데 왜 일진 애들이 모였다고 해서 안 된다고 그러냐고. 그래서 동아리실을 배정하고 한 달에 2만 원씩 활동비를 지원했어요. 그리고 동아리 학생들이 주축이 돼서 축제를 하기로 했어요. 그때 제가 정말 멋진 경험을 했어요. 모두가 우려했던 그 일진 애들이 전시회를 한 거예요. 두꺼운 만화책을 만들어서 너무나 수

신정현

줍게 애들한테 놀러 오라고 하는데, 이 걸 보면서 우리의 선입견이 얼마나 폭력 적인가를 깨달았어요. 그렇게 학생회 활 동을 열심히 하니까 선생님들도 좀 인정 해 줬죠.

신정현은 학생들이 교재를 할인받 을 수 있도록 학교 앞 문구점과 협상 을 하기도 했다. 그는 "뭔가가 바뀌어 서 애들이 행복해하는 걸 보는 게 너 무 행복했다. 그게 자치 활동을 하면 서 느끼는 최고의 행복이었다"라고 회 상했다.

실질적 권한과 역할이 없는 학생회에서 새로운 시도를 해 나갔던 신 정현의 경우와 달리, 김종민은 오랜 전통과 함께 낡은 권한이 있는 학생 회에서 분투했다. 학생회의 유일한 권한이라는 것도 학생들을 향한 것 이었다.

김종민 지금 생각하면 정말 말도 안 되는데, 학생회장에게 화장실에서 담 배 피우는 애들을 잡아서 때릴 수 있는 권한이 있었어요. 대대로 학생 회장은 덩치가 큰 학생들이 많았고 학생회실에 '법봉'이란 게 걸려 있었 어요. 1.5미터 정도 되는 몽둥이였는데, 그걸 사용할 수 있는 사람은 3학 년 회장이랑 2학년 부회장이었어요. 학생회 안에 때리는 문화가 있었던 거죠. 일을 제대로 못 한다든가 선배가 봤을 때 문제가 있는 행동을 하면 집합을 해서 맞는 문화요. '빵이' 문화도 있었어요. 학교 뒤편에 있는 테니스장에서 기합을 받는 거죠. 이런 문화 속에서 학생회를 했어요.

김종민이 학생회장 선거에 나가면서 가졌던 문제의식도 역시 '자치'였고 이를 위해선 학생회의 변화가 필요했다. 김종민은 "학생회의 장이 아니라 학생들의 회장이 되겠습니다"라는 슬로건으로 선거운동을 해서 당선됐다. 그가 당선되자 전대도 아니고 전전대의 학생회장이 김종민을 찾아와서 학생회의 전통을 가르치고 그대로 운영하라고 요구했다. 김종민은 그렇게 못 하겠다고 답하고 기존의 학생회 문화에 익숙했던 집행부들 절반가량을 교체했다. 김종민이 고등학교에 다녔던 때는 2001년에서 2003년까지였고, 그때는 한창 한국 사회에서 촛불 집회 등이 일어나던 때였다. 이 때문에 그는 사회적 문제에 좀 더 관심을 가질 수 있었다. 김종민이 학생회에서 했던 자치 활동에는 이러한 사회적 이슈를 학교 안에 알리는 활동도 포함되어 있었다.

김종민 당선되자마자 효순이 미선이 사건에 관한 집회가 있었는데, 그 유인물을 학교 안에서 돌렸어요. 별 생각 없이 했죠. 저만 돌린 게 아니라 학생회 후배들을 시켜서 같이 돌렸거든요. 그런데 선도부장 선생님이 저를 부르더니 학교에서 '찌라시'를 뿌리면 안 된다고 했어요. 그래서 그때부터는 저 혼자 돌렸어요. 제가 그렇게 저항적인 애는 아니었거든요. 전형적인 모범생이었죠. '찌라시'란 말도 그때 처음 들어 봤어요. (웃음)

제대로 된 힘을 갖고 있지 못한 학생회. 하지만 어쨌건 직선제를 통해서 학생들이 직접 선출할 수 있었고, 또 학교 안에서의 자치와 정치를 통해서 작지만 의미 있는 변화를 만들어 갈 수 있었던 가능성과 그 체험들. 이것들은 이들이 학교 밖의 정치 참여에 관심을 가지고 18세 선거권 운동에 적극적으로 참여하는 데 경험적 근거가 되어 주었다.

"우리 세대의 문제는 우리 스스로 해결하자"

2000년, 경기도에서는 '차세대위원회'라는 이름의 청소년 참여 기구를 만드는 조례가 제정되었다. 이에 따라 경기도 내 기초 자치 단체 차원에서도 차세대위원회가 만들어졌고 고양시에서는 이것이 '차세대청소년위원회'라는 이름으로 꾸려졌다. 이런 청소년 참여 기구들은 김대중 정부가 청소년 정책에서 청소년 참여 확대를 표방하던 배경 속에 탄생한 공간이었다. 신정현은 학생회 연합회 활동을 할 때 도움을 준 교사와의 인연으로 2000년 고양시 차세대청소년위원회를 준비하는 단계부터 함께하게 된다.

신정현　차세대청소년위원회가 1기, 2기, 3기로 넘어가면서 놀라운 변화가 있었어요. '이제는 지자체만으로 해선 안 된다, 연대하자' 해서 경기도 차세대위원회를 중심으로 연천, 고양 등 다양한 지역들이 모인 거예요. 우리가 뭘 해 볼까 치열하게 토론했던 시간이 2001~2002년이었어요. 저는 2001년을 마무리 짓고 나서 나왔어요. 아무래도 관 주도의 청소년 단체다 보니까 한계를 많이 느꼈죠. 매번 논의할 때마다 검열 비슷하게 당하고 요구하는 바가 다 잘려 나가는 문제가 있어서 "야, 우리 여기서 이러지 말고 우리끼리 하자"고 애들을 다 빼냈어요. 그리고 2003년도에 '청소년정치참여네트워크'라는 단체를 만들었어요.

청소년정치참여네트워크, 약칭 '청정넷'에서는 학생회 리더십 교육, 모의 의회, 선거 참여 활동 등을 했다. 그러던 중 차세대위원회를 통해서 만들어진 연대와 네트워크 속에서 2004년 총선에 맞춰 18세 선거권 운동을 전국적으로 기획해 보자는 제안이 싹텄다. 몇 차례의 준비 회의를 거치고 다른 단체들에 제안하면서 20여 개의 단체들이 낮추기공동연대에 참여했다.

낮추기공동연대에는 교육개혁시민연대, 대구청소년문화아케이드 우주인, 대한민국청소년의회, 문화연대, 민주노동당 청소년위원회, 열린우리당 청년위원회, 정치개혁대학생연대, 진보적청소년연합, 21세기청소년공동체 희망, 충청남도·충청북도 청소년자치위원회, 한국청소년단체협의회 청소년회의, 한국청소년CEO협회 등 다양한 성격의 단체들이 함께 들어와 있었다. 그중 21세기청소년공동체 희망(희망)에서 대표로 참여한 이가 김종민이었다. 김종민이 속해 있던 희망은 오랜 세월 학생 자치 등을 주제로 활동해 온 청소년 단체였다.

김종민 제가 단체의 18세 선거권 관련 이슈를 담당해서 연대 회의에 단체 대표로 참가했어요. 그때 제가 만 18세였거든요. '선거권 연령 인하가 정말 필요하구나' 많이 생각했어요. 노동법이나 병역법 등 다른 법의 미성년자 기준을 살펴봐도 20세는 너무 높았고, 청소년들의 권익을 획기적으로 높일 수 있는 방법은 18세 선거권이라고 생각했죠.

'18세 선거권' 자체는 1990년대부터 몇몇 시민단체들이 주장해 왔고, 2002년과 2004년에 18세 선거권 운동 '낮추자'도 모의 투표 등의 활동을 하면서 이를 청소년 인권의 문제로 제기했다. 이러한 역사가 쌓이고 시민사회단체들과 청소년운동이 만나서 만들어진 것이 낮추기공동연대였다.

신정현 당시에 우리들이 "우리 세대의 문제는 우리 스스로 해결하자"라는 이야기를 되게 많이 했어요. 그때도 그 말이 멋있다고 느꼈는데 지금 생각해도 멋진 것 같아요. 남들이 해결해 주길 기다리지 않겠다는 거거든요. 정치 참여는 청소년 문제 중에 가장 먼저 해결해야 할 핵심적인 문제라고 생각했어요. 당시 두발 자유화나 인권, 문화 등 바꿔야 할 것이 많은데 우리 스스로 우리 세대의 문제들을 결정할 수 있는 권리가 없잖아요. 우리가 바꿔 낼 근거가 필요한데 그게 투표권인 거 같았어요. 투표권이 생기고 정치 참여 구조가 만들어지면 두발 자유화부터 해서 학교에 필요한 다양한 변화들을 만들 수 있거든요. 그래서 여기부터 시작하면 된다고 생각했어요.

김종민 '자치의 시대'였다고 생각해요. 그 이전에는 학생회가 스스로 결정할 수 있는 게 없었거든요. 김대중 정부 들어서면서 청소년들의 의식은 성장했고, 학생회 활동이 강조되는 시점이었어요. 그 시기에 사회 제도적으로도 그렇고 의식적으로도 그렇고, 청소년들이 참여하는 분위기가

만들어졌어요. 청소년들이 자유로워
지고 여러 가지를 이야기하기 시작
하는 시기이지 않았나 싶어요.

신정현 청소년학을 전공한 형이 '청소
년운동의 르네상스기'라는 표현도 쓰
더라고요. 그 당시가 뭐 부흥기같이
여기저기서 우후죽순 들고일어나서
'해 보자 해 보자' 하던 시기였으니
까요.

김종민

청소년운동의 발달로 청소년들의
다양한 권익 문제가 제기된 것이나 청
소년 인권으로서 18세 선거권을 이야기했던 역사, 촛불 집회나 온라인
시민 운동이나 진보 정당의 약진 등 한국 사회에 감돌던 정치적인 활기
와 역동성, 그리고 비록 실질적인 권리 보장까지 이어지지는 않았더라
도 정부 등에서 형식적으로나마 청소년의 참여와 자치를 강조하던 분
위기……. 이런 몇 가지 여건들이 맞물리면서 청소년들의 정치 참여 활
동이나 18세 선거권 운동도 일어났던 것이다. 제도권 참여 기구에서 활
동하다가 스스로 청소년운동 단체를 만든 신정현과 역사 깊은 청소년
운동 단체에서 활동을 시작한 김종민이 낮추기공동연대에서 함께 활
동할 수 있었던 것은 그런 시대상이 반영된 결과였다.

17대 국회 1호 청원

낮추기공동연대의 주요 활동은 서명을 모아서 국회에 입법 청원을
내는 것이었다. 2004년 4월 총선을 앞두고 낮추기공동연대는 선거권
제한 연령을 18세로 개정해 달라는 청원으로 전국에서 서명을 모았다.
이 활동은 전국 각지에 있는 청소년 단체들과의 네트워크에 중점을 두
고 이루어졌다. 신정현은 그 무렵 청소년운동이 역동적인 힘이 있었다
면서 "전국적으로 일어나 모이려고 하는 기운이 있었다. 전혀 모르는
단체에서도 서명 용지가 날아왔다"라고 회상했다. 이전 시대에도 18세
선거권 운동 등이 있었지만 널리 퍼지는 파급력 없이 단발적 이벤트로
만 그쳤다는 것이 그의 주된 문제의식이었기 때문에, 다른 지역, 다른
단체들과 네트워킹하고 파급력을 키우는 것이 운동의 중요한 목표였다.
또 한편으로는 국회의원들을 찾아다니며 설득하는 활동을 진행했다.

신정현 지방으로 많이 갔어요. 충청도, 경상도, 전라도……. 그때 놀랐던
게, 대고총(대한민국고등학교학생회총연합회)을 비롯해 지역에 연합회 같
은 게 많더라고요. 거기랑 세미나도 돌아가며 열고, 한국청소년개발원의
연구자분이랑 민주노동당 의원도 불러서 크게 세미나도 열고, 그런 식
으로 계속 여론몰이를 했어요.
두 가지 방법으로 접근했는데, 하나는 전국적으로 청소년 단체들에게
서명을 받는 거였어요. 천 명을 목표로 했는데 시간도 많지 않았고 청소
년 당사자에게만 서명을 받기로 해서 천 명을 받기가 쉽지 않았어요. 다
른 하나는 국회의원을 설득하는 거였어요. 그래서 아까 말씀드린 연구

자분들이 조사한 자료, 그리고 전 세계적인 선거권 흐름 같은 자료들을 다 모아서 두꺼운 발표 자료집을 만들었어요. 그걸 국회의원들에게 나눠 줬죠. 날마다 국회의원실 찾아가서 만나고, 누구 만났는지 체크하고 보좌관이 받았으면 이름이 뭔지, 국회의원에게 전달했는지 체크하고, 그리고 '이 법안을 지지합니다'라는 사인을 반드시 받았어요.

신정현은 그때 17대 국회의원들 중 과반수 가까이가 18세 선거권을 지지한다고 서명을 해 주었다고 기억했다. 민주노동당 의원 전원, 열린우리당 의원 대부분, 한나라당에서도 상당수가 서명했다. 민주노동당 의원들뿐 아니라 김형주 열린우리당 의원, 이군현 한나라당 의원도 적극적으로 나서겠다고 약속했다. 낮추기공동연대 사람들은 2004년 5월 31일, 17대 국회가 개원하자마자 제1호 입법 청원으로 18세 선거권 요구 서명을 국회 사무처에 제출하면서, '아 정말 선거 연령이 18세가 되는구나' 하는 생각을 했다고 한다.

물론 서명을 제출한 것이 활동의 전부는 아니었다. 낮추기공동연대는 여러 가지 방식으로 18세 선거권의 당위성을 알리고 여론을 만들어 갔다. 2004년 총선 전, 경기도 고양 지역에서는 모의 투표를 진행했다. 고양 지역에서 한 것은 청정넷이 고양시에 기반을 두고 있었기 때문으로 추정된다. 이 모의 투표는 청소년들이 선거에 참여할 만한 판단 능력이 없다는 주장을 반박하기 위한 것이었다. 모의 투표라는 활동 방식은 낮추자와 닮아 있었고, 낮추자가 퍼포먼스의 성격이 강했던 것과 비교해 보면 활동의 의도에서는 다소 차이가 보인다.

낮추기공동연대는 18세면 군 입대도 납세도 결혼도 가능한데 왜 선거만 안 되냐는 논리를 반복해서 이야기했다.

신정현 청소년 선거권을 부정하는 기성세대들의 논리 중 하나가 청소년들에게 판단력이 없다는 거였어요. 선거권을 주면 아이돌 가수들이 뽑자는 사람 지지할 거고, 엄마 아빠가 시키는 대로 할 거라면서. 그런 주장들과 싸우는 게 되게 괴롭고 힘들었어요. 선거를 앞두고 모의 투표를 진행했는데, PC방 일부를 빌려서 프로그램을 깔았어요. 그래서 우리 지역에 실제로 출마하는 후보들에게 투표하게끔 했어요. 지나가는 사람들, 투표권이 없는 청소년들을 붙잡고 PC방에서 투표만 하고 가 달라고 했죠.

모의 투표의 결과는 선거일 저녁 6시 선거가 끝난 후에 고양시에 있던 청소년 교회인 십대교회에서 개표 방송의 형식으로 발표됐다. 네 개 지역구 중 세 곳이 실제 선거 결과와 같았고, 결과가 다르게 나온 한 곳도 아슬아슬한 접전 지역이었다. 그 결과는 "청소년들이 투표할 충분한

자질이 있다고 밝혀졌다"라는 식으로 언론에서 다뤄졌다. 또 2004년 3월, 노무현 대통령 탄핵이 국회에서 가결되었을 때는 '청소년이 바라보는 탄핵 정국'이라는 주제로 토론회도 열었다.

> 신정현 2004년에 '청소년이 바라보는 탄핵 정국'이라는 토론회를 크게 열었어요. 그때 토론회의 내용이 MBC 라디오 〈손석희의 시선 집중〉에 나간 거예요.* 청소년들이 뜨거운 정치 현안에 관해서 토론을 한다는 것도 청소년들이 정치적으로 미숙하지 않다는 또 다른 근거가 됐어요.
> 그때는 온 우주가 도와주는 느낌이었어요. MBC 기자가 와서 이걸 녹취해다 방송에 내보낼 줄 누가 알았겠어요. 우리가 연락한 적도 없는데 해 줬거든요. 모의 투표도 우리끼리 재밌어서 이벤트처럼 한 거지 알리자고 한 건 아니었어요. 근데 당시에 그게 되게 많이 알려져서 청소년들에게도 선거할 충분한 능력이 있다는 논리로 많이 활용됐어요.

2004년 선거와 서명 제출 이후에도 낮추기공동연대의 활동은 멈추지 않았다. 2004년 가을에는 경기도 일산 호수공원에서 '청소년 유권자 페스티벌'이라는 이름으로 문화제를 열고 18세 선거권 주장을 전했다. 11월 3일 학생의 날에도 "광주학생운동의 주역 청소년들에게 선거권을 달라"라는 내용으로 기자회견을 열고 서명해 주었던 국회의원들의 명단을 공개하며 18세 선거권 보장을 촉구했다.

---

* "청소년에게 비춰진 탄핵", MBC 라디오 〈손석희의 시선 집중〉, 2004년 3월 22일.

김종민 18세가 되면 할 수 있는 것들이 있잖아요. 군대, 결혼, 납세……. 18세가 되면 이런 걸 다 할 수 있는데 왜 선거권만 갖지 못하냐는 내용으로 국회 앞에서 퍼포먼스를 했어요.

낮추기공동연대에서 주장한 18세 선거권 주장의 주된 논거는 세 가지로 정리해 볼 수 있다. 첫째, 법적으로 병역과 납세 등의 의무는 18세부터 부과되며 18세부터 법적 혼인도 가능하다. 따라서 선거권 제한 기준도 18세로 해야 공정하다. 둘째, 대부분의 선진국들이 18세를 선거권 제한 연령으로 하고 있으며 국제적으로 아동·미성년을 규정하는 기준도 18세가 일반적이다. 셋째, 청소년(10대)도 정치와 사회의 주체이므로 참정권을 보장받아야 한다. 김종민은 이 중 18세면 결혼도 군 입대도 납세도 가능한데 왜 선거만 안 되냐는 논리를 지겹도록 반복해서 이야기했노라고 말했다.

첫 번째와 두 번째가 '왜 다른 나이가 아닌 18세여야 하는가' 하는 문제에 대한 답이라면, 세 번째, '청소년의 참정권 보장'이라는 요구는 실질적으로 18세 선거권을 통해 권리를 얻게 될 청소년들의 삶의 문제, 사회적으로 일어나게 될 변화의 문제와 닿아 있었다. 그리고 18세 선거권 운동은 바로 이 세 번째 논거가 뚫으려 했던 쟁점, 청소년을 정치에서 배제하려는 사회적 편견과 장벽을 넘지 못했다. 2005년 열린우리당과 한나라당은 선거권 제한 연령을 20세에서 19세로 바꾸는 〈공직선거법〉 개정에 합의하고 법안을 통과시켰던 것이다.

김종민 나중에 국회 회의록을 봤어요. 열린우리당은 선거권 제한 연령을

18세로 하자고 했는데 한나라당이 반대했어요. 청소년이, 고등학생이 선거권을 가졌을 때 그것에 대해 책임질 수 있냐는 논리죠. 그래서 19세로 하자고 여야가 합의하고 통과가 된 거죠.

관련된 국회 회의록을 살펴보면 18세 선거권을 반대하는 국회의원들은 입시 공부를 해야 하고 보호 대상인 고등학생이 정치에 참여해서는 안 된다는 논리를 펴고 있다.

18세 선거권을 주장하는 국회의원들 역시 이에 대해 마땅히 반박을 하지 못하고 18세로 해도 입시 중인 고등학생은 소수라고만 하고, 고등학생이 아닌 18세들이 억울하다는 등의 주장만을 하고 있다. 급기야 열린우리당 원내수석부대표이자 선거법소위원회 위원장이었던 이종걸

의원은 고등학생은 제외하자는 제안을 하기도 했다. 낮추기공동연대 등이 18세 선거권은 청소년의 권리로서 주장해 온 것과 너무나도 다르게, 국회 안에서는 18세 선거권을 주장하는 의원들조차도 청소년이 정치에 참여해야 한다고 주장하지는 못한 것이다.

김종민　19세로 결정됐다는 이야기를 듣고 되게 열 받았어요. 왜 18세가 아니라 19세냐, 19세와 18세 차이가 뭐냐. 결국 이건 청소년을 배제한 거라고 생각했죠. 근데 다른 분들은 한 살 낮춰진 것도 대단한 거라고 하더라고요.

신정현　사람들은 50년 만에 선거권 제한 연령이 낮춰진 거니까 성공한 거라고 위로해 주는데 우리는 18세 선거권 요구안에 사인한 국회의원을 다 탄핵하자는 이야기도 했어요. 그땐 순수해서 국회의원들이 서명하면 된다고 생각했거든요. 그런데 서명한 사람들이 다 말을 뒤집은 거 아니에요. 아니면 처음부터 거짓말을 했든가.

"내 주권을 더 당당하게 말했어야 했다"

김종민은 그나마 선거권 제한 연령이 19세로 낮아진 변화에 대해, 계속 일어났던 18세 선거권 운동이 쌓아 온 지지와 공론화의 역사, 2005년에 내신등급제 반대 촛불 집회와 두발 자유 운동 등 청소년의 행동이 늘어났던 것, 그리고 17대 국회에서 열린우리당과 민주노동당 등의 개혁적 정당들이 과반 이상의 의석을 차지하고 있었던 배경이 낳은 성과로 평가했다. 그리고 18세 선거권 운동의 의의와 한계에 대해 김종민과 신정현은 이렇게 이야기했다.

신정현 그래야 성공할 수 있다는 생각으로 지나치게 정치적으로 접근했지만, 정치적으로 보기 좋게 당해 버린 사건이라고 생각해요. 당시에 라디오나 방송 인터뷰를 진짜 많이 했는데 그때마다 반대하는 사람들의 논리를 약화시키기 위해서 이렇게 이야기했어요. "4월 총선 때 만 18세인 고등학생은 3~4월 출생자뿐입니다. 실제로는 얼마 되지 않는 숫자를 가지고서 전체 고등학생들이 고3 때 공부를 못 하고 학교를 떠나서 정치에 뛰어들 것처럼 이야기하십니까?" 사람들이 고등학생들의 투표를 부정적으로 바라보니까 이 우려를 회피하려는 노력이었죠. 만약 12월 대선이라면 그 몇 배 되는 사람들이 선거권을 가지게 될 거예요. 그렇게 공격하면 방어할 수 없는데 그런 식으로 주장했던 거예요. 18세 선거권을 너무 이루고 싶어서. 그때 모였던 청소년 활동가들도 정말 당당하게 말하지는 못했던 것 같아요. '18세도 온당치 않습니다. 17세, 16세까지 내려가야 되는 게 맞습니다' 이렇게까지 당당하게 말 못 했던 게 지금은 후회가 돼요. 지금 이 운동을 다시 한다면, 당사자로서 내 주권을 정확히 말할 거예요. "우린 다 투표하고 싶다", "우리 반 모든 친구들, 고등학교에 다니는 모든 애들과 함께 투표장에 가고 싶다" 말할 거예요.

김종민 19세가 된 이후에 정치권에서 청년 대변인 제도가 많이 생겼어요. 우리 사회의 새로운 유권자를 잡기 위해서 정치권이 노력하는 걸 많이 봤어요. 선거권 연령이 낮춰진 것 자체로 정치권이 변한 거죠. 일정부분 이벤트성으로 끝난 것도 있지만, 이런 것도 변화라고 생각해요.

생각해 보면, 18세 선거권 운동은 다소 어중간한 성격이 있었다. 정당이나 시민단체 등은 선거권을 확대하는 것에 관심이 많았고, 청소년단체는 청소년운동의 연장선으로서 청소년의 권리 문제로 생각하는 경향이 강했다. 이런 틈새가 드러난 것이 18세 선거권 운동의 한계였을지도 모르겠다. 18세 선거권을 막는 가장 강력한 논리는 '청소년은 미성숙하다'라는 사회적 인식이었고, 마지막에 목표 달성을 좌절시킨 것도 이 문제였다.

그러나 정작 18세 선거권에 관심을 많이 가지고 그것을 자신들의 이해관계로 받아들인 쪽은 청소년보다는 정당 같은 곳들이었다. 18세부터 투표를 할 수 있게 된다는 것은 10대 청소년들 중에서 극히 일부만이 선거권을 가진다는 것을 뜻했고, 그 자체로는 청소년들의 삶과 직접적인 연관성이 없어 보였기에 청소년들 다수에게 와 닿지 않았던 것이다. 신정현 역시 "18세 선거권의 가장 큰 적은 한나라당도, 성인들도 아니었고, 청소년 당사자였다. 현장에 가서 유인물을 나눠 주면 '야 그딴 거 왜 해? 왜 필요한데?' 이런 반응을 보이는 친구들이 많았다"라고 말했다. 그러면서 그는, 그것이 청소년들이 교육 속에서 수동화된 결과라고 진단했다. 이런 문제의식 때문에 그는 2004년에 18세 선거권 운동을 할 때 정치에 관한 교육도 제대로 이루어질 수 있도록 해야 한다고 주장하기도 했다.

서로 다른 정치의 길

18세 선거권 운동 이후 김종민은 계속 청소년운동을 하다가 이후 대학에 입학해 학생회 활동을 했다. 2011년에는 대학 총학생회장도 했고, 정당 활동에 참여하면서 청년회 활동도 했다. 그리고 노동자로 살고 있는 지금은 정당 활동가이자 노동자로서 활동을 조직하고 있다.

김종민　요즘은 강사로 직장 생활을 하고 있고 청년 노동자들이랑 같이 '청년 전태일'이라는 단체를 만들었어요. 제 나잇대의 활동을 계속 찾으려고 해요. 내가 있는 시간에 내 처지에서, 그러니까 먹고살아야 한다는 부담감과 현실적 요구 속에서 할 수 있는 게 뭘까 고민하면서 청년 노동자 운동을 하고 있어요. 그런 의미에서 학생일 때는 학생회 활동을 한 거고 앞으로도 나의 생애 주기에 맞춰서, 삶의 현실에 맞춰서 그런 활동을 계속하지 않을까 싶어요.

그의 모습에서 동시대의 문제와 자신의 삶의 현장에서 겪는 문제를 외면하지 않으며 '정치'를 해 나가려는 의지가 엿보였다. 김종민은 선거권 운동과 청소년운동을 경험하면서 정치의 중요성을 더 절감했다고 한다.

김종민　실제로 현실을 변화시키는 게 정치적 해결이 아니면 쉽지 않다는 생각을 했어요. 궁극적으로 이 사회를 바꾸려면 뭐가 바뀌어야 하나 생각했을 때 결국엔 정치라고 생각했죠. 정당 활동을 한 것도 그런 경험의 영향이 컸어요. 청소년운동을 하면서, 집회나 여러 활동을 통해 주변 사람들이 변하고 내가 변하는 것도 좋긴 했는데, 구체적으로 바뀌는 것이 재미있는 것이고 그런 게 필요하다고 생각했거든요. 그러려면 정치 활동이 중요하다는 생각이 들었어요. 그래서 '아, 정치를 해야겠다'라는 생각을 막연하게 했었죠.

신정현의 삶의 경로는 좀 더 극적이다. 그는 군 제대 이후, 유학을 가려다가 집안 사정 등으로 포기하고 취업에 도전했다. 1년간 무수한 실패를 맛본 끝에 들어간 회사에서 3년간 근무했다. "완벽한 월급쟁이, 완벽한 직장인"이었던 그의 삶이 변하기 시작한 건 2011년 말이었다. 청소년운동을 할 때 알고 지내던 국회의원이 그에게 연락을 해서 민주통합당의 19대 국회의원 청년 비례대표에 지원해 보라고 권했던 것이다. 처음에는 거절했으나, 몇 주간 고민 끝에 그는 청년 비례 경선에 지원했다. 그러나 직장 생활을 하면서 사회적 이슈 등에 대해 전혀 관심을 두지 않았던 그는 경선에서 탈락했다.

신정현 경선에 떨어지고 다시 회사로 돌아가려고 했는데 번뜩 이 생각이 드는 거예요. 다시 이런 기회가 올 수 있을까? 심장이 가장 뛰었던 일들, 내 세대의 문제를 스스로 해결해 볼 수 있는 기회가 다시 올까? 이런 기회는 안 올 거 같더라고요. 그래서 결국 회사에 사표를 썼어요. 그리고 무엇부터 시작해 볼까 생각했죠. '우리 사회에서 눈물을 흘리는 곳을 찾아가자' 해서 여행 리스트를 짰어요. 밀양, 쌍용차, 강정이 목록에 올랐죠. 퇴직금을 들고 강정마을부터 무작정 갔어요. 그때가 2012년 3월이었어요. 갔더니 구럼비 바위를 처음으로 발파하기 직전이었어요. 가자마자 마을 주민들이랑 스크럼을 짰는데 경찰한테 들려 나갈 때까지도 내가 여기 왜 앉아 있는지 모르겠더라고요. (웃음)

그렇게 신정현은 강정 해군기지 반대 투쟁의 최전선에 서게 됐다. 그리고 강정마을 사람들의 이야기를 듣다 보니 그대로 강정마을에 1년을 머물게 됐다. 처음에 짰던 여행 계획은 모두 무산됐고, 강정마을이 그의 현장이 되었다. 신정현은 18세 선거권 운동 때를 떠올리면서 전국적인 서명 운동을 시작했다. '제주와 세계 평화를 위한 10만 송이 청년들'이라는 이름의 운동이었다. 그는 강정마을을 한 번이라도 거쳐 갔던 주변 사람들에게 모두 연락해 서명을 모아 달라고 요청했다. 그렇게 2만 7,500여 명으로부터 서명을 받아 2012년 5월 30일 민주당 청년 비례경선에 함께 참여했던 장하나 등의 국회의원들과 함께 19대 국회 1호 청원으로 '해군기지 공사 중단을 위한 청원'을 제출했다. 그러나 그런 노력에도 불구하고, 국회에서 강정 해군기지 공사 예산을 삭감하려 했던 계획은 실패하고 말았다. 신정현은 여기에서 중앙 활동, 제도권 정치에 염증을 느꼈다고 말했다.

신정현 강정마을의 펜스 안쪽으로 잡혀 들어가서 경찰한테 폭행을 당했어요. 온몸에 시퍼렇게 멍이 들고 목이 꺾여서 응급실에 실려 갔죠. 그러고 나서 경찰 조사를 받았는데, 경찰에서 "신정현 씨, 경찰 폭행으로 경찰이 응급실에 실려 간 거 아세요?" 그러는 거예요. 내가 맞았다고 호소하려고 하는데 제가 가슴을 타격해서 경찰이 호흡 곤란으로 실려 갔대요. 말이 안 나오는 거예요. 그런 일련의 과정을 겪으면서 국가 권력에 대한 불신을 처음 갖게 됐어요. 이것들을 바로잡을 수 있는 건 우리밖에 없다, 국민들이 역할을 해야 한다고 생각했고요. 그 역할을 하려고 다시 마을로 돌아온 거죠. 중앙 단위의 활동에 너무 실망을 많이 느꼈어요. 말만 하고 이슈만 던질 뿐 일하는 사람은 아무도 없어요. 아무것도 만들어지는 게 없어요. 과거에 청정넷을 할 땐 청소년이 스스로 움직이니까 마을이 바뀌었는데 말이죠.

그는 강정마을에서 시위를 하다가 잡혀 들어간 유치장 안에서 두 가지 생각을 했다. 하나는 "통일 공부를 해야겠다. 강정 갈등은 분단 체제가 만들어 낸 부산물이다" 하는 것이었다. 그래서 그는 강정마을 투쟁을 마무리한 뒤 북한학 대학원에 진학했다. 다른 하나는 "청정넷 활동을 했던 그 마을로 다시 돌아가야겠다"는 것이었다. 그 뒤로 그는 북한학을 전공하고 통일 강사로 통일교육을 하고 있다. 그리고 다른 한편으로는 고양시에서 청년운동도 하고 있다. 처음에는 신정현 하나뿐이었지만, 1년 반 만에 스물네 명의 청년이 기획단으로 함께하고 있다. 지금은 청년기본조례를 만드는 활동, 그리고 '사람도서관 리드미'라는 청년 공동체와 청년 공간을 만드는 활동 등을 하고 있다. 청소년들과 함께 '하고 싶은 걸 마음껏 하는 학교'를 만들어서 청소년들이 서로 가르치고 배우는 수업을 하는 새로운 교육도 만들어 보고 있다. 신정현은 그 근저에 청소년운동의 경험이 있으며, 그 경험이란 소통과 자신이 스스로 바뀌 나가는 것의 중요성을 체득한 것이라고 했다.

신정현　청소년운동의 경험이 스스로 자기의 삶을 선택할 수 있고 자치적으로 활동해야 한다는 가치관을 만들어 줬다고 생각해요. 종민 씨와 달리 저는 정당 활동을 안 했어요. 오히려 거리를 좀 둬야 한다고 생각했어요. 지금의 나에게는 꼭 정치가 중요하진 않은 거 같아요. 제도권 정치를 말하는 건데, 그 영역으로 들어가지 않아도 세상을 바꿀 수 있는 영향력은 얼마든지 만들 수 있다는 게 지난 몇 년간의 경험에서 얻은 결론이에요. 지금 제일 관심 있는 건 그거예요. 청년이 되어서도 자기 삶의 주체가 되지 못하고, 고등학교 때 성적 경쟁 속에 산 것처럼 지금은 돈벌이 경쟁 속에 살아가는 청년들이, 자기가 사는 마을에서 자기 삶의 주인공이 될 수 있도록 연대를 만들어 가고 싶어요. 그런 걸 마을 안에서 만들어 내는 게 제 꿈이에요.

18세 선거권 운동을 겪은 두 사람 중 한 사람은 정당 정치를 통해서 변화를 만들려고 하고 있고, 다른 한 사람은 자신의 마을에서 청년들과 스스로 변화를 만들려고 하고 있다. 그들은 제도권 정치에 배신당한 경험이 있었지만, 그 정치를 각자의 방식으로 변화시키는 또 다른 정치를 하고 있었다.

"우리 세대의 문제를 우리 스스로 해결하자", "학생회의 장이 아닌 학생들의 회장이 되겠다". 인터뷰를 마무리하고 그 두 슬로건이 귓가에 오래 맴돌았다. 그 말들이 곧 자치와 자력화, 그리고 시민들과 함께하는 정치를 상징하는 것 같았기 때문이다. 이런 변화의 씨앗이 계속되는 한, 그들의 18세 선거권 운동이 실패했다고 평가할 수는 없을 것 같다.

기억되지 않는 '우리의 촛불'

남궁정

글 공현

나에게 '촛불 집회'란 2005년 5월 내신등급제와 두발 규제를 반대하며 모였던 그 촛불들을 말한다. 그래서 2002년 미군 장갑차 사고로 촉발된 촛불 집회 또는 2008년 광우병 촛불 집회만을 기억하는 다른 사람들과 대화를 하다 보면 당황하는 순간이 생기곤 한다. 대부분의 사람들은 모르는, 그저 하나의 해프닝으로 지나쳐 간 2005년 5월의 촛불은, 그러나 청소년운동의 역사 속에서 중대한 변곡점이었다. 단체 등으로 조직되지 않은 청소년들 수백 명이 교육 제도에 저항하며 거리로 나왔고, 다시 한 번 두발 자유를 요구하는 온라인 서명 운동이 일어나며 학교 안과 거리에서도 두발 자유를 요구하는 행동들이 벌어졌다. 이처럼 조직되지 않은 청소년 대중이 자신들의 권익 문제로 직접적인 행동에 나서고 큰 이슈를 만든 것은, 2005년에 처음으로 일어난 일대 사건이었다.

남궁정은, 그 시절 전북 전주에서 고등학교를 다니고 있던 나와 달리 그 현장 가까이에서 그 사건을 주도한 청소년운동 단체, '21세기청소년공동체 희망(희망)'에서 활동하고 있었다. 지금은 서울시 은평구에서 지역운동을 하고 있는 그를 은평 지역 북카페에서 만났다. "지금 와서 보니 내가 했던 활동들이 커다란 청소년운동의 역사의 한 부분으로 이해가 되는데, 그때 당시에는 충분히 내 스스로의 고민과 목소리를 갖고 활동하지 못했던 것 같아서 아쉽다"라고 하는 남궁정. 나와 동갑내기인 그와의 대화는 같은 시대 서로 다른 경험의 기억을 함께 더듬어 가는 과정이기도 했다.

친구를 적으로 만든 내신등급제

2005년 4월 무렵, 청소년들 사이에서 한 문자 메시지가 돌았다. 교육부가 2008학년도부터 대입 제도로 도입하겠다고 발표한 '내신등급제'에 반대하는 촛불 집회를 5월 7일 광화문에서 열자는 문자 메시지였다. 누가 처음 시작한 것인지도 모를 그 문자 메시지는 당시 학생들이 교육 제도에 대해 갖고 있던 불만이 새로 시행되는 내신등급제를 계기로 표출된 것이었다.

내신등급제는 내신을 9등급으로 세분화해서 대학 입시에 반영하는 제도였다. 그 이전부터도 내신이 대학 입시에 반영되긴 했으나 비중이 작은 편이었고 절대평가 방식(수·우·미·양·가)으로 채점이 되었다. 반면 내신등급제는 상대평가 방식을 골자로 하고 있었다. 절대평가로 할 경우, 온정주의나 자기 학교 입시 결과를 좋게 만들려는 의도로 학교들이 성적을 부풀릴 가능성이 있어 신뢰할 수 없다는 주장이 지속적으로 제기돼 왔기 때문이다. '내신', 즉 학교에서 자체적으로 하는 평가를 강화해야 학생들이 학교 수업도 듣고 사교육을 덜 받는다며 공교육을 정상화하겠다는 명분까지 내세워 전교조나 참교육을위한전국학부모회 등 기성 교육운동 단체들도 내신등급제에 찬성했다.

하지만 학생들에게 이러한 내신등급제는 같은 학교, 같은 반에서 함께 생활하는 학생들 사이에서 높은 등급을 받기 위해 쉬지 않고 등수 경쟁을 해야 한다는 의미로, 학교에서의 일상적인 수행 평가, 과제, 지필 고사 등에 더욱더 압박감을 느끼게 만들었다.

이처럼 내신등급제는 학생들에게 학교 안에서의 더 직접적이고 상시

적인 경쟁을 의미했다. 물론 대학 입
시는 그 자체가 상대평가 경쟁 방식
이다. 하지만 수능 중심의 대입에서는
전국 수십만 명의 수험생들 사이에서
경쟁을 한다는 인식이 강했고, 그래서
옆 친구에게 '너도 나도 시험을 잘 봐
서 대박 나자'라는 식의 격려가 가능
했다. 하지만 내신등급제의 도입은 바
로 옆 친구가 좋은 등급을 받는 것이
나를 밀려나게 한다는 의미로, 이는
입시 시점까지 유예되고 수십만 명의
수험생들 속에서 희미해진 '입시 경쟁'
을 눈에 보이고 피부에 와 닿는 현상

남궁정

으로 만들었다. 당시 세간에는 고등학생들이 '친구들이 노트를 못 훔쳐
가게 사물함에 열쇠를 두세 개씩 걸어 놓는다', '다른 학생에게 빌려 주
기 위한 노트와 자기가 보기 위한 노트를 따로 마련한다' 같은 이야기
들이 괴담처럼 떠돌았다. 모두 학교 안에서의 경쟁이 가시화되면서 학
생들 사이의 불신과 경쟁이 심해지는 현상을 말하고 있었다.

남궁정 한 번 볼 수능을 왜 열두 번 보게 하냐는 얘기가 많았죠. 고등학
교 3학년 때 바짝 공부하면 대학에 갔는데 이제는 3년 내내 치열한 경
쟁에 휩싸여야 된다는 비판적인 목소리나 정서가 컸어요. 청소년들에게
정말로 압박감을 느끼게 하는 정책 발표였죠. 그래서 내신등급제 적용

을 받는 고1 학생들을 중심으로 광화문에서 촛불 시위라도 하자는 이야기가 돌았던 거예요. 인터넷 게시판이나 청소년들이 주로 보는 사이트에 '5월 7일 광화문에 모여서 촛불 시위를 하자'라는 멘트들이 나돌았어요. 그런 이야기를 계속 전파했던 사람들은 다들 나름의 정서나 이유가 있었겠죠. 내신등급제라는 문제를 전면에 내세우긴 했지만, 한국의 입시 경쟁 자체에 대해서 청소년들이 평소에 가지고 있던 의문이나 분노나 슬픔, 이런 것들이 뒤섞여서 5월 7일 촛불 집회에 대한 이야기가 계속 퍼져 나갔던 것 같아요.

내신등급제 반대 촛불 집회는 특정 단체나 개인이 사전에 계획하고 준비한 행동이 아니었다. 당시 언론에서는 입시나 성적 문제로 자살한 학생들의 소식이 잇달아 보도되고 있었다. 4월 10일과 27일, 평소 시험에 대한 중압감과 성적 문제 등을 심각하게 고민해 온 서울과 인천의 과학고 학생 두 명이 자살했고,* 4월 29일엔 고3 학생이 중간고사 시험을 보던 중 학교 창문으로 투신했다.** 다음 날인 4월 30일엔 서울 강남의 한 고2 학생이 "시험 없는 세상에 살고 싶다"는 유서를 남기고 아파트에서 투신했다.*** 희생된 학생들이 모두 내신등급제의 적용을 받는 학년은 아니었다. 하지만 내신등급제 논란에 맞물려서 언론에 알려진 자살 뉴스들은 사람들에게 입시 경쟁 교육의 문제점을 보여 주는 사례로 받아들여졌다. 희망은 언론에 보도된 자살 학생들을 비롯하여 입시 경

---

* "과학고 여학생 성적 비관 '자살'", 〈경향신문〉, 2005년 4월 28일.
** "중간고사 보던 高3 투신자살", 〈한국일보〉, 2005년 4월 29일.
*** "시험 없는 세상에서 살고 싶다", 〈한국일보〉, 2005년 5월 1일.

쟁 교육에 희생된 학생들을 위한 추모제를 열자는 논의를 하고 있었다. 청소년들 사이에서 자발적으로 시작된 이야기를 희망이 촛불 추모제의 형태로 구체화한 것이었다. 희망의 추모 행사가 내신등급제 등 입시 경쟁 교육을 성토하는 청소년들의 분위기와 만나면서 만들어진 것이 5월 7일 촛불 집회였다.

남궁정 5월 7일에 촛불 집회를 열자는 얘기는 처음에 청소년들 사이에서 돌았어요. 그걸 언론에서 보도했죠. 그때 중간고사 시기에 청소년들이 입시 고민 때문에 자살하는 사건이 일어나고 있어서 청소년 단체 희망이 자살한 청소년들을 추모하는 추모제를 하겠다고 한 거예요. 희망은 추모 행사를 이미 4월에 광화문 교보문고 앞에서 한 번 했고, 5월에 한 번 더 하려고 계획하고 있었는데 청소년들의 자발적인 움직임과 만나면서 판이 커진 거죠.

5월 7일 촛불 집회는 집회 이전부터 언론들의 보도로 큰 관심을 받았다. 노무현 정부의 내신등급제에 반대하면서 학생들 사이에서 자발적으로 문자 메시지가 오가고 있다는 것도 화제가 되었다. 아마도 문자 메시지 자체보다 언론들의 보도를 통해 7일에 집회가 열린다는 사실이 더 널리 알려졌을 것이다.

다수의 청소년들, 중·고등학생들이 거리로 나온다? 그것도 교육 정책에 반대하면서? 그것은 청소년들에게 가슴 두근거리는 일이었다. 하지만 많은 '어른'들에게는 걱정스러운 일이기도 했다. 정부에서는 학생들이 집회에 참가하지 못하게 지도하라는 공문을 학교들로 보냈고 집회

하루 전인 6일에는 김진표 교육부 총리가 직접 호소문을 발표하며 집회 참여 자제를 당부했다. 집회 당일 현장에는 고등학교 교사, 장학사 700여 명, 경찰 6천여 명이 배치됐다.* 교사와 장학사들이 교복을 입은 학생들을 잡아서 집으로 돌려보내는 풍경도 심심치 않게 목격됐다. 당시에는 청소년들에게 집회의 자유가 있다는 의식도 희박해서, 교육청 관계자가 언론에 나와 "집회 현장에서 학생들이 집회에 참가하지 못하도록 적극적으로 지도할 것"이라고 공공연하게 말하곤 했다.

남궁정 제가 그때 '더하기(청소년이말하는입시 더하기)'라는 청소년 모임에서 활동하고 있었는데 모임에서 같이 활동하던 친구들은 그날 반드시 나간다고 이야기했어요. 청소년들이 교육 문제를 가지고 촛불 집회를 연다는 것 자체가 신나기도 하고, 스스로 목숨을 끊은 학생들을 생각하면 착잡하고 화가 나기도 하는 상태였거든요. 처음에 나갈 때는 사진 찍힐까 봐 마스크를 쓰고 나갔어요. 교육부에서 집회 장소에 장학사들을 보내고 각 학교의 학년 부장이나 학생 부장이 와서 감시했거든요. 자기 학교 학생들이 보이면 잡아다가 "몇 학년 몇 반이냐?" 묻고 이름을 적어 가거나 집으로 보내고 그랬어요. 그래서 더하기 카페도 잠깐 비밀 설정을 해 놨어요. 경찰이나 교육부에서 들어와서 감시하는 거 막으려고요. 지금 생각하면 웃긴데 다들 보안에 철저히 신경을 써야 된다며 이런 일들을 했죠.

* "고교생들, 내신 반대 촛불 집회", YTN, 2005년 5월 7일.

그런 노골적인 방해에도 2005년 5월 7일 광화문에는 수백 명의 청소년들이 모였다. 남궁정은 5월 7일이 '만민공동회' 같은 분위기였다며 현실에 대한 증언과 성토, 추모 등이 모두 함께 이루어졌다고 기억했다.

2005년 5월 7일 서울 광화문에서 열린 '입시 경쟁 교육에 희생된 학생을 위한 촛불 추모제'.

남궁정 그날 광화문 교보문고 앞에 나갔는데 몇백 명이 있는 거예요. 그래서 오늘 뭔가 될 거 같다는 생각이 들었어요. 나중에 행사가 절정에 이르렀을 때는 천 명이 넘었다고 들었어요. 비각에서 교보문고 입구까지 공간이 꽉 찰 정도였으니까. 정말 많이 왔구나 싶었죠. 그 자리에서는 내신등급제 정책에 대한 비판보다 우리 자신의 이야기가 더 많았던 것 같아요. '언제까지 우리를 죽게 할 거냐, 너무 괴롭다, 살고 싶지 않다' 이런 이야기부터 시작해서 대한민국의 학교를 다니면서 겪는 입시 경쟁의 치열함, 거기서 생겨나는 죽음에 대한 이야기를 하면서 서로 위로했어요. 교육부라든지 대통령 같은 사람들한테 분노도 표출하고요. 희망에서 '발전하는학생회 가자' 모임을 하는 친구가 나와서 막 절규하듯이 발언을 했는데 그게 동영상으로 편집돼서 청소년 행사를 할 때마다 상영되곤 했어요. "우린 더 이상 바보가 아닙니다. 더 이상 가만히 있지 않습니다" 이런 이야기를 했던 걸로 기억해요. 〈꿈꾸지 않으면〉이라는 노래도 같이 불렀고요.

한편, 당시 이러한 청소년들의 내신등급제 반대 목소리는 복잡한 정치 구도 속에 있었다. 〈조선일보〉를 필두로 한 보수 언론들은 청소년들의 5월 7일 집회에 대해 부정적인 평가와 우려를 하면서도, 동시에 이를 노무현 정부를 공격하는 소재로 활용했다. 그리고는 내신 강화가 아니라 대학별 선발권을 보장하라는 식의 요구를 했다. 남궁정은 "'전교조가 애들을 선동하니까 데모를 하러 나온다' 이랬다가 '전교조가 제안한 내신등급제 때문에 애들이 괴로운 거다' 이런 모순적인 논설들이 계속 쏟아져 나왔다"라고 기억했다.

그래서 소위 '진보 진영'에서도 청소년들의 집회가 '내신 강화'라는 기조를 약화시키고 보수 세력에게 소위 '본고사(대학별 입시 시험)' 부활 주장의 빌미를 줄 것이라고 우려했다. 5월 7일 집회 당시 '청소년 다함께'가 들고 나온 "내신도 본고사도 입시 교육은 싫다"라는 피켓 내용은 이런 논란을 반영한 것이기도 했다. 청소년들은 5월 7일에 모여 입시 경쟁 교육의 현실과 고통을 말하고 희생자들을 추모했으나, '어른'들의 세계에선 이런 고통과 추모가 내신이 옳니 수능이 옳니 대학별 선발이 옳니 같은 논란으로만 번역되었다.

남궁정 '추모제'라고 했던 이유도 우리 입장이 애매모호했기 때문이 아니었나 싶어요. 희망에서 '우리는 내신등급제를 반대할 것인가'를 놓고 이야기해 보면 그건 또 아닌 것 같다고 했거든요. 그래서 더 이상 입시 경쟁 때문에 청소년들이 희생돼서는 안 된다는 이야기를 하자고 한 거죠.

희망이 한편으로는 전교조나 다른 교육운동 단체들과 연계가 있었고
또 한편으로는 청소년들이 들고 일어나는데 어떻게 하느냐, 그 사이에서
입장이 애매했어요. 제 생각에 당시 희망은 청소년 교육 정책에 대해서
전문적인 의견을 낼 수 있는 위치가 아니었고 역량도 없었던 것 같아요.
그래서 애매하게, 문제의 해결책이 나올 때까지 그냥 계속 모이자는 이
야기를 했죠.

학생 인권 요구의 전면화 — 두 번째 두발 자유화 운동

우연의 일치였지만, 2005년에는 두발 자유를 요구하는 운동도
2000년에 이어 다시 한 번 시작되고 있었다. 2000년 노컷 운동과 이에
따른 교육부의 두발 자율화 지침에도 불구하고 여전히 대부분의 중·고
등학교에서 일방적인 두발 규제와 강제 이발이 이루어지고 있었기 때
문이었다. 그 사이 온라인에서 두발 규제에 반대하는 카페가 개설되고
'아이두'에도 많은 사례들이 올라오며 토론이 이루어졌다. 그중에는 충
격적인 것들도 많았다. 서울 성수공고에서는 개학 첫날인 2005년 2월
15일 학생 150명을 운동장에 무릎 꿇린 채 머리카락을 잘랐다. 서울 송
파공고에서는 "머리카락을 자르라고 했는데도 네 번에 걸쳐 이를 따르
지 않으면 퇴학"이라는 학칙이 등장했고 서울 경기공고, 광주 고려중,
경기도 고양 무원고, 서울 한양공고 등에서 "수업 시간에 교사들에게
'바리깡'으로 머리를 밀렸다"는 학생들의 제보도 잇따랐다. 심지어 4월
11일 아이두에는 서울의 한 고등학교에서 두발 단속에 걸린 1학년 학
생 두 명을 학생 주임이 엎드리게 한 뒤 무릎으로 내리찍고 따귀를 때

광화문에서 열린 5.14 청소년 행동의 날 집회에는 300여 명의 학생과 시민들이 모였다.

리는 동영상이 올라왔다.[*] 아이두에서는 2005년 3월부터 두발 제한에 반대하는 온라인 서명 운동을 다시 벌였고 5월에는 서명인이 다시 한 번 10만 명을 넘기고 있었다. 희망 등의 청소년 단체들도 두발 자유 운동을 다시 논의하고 있었다.

남궁정 희망에서 3월에 두발 자유 문제를 주제로 토론회를 했고 거기에서 운동 본부를 꾸리자는 이야기가 나왔어요. 문화연대, 인권운동사랑방, 흥사단, 한국청소년모임, 초창기의 아수나로(청소년인권연구포럼 아수나로) 등이 같이했고 여기서 두발자유화를위한학생운동본부와 이를 지

---

[*] "살아 있는 바리깡 반인권 교육!",《한겨레21》556호, 2005년 4월 19일.

원하는 두발자유화를위한시민단체운동본부가 꾸려졌어요. 이 흐름과 아이두 쪽 흐름은 별개였죠. 아이두 쪽에서는 '두발 자율화'로 하자고 하고, 아수나로 사람들은 '두발 자유'로 해야 한다고 해서 그거 때문에 또 난리가 났었어요. '두발 자유'라는 말이 지금 우리한테는 당연한데, 그때까지도 "자유는 너무 세지 않아? 지금 현실이 있는데 어떻게 바로 자유를 이야기해"라면서 '자율화' 이야기를 많이 했어요. 희망에서는 청소년들하고 두발 문제에 대해 이야기할 때 "너네들은 자유가 맞는 거 같아, 자율이 맞는 거 같아?" 하고 물어보면서 논의를 시작했어요. 지금 생각하면 웃기죠.

결국 두발자유화를위한학생운동본부와 아이두 양쪽에서 각각 준비한 거리 집회는 내신등급제 반대 집회로부터 한 주 뒤인 5월 14일 한날 다른 시간에 다른 공간에서 열렸다. 두발자유화를위한학생운동본부 측에서 준비한 '두발 자유와 인권을 위한 5.14 청소년 행동의 날'은 광화문 열린시민공원에서 열렸고, 아이두와 학생인권수호전국네트워크가 마련한 '두발 제한 폐지·학생 인권 보장을 위한 청소년 거리 축제'는 광화문 KT 앞에서 열렸다. 참여자들이나 주장하는 내용 등에서 큰 차이가 없는 행사가 서로 다른 곳에서 두 번 열려 다소 혼란을 일으키기도 했다. 서울에서 두 단위 사이에 의견 조율이 이루어지지 않고 따로 집회가 열린 것은 아쉬운 점이긴 하지만, 돌이켜보면 2005년 당시 5월 7일 집회와 두발 자유 서명 운동과 5월 14일 집회 등으로 이어지는 큰 흐름 속에서 그건 어쩌면 사소한 문제였을지도 모르겠다.

이 밖에도 5월 14일 두발 자유 관련 행사는 온라인 서명 운동에 참여했던 이들이나 지역 단체들의 주도로 광주와 대구에서도 열렸다. 대구에서는 '대구청소년문화아케이드 우주인'이 두발 제한 폐지 청소년 거리 축제를 열었고, 광주에서는 광주YMCA 등의 협조로 학생인권수호전국네트워크가 토론회를 열었다.

청소년들의 집회나 행동은 5월 14일 이후에도 계속됐다. 5월 26일 경기도 성남시의 풍생고에서는 1천여 명의 학생들이 운동장에서 시위를 하면서 두발 자유를 요구했고 두발 규정을 일부 완화시키는 데 성공했다. 서울 송파공고에서는 학교가 학생들의 의견을 반영하지 않고 일방적으로 두발 규정을 정해서 통보하고 명시된 규정보다도 더 엄하게 단속하자 5월 19일 5교시 수업이 끝난 뒤 2학년 학생 300여 명과 1학년 학생 일부가 교실 창가로 몰려가 미리 접어 둔 종이비행기 수백 개를 운동장을 향해 날렸다.* 송파공고는 1998년에도 교사가 두발 단속 중 학생의 머리카락을 라이터로 태우는 일이 있어서 학생들이 항의 시위를 한 학교였다. 송파공고의 종이비행기 시위는 이후 한동안 두발 자유를 위한 학생들의 학내 운동의 상징처럼 언급되곤 했다.

남궁정 2000년도에 노컷 운동이 일어났다가 한풀 꺾이고, 5년 뒤에 두발 자유 운동이 다시 시작된 건데, 당시 교사가 바리깡으로 학생 머리에 소위 '고속도로'를 내 버려 반삭발로 잘라 올 수밖에 없게 한다거나, 가위로 머리카락 일부를 단속 현장에서 직접 자르는 강제 이발 사건이 계속 있었어요. 그 문제를 갖고 다시 한 번 싸워 볼 만하다 싶어서 희망에

---

* "종이비행기 시위에 과민 반응?", 〈한겨레〉, 2005년 5월 20일.

2005년 3월 학생 두발 제한 문제와 관련한 세 건의 진정이 국가인권위에 접수되었는데, A 공업고등학교 및 B 고등학교의 경우 "두발 단속 시 규정을 어긴 학생에 대하여 교사가 강제 이발을 한다"는 내용이었고, 지방 소재 남녀공학인 C 중학교의 경우 "여학생에 대하여 머리를 묶지 못하게 획일적으로 규정하고 있어 불편하니 이를 시정해 달라"는 내용의 진정이었습니다. (……)

대부분의 중·고등학교에서는 학칙이나 학교 생활 규정에 근거하여 학생들의 두발 길이와 모양을 획일적으로 규제하고 있으며, 각 학교마다 그 제한 기준도 일정하지 않습니다. 교육인적자원부가 제시하고 있는 자료(2005. 6. 14. 두발 관련 자료 및 의견)에 의하면 △2005. 5. 11. 현재, 전체 학교의 92.56%와 91.10%에 해당하는 2,761개의 중학교와 1,924개의 고등학교가 학생의 두발을 제한하고 있으며 △2005년도에 32개의 중학교와 44개의 고등학교에서 기계나 가위로 학생의 두발을 자른 사례가 발생한 것으로 나타났습니다.

또한, 지난 6월 국가인권위가 위 진정 사건과 관련하여 A 공업고등학교 및 B 고등학교에 대해 실시한 설문조사에서도 조사 대상 65명 중 24명과 63명 중 42명이 각각 두발을 강제로 잘렸거나 다른 학생이 잘리는 것을 본 적이 있다고 답변하였는데, 이러한 결과는 두발 자율화 및 합리적 규제 등에 대한 교육인적자원부와 각 시·도교육청의 방침에도 불구하고 대부분의 학교에서 별다른 개선 없이 두발 제한이 획일적이고 타율적으로 이루어지고 있음을 보여 주고 있습니다.

국가인권위는 △학생의 두발 자유는 개성의 자유로운 발현권이나 자기 결정권, 사생활의 자유 등 헌법에서 보장하고 있는 기본적 권리로서 인정되어야 하며 △학생의 의견이 반영되지 않은 두발 제한 규정을 근거로 학생들의 두발을 일률적이고 획일적으로 규제하는 것은 헌법 및 아동의 권리에 관한 협약에 부합하지 않으며 △특히 강제적으로 학생의 머리를 자르는 것은 인격권 등에 대한 침해라고 판단했습니다.

따라서 국가인권위는 학생의 두발에 대한 제한은 △교육 현장의 질서 유지를 위해 제한할 필요성이 인정되는 극히 한정적인 경우에 한하여 교육의 실현을 방해하는 상태나 행위만을 대상으로 해야 하고 △그 제한의 내용과 절차는 학생들의 자기 결정권이 충분히 보장된 합리적 과정과 시스템에 의해서 이루어져야 하며 △강제 이발의 재발 방지를 위한 적극적 조치가 마련되어야 한다고 판단했습니다.

— 국가인권위원회, "학생 두발 자유 기본권으로 인정되어야", 2005년 7월 4일

서도 준비를 하던 참이었고요. 그런 배경이 있어서 '5.14 청소년 행동의 날' 행사를 기획할 때 단체들이 모여서 논의할 수 있었던 거예요.

그때 학계나 언론계에서는 2002년 월드컵과 촛불을 경험한 세대가 자기들이 생활하는 현장에서 드디어 목소리를 내기 시작했다고 분석했어요. 2002년 미선이 효순이 사건, 2003년 이라크전쟁, 2004년 노무현 대통령 탄핵 같은 계기로 청소년들이 집회에 계속 나오면서 새로운 세대가 등장했고 그들이 그 이듬해인 2005년에 자기들이 생활하는 학교에서 문제 제기를 한다는 거였죠. 설득력 있는 분석이라고 생각해요.

희망 등의 단체들은 청소년들에게 5월 21일에 다시 모이자고 했지만 처음과 같은 기세는 더 이상 없었다. 폭발력은 있어도 지속성이 부족한 것이 조직되지 않은 청소년들의 한계였다. 두발 자유 운동에 대해서 교육부는 2006년 4월, 2000년에 냈던 입장과 동일하게 각 학교가 학생들의 의견을 반영해서 자율적으로 두발 규정을 정하라'라는 지침을 발표했다. 국가인권위원회가 2005년 7월 "두발 자유는 헌법이 보장하는 기본권"이라고 인정하는 권고를 내놓기는 했지만, 강제력이 없을뿐더러 학교가 교육상 필요하면 두발 규제를 할 수 있다는 듯이 애매하게 말해 학교 현장에 미친 영향은 거의 없었다. 5월이 끝나갈 때쯤 되니 남은 것이 없어 보였다. 하지만 겉으로 보이는 것이 다는 아니었다.

남궁정 5월 14일 이후 두발 자유나 청소년 인권 관련 흐름은 두 가지로 갈려요. 5.14 행사를 준비했던 쪽은 조용해졌고 대신 시민사회단체나 진보 정당에서 청소년 인권 문제를 고민하고 제도화하려는 시도가 있었어요. 민주노동당 청소년위원회에서는 두발 자유법을 만들자고 제안하고 그게 발전해서 학생인권법안(《초·중등교육법》 개정안)으로 최순영 의원이 발의했죠. 그리고 그 후에 아수나로(청소년인권행동 아수나로)가 등장해서, 2006년에 광주 양동중 학생들이 운동장에서 두발 자유를 요구하는 구호를 외치며 시위도 하고 거기에 단체들이 연대하는 두발 자유 투쟁을 시작했고, 다른 학교의 학생들이 가면을 쓰고 인권 침해를 고발하는 기자회견도 했죠.

2005년 5월, '내신등급제 반대'로 미조직된 청소년들이 거리로 갑자기 나온 사건은 청소년운동의 가능성을 보여 주었다. 그리고 교육 문제에서 학생들, 청소년들이 교육의 당사자이자 주체라는 점을 다시 한 번 각인시켰다. 입시에서의 내신 강화의 논리는 학교 교육 강화와 입시 경쟁 완화라는 명분을 갖고 있었지만, 동시에 그 안에 교사의 위상 강화 요구나 사교육비 부담을 줄이려는 학부모의 요구가 들어 있는 것이기도 했다. 이런 문제를 비판하면서 이후에는 '죽음의 트라이앵글(교사 집단과 정부에 의해 내신이 강화되고, 학원 등 사교육 업계의 요구로 수능도 유지되고, 대학의 요구에 의해 논술 등 대학별 시험 전형이 강화되어, 내신-수능-논술을 모두 잘 준비해야 하는 체제가 됐다는 지적)'이라는 이야기가 청소년들의 공감을 얻으며 확산되기도 했다. 조직되지도 대변되지도 않았고 그랬기에 협상하거나 진정시킬 수도 없었던 청소년들의 분노와 고통이 폭발한 사건, 그것이 2005년 5월 7일의 촛불이었다. 희망 역시 그런 청소년들의 요구를 외면하지 않고 자리를 만들어 낸 것이다.

남궁정 2005년 5월에 있었던 일련의 사건들이 그 자체로 큰 영향력을 갖지는 못했지만, 이후에 청소년들이 직접 행동을 할 수 있는 단초를 제공한 것 같아요. 아수나로의 여러 가지 투쟁이라든가, 청소년들이 스스로 자기 학교에서 싸움을 하게 되는 기반이 됐죠. 또 다른 측면에서는 청소년 사안을 가지고 최초로 그렇게 여러 단체들이 모여서 연대를 하고 이야기를 맞추고 합의를 보면서 사회적인 여파를 만들어 냈던 것 같아요. 그것이 청소년 인권 문제에 대한 사회 이슈화, 정치 쟁점화의 시작이기도 했어요.

2005년 두발 자유화 운동은 지난 몇 년간 계속해서 터져 나온 학생 인권 이슈들을 모으면서, 두발 자유와 학생 인권 보장을 원하는 학생들의 열망이 여전함을 보여 주었다. 그리고 청소년운동 단체나 청소년 사이트만이 아니라 여러 시민사회단체들이 함께함으로써 청소년 인권 문제가 우리 사회의 일반적인 이슈로 부상했음을 보여 주었다. 과거 인터뷰에서 이근미 당시 희망 사무국장은 "비록 당시에 (교육 당국이나 국가 인권위 등이) 두발 규제에 대한 금지 조치에까지 이르지 못했기 때문에 여전히 문제가 되고는 있지만, 근본적으로 두발이 인권의 문제라는 데 사회적으로 기본 합의를 이룬 것은 아닌가 싶다"라고 평가했다.* 길게 보면 이후에 학생인권법안이나 학생인권조례 추진 등도 여기에서 이어진 변화였다.

특히 2005년 5월 이후, 청소년 인권 운동은 본격적으로 새로운 운동

____

* 고근예, "[기획 – 청소년 인권 운동, 길을 묻다 ⑩] 뿔뿔이 한해살이 운동을 넘어 – 2005~2006년 청소년 인권 운동의 기록", 〈인권오름〉 제50호, 2007년 4월 18일. sarangbang.or.kr/bbs/view.php?board=hrweekly&id=427

을 시작하고 꾸려 나가기 위한 논의를 시작했다. 2005년 서울인권영화제에서는 인권운동사랑방의 주최로 남궁정과 '행동하는청소년'의 권오범, 18세 선거권 운동을 하던 김종민 등이 패널로 참가한 '청소년 인권운동, 미래를 본다' 토론회가 열렸다. 2005년 확인된 청소년 대중의 교육개혁과 인권 보장에 대한 요구를 어떻게 운동으로 조직화해 내고 실질적인 운동으로 발전시킬 것인지가 청소년 활동가들에게 화두가 되었다. 그런 의미에서 보면 2005년은 오늘날의 청소년운동이 잉태된 해였다.

왜 학생은 늘 죄인인 걸까

남궁정은 자신이 청소년운동에 관심을 가지게 된 해로 2000년을 꼽는다. 2000년 노컷 운동을 보면서 처음으로 인권 문제에 관심을 가지기 시작했다. 막 중학교에 들어간 남궁정은 학교에서 학생들에게 가해지는 각종 폭력들에 의문을 느꼈고, 그런 그에게 두발 자유를 주장하는 청소년들의 운동은 신선한 충격으로 다가왔다. 2000년 두발 자유운동을 접하면서 관심을 갖기 시작해서 2005년 두발 자유 운동에까지 참여한 남궁정의 이야기는, 같은 이슈가 되풀이되면서도 조금씩 발전하는 청소년운동의 모습을 상징하는 듯했다.

남궁정 2000년이 저한테는 중요한 해였어요. 중학교 1학년이었는데 그때 노컷 운동이 시작됐죠. 아이두나 채널텐 같은 인터넷 사이트를 중심으로 두발 규제 관련한 청소년들의 두발 자유 캠페인이 활발하게 일어났어요. 〈100분 토론〉에 청소년운동을 하는 누군가(학생연합의 육이은이었다)가 나왔던 것도 기억해요.

중학교에 입학하면 일상적으로 교문 앞에서 두발 단속을 하고 잡고 때리잖아요. 왜 초등학교를 졸업하면 이런 것들이 당연하게 받아들여져야 할까, 그런 의문들을 가지고 있었어요. 어릴 때부터 드라마나 영화에서 맨날 중·고등학생들은 선생님한테 혼나고 맞는 장면을 접하다 보니까, 왜 학교는 저렇게 무섭고 선생님한테는 늘 잘못했다고 이야기해야 하는 걸까 싶었어요. 중학교에 입학할 때 선도부실은 무슨 고문실인 줄 알았다니까요. 맨날 애들이 무릎 꿇고 벌서고 있으니깐. 또 같은 학교에 삭발하고 다니던 친구가 있었는데 선생님이 왜 그러냐고 물어보면 '두발 자유 하고 싶어서요' 이러면서 뛰어다녔어요. 그런 분위기나 환경에 대해서 계속 의문을 갖고 있었는데 노컷 운동을 접하면서 문제의식이 더 분명해졌죠.

민주화 이후의 자유로운 사회 분위기에서 인터넷 등으로 세상을 접하면서, 사회에 참여하고자 하는 청소년들의 욕구는 커져 갔다. 시민사회단체 역시 청소년들을 새롭게 부상하는 집단으로 보고 참여의 길을 열거나 조직화하려 했다. 그 당시 시민단체들 중 가장 사회적 주목을 받고 있던 참여연대에서는 청소년 모임 '행동하는젊음 와(와)'를 만들었다. 남궁정은 중2였던 2001년부터 '와'에 참여했다. 가장 기억나는 활동으로 이동 통신 요금 인하 운동과 '힘내라! 알바!' 캠페인 등을 꼽았다. '힘내라! 알바!' 캠페인은 시민단체에서 청소년 노동권의 문제를 처음으로 제기한 운동이기도 했다. 이후 개인적인 사정으로 활동을 그만두었다가, 고등학교 때 희망 활동을 시작했다.

남궁정 중학교보다 고등학교가 훨씬 더 억압적이라서 탈출구를 찾고 있었는데, 2004년 10월에 한창 〈국가보안법〉이 이슈가 돼서, '청소년 〈국가보안법〉 골든벨'인가 그런 행사를 희망에서 했어요. 1등 상금이 있어서 공부를 열심히 해 갔죠. 그때 청소년들이 되게 많이 왔어요. 한 100명 정도? 근데 제가 2등인가 3등을 해서 비디오 세트를 받았어요. 그 행사가 끝나고 나서 희망 활동가들한테 학생의 날 행사가 있는데 같이하지 않겠냐고 제안을 받았고 학생의 날 행사를 하고 난 다음에 희망에서 본격적으로 청소년 모임 같은 것을 해 보자고 제안을 해서 '더하기'가 생겼죠.

'청소년이말하는입시 더하기(더하기)'는 희망에서 만든 모임이었다. 청소년들의 교육 문제, 인권 문제에 관심 있는 사람들이 주로 참여했다. 평균적으로 일고여덟 명 정도의 회원들이 함께했고, 주로 입시 경쟁에 대해 비판하고 두발 규제에 반대하는 내용으로 캠페인을 하거나 행사를 하고 친목을 다졌다. 2005년 5월 내신등급제 반대 집회나 두발 자유 집회에도 더하기에서 함께 참여한 것이었다. 많은 사람들이 기억하는 2004년 강의석의 투쟁*도 남궁정에게 큰 인상을 남겼다.

---

* 기독교 학교인 서울 대광고에서 학생들에게 예배를 강제하자 이 학교 3학년에 재학 중이던 강의석이 2004년 6월 16일 교내 방송을 통해 학내 종교의 자유를 요구하고 예배 불참을 선언하면서 시작된 사건. 그는 예배 선택권 보장을 요구하며 교육청 앞 1인 시위를 벌였고, 학교는 '개인적 문제'로 교내 방송을 사용하고 건학 이념을 부정했다는 이유로 7월 8일 강의석을 제적시켰다. 하지만 강의석은 퇴학 무효 소송과 가처분 신청을 제기하고 종교의 자유를 주장하며 싸움을 이어 갔고, 9월 1일 법원이 이를 받아들여 학교에 복귀했다. 8월 11일부터 학내 예배 선택권을 주장하며 시작한 단식으로 수많은 이들의 관심과 지지를 끌어냈고, 결국 단식 46일 만인 9월 25일 학교가 전교생에게 예배 선택권을 보장한다는 합의를 했다.

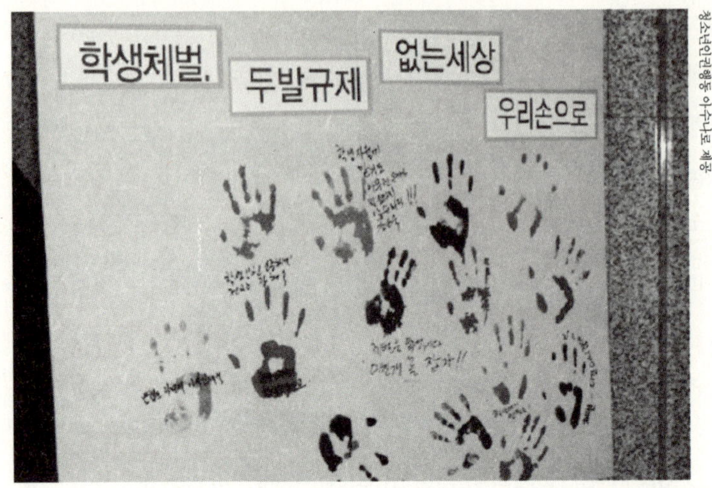

2008년 8월 28일부터 30일까지 국회 의원회관 로비에서 열린 〈학생 체벌, 두발 규제 국회 사진전〉의 모습.

남궁정 한 고등학생이 사립학교 재단에 맞서 싸우는 게 우리에겐 남의 이 야기 같지가 않았어요. 강의석 씨가 그때 뼈만 남은 모습으로 피켓을 들 고 있는 사진은 상징적이었어요. 다들 내 일처럼 생각했어요. 학교에서 선생님들, 어른들의 따가운 시선을 느끼면서 우리의 권리를 주장하는 행 동을 할 수 있을까? 그런 질문을 던지게 만드는 사건이었어요. 청소년운 동을 하지 않는 학생들도 그걸 보면서 대단하다는 말을 많이 했죠.

고3 때에는 민주노동당 청소년위원회 운영위원회에 참여했다. 그리고 그 뒤 학생인권법 제정 운동 등의 활동에도 지속적으로 함께했다.

남궁정 강제적인 야자와 보충 수업, 두발 자유, 청소년 선거권 이런 것으로 캠페인을 한 게 기억나요. 희망이나 더하기에서보다 청소년의 전반적인 권리, 인권에 대해서 자세히 이야기할 수 있는 자리였어요. 2006년 넘어가면서부터는 학생인권법 논의를 진행했고요. 민주노동당 정책연구원에서 처음에 송경원 연구원이 법안을 들고 왔을 때부터 민주노동당 청소년위원회에서 논의를 계속하고 수정할 것 수정하면서, 2008년 초까지 전개됐어요.

어떻게 살 것인가

남궁정 그때 경험이 지금도 내가 어떻게 살 것인가, 무엇을 할까 이런 고민들의 기반이 되는 것 같아요. 제가 2000년대 초중반에 활동했던 것들이 어떤 의미였는지 생각해 봤어요. 시간이 지나면서 한국 청소년들의 권리나 청소년을 둘러싼 사회적 논의나 이슈들이 바뀐 부분도 있지만, 아직도 예전이랑 똑같은 부분이 있잖아요. 그때 당시에는 제 경험들이 정리가 안 됐는데, 시간이 지나고 보니 커다란 흐름 중의 일부로 인식이 돼요. 저는 희망이라는 단체에서 활동을 했는데, 저 스스로의 고민이나 목소리를 가지고 활동했던 것은 아닌 것 같아요. 학교에서 선생님들이나 학교의 부당한 처우에 대해 싸웠던, 이런 경험들이 없는 것, 내 삶에서 치열하게 전개된 사건이 없다는 게 조금 아쉬워요.

남궁정은 2008년 무렵까지 청소년운동을 하다가 그만두고 지금은 은평 지역에서 지역운동을 하고 있다. 〈은평시민신문〉에서 기자로 활동하다가 은평마을지원센터에서 마을 활동가 일을 했다. 청소년운동이 삶에 대한 고민의 출발점이었다는 남궁정에게는 자신의 삶 속에서 끊임없이 자신의 운동을 만들어 간다는 면에서, 지금 하고 있는 지역운동 역시 청소년운동 경험의 토대 위에 있는 것이다.

남궁정 청소년 시절에는 당장 내가 겪는 문제들에 대해서 뭔가 잘못된 게 있고 부당한 게 있고, 이런 걸 바꿔야 한다는 생각이 컸어요. 이런 활동을 많이 해야겠다고 생각했고. 청소년기를 지나서 20대 초중반을 거치면서 내가 정말 관심이 있고 내가 하고 싶은 분야에 대한 고민을 했어요. 그게 처음에는 교육 문제였는데, 실천적으로는 지역이라는 현장에 눈을 많이 돌리게 됐죠. 어쨌든 지역을 바라보게 된 것도 끊임없이 운동하는 삶의 과정인 거예요. 내가 사는 여기에서 어떤 사람들을 어떻게 만나서 뭘 해 볼 것인가가 내 화두가 됐어요. 지금도 나는 나의 운동을 하고 있고 사회를 변화시키기 위한 활동을 이어 나가고 있죠. 청소년운동을 할 때 삶의 경험을 바탕으로 하고 있는 거고, 이후에도 뭘 하든 나는 스스로 운동을 하고 있다는 생각을 계속 가지고 있을 것 같아요.

한때 남궁정은 "청소년들의 현실이나 학교 현장의 모습 등을 바꾸려고 하는 잊힌 노력들을 발굴하고 싶어서" 청소년운동의 역사를 연구해 보려고도 했단다. 그만큼 남궁정이 지나온 2000년에서 2008년까지의 시간은 청소년운동에서 굉장히 중요한 시기였고 많은 것들이 변화하고 새롭게 생겨난 때였으며 한국 사회에서도 역동적인 사건들이 계속 일어나던 시대였다. 그 시대를 쭉 보아 온 그의 이야기에서 한국의 현대사와 청소년운동의 역사 사이의 밀접한 연관성을 다시 한 번 살필 수 있었다. 인터뷰를 마무리하면서 우리가 하고 있는 이 기록이, 그의 바람처럼 현실을 바꾸려고 했던 청소년들의 잊힌 노력들을 발굴하고 기억되게 만드는 과정이 되면 좋겠다는 생각이 들었다.

3부

존재감 다지기

내 법인 듯
내 법 아닌 내 법 같은 너

조만성(따이루)

글 둠코

2006년 8월 18일, 뜨거운 햇볕이 내리쬐던 한여름의 대구시교육청 앞. 여러 청소년 활동가들이 "체벌은 폭력!", "사랑의 매는 없다" 등의 피켓을 들고 1인 시위를 하고 있었다. 그중 한 청소년은 "수백 대를 때려야만 문제가 되느냐. 단 한 대로도 우리의 인격은 부서진다"라는 내용의 피켓을 들고 있었다. 교육청 직원이 가장 앳돼 보이는 그에게 다가가 "어느 학교냐"라고 물었다. 그 청소년은 대답하지 않았다. 그가 바로 따이루였다.

서울에서 학교를 다니는 중학생이었던 그는 청소년인권활동가네트워크가 주최한 '파란만장 청소년 인권 전국 행진'에 참여해 전국을 돌면서 학생인권법안 지지 서명을 받고 청소년 인권 운동을 함께할 단체들을 만나고 있었다. 행진 도중, 대구의 한 고등학교에서 교사가 지각한 학생을 200여 대 때리는 사건이 벌어졌다. 그러나 교육청은 '교사 정신 질환 검사'를 하겠다고 하는 등 사건을 교사 개인의 일탈로 만드는 데 급급했다. 체벌에 대한 문제의식은 전혀 없었다. 이에 대구 지역 단체들과 함께 청소년인권활동가네트워크가 대구시교육청 앞에서 항의 행동을 했던 것이다.

따이루는 그때부터 2015년 현재까지, 여러 청소년운동 의제에 빠지지 않고 활동하고 있는 청소년 활동가이다. 2000년 후반 이후 거의 모든 활동에 발을 걸치고 있는 그에게 어떤 이야기를 들어야 할까. 고민 끝에 따이루에게 2006년 그가 활동을 시작하던 시기에 진행된 학생인권법 제정 운동과 학생 인권 운동, 그리고 2007년에 이랜드 비정규직의 투쟁과 연대했던 청소년운동에 대한 이야기를 듣기로 했다.

따이루 자기소개 해요? 저는 따이루고요, 청소년운동을 하는 사람이에요. 2006년에 처음 활동을 시작했고, 지금 나이는 스물네 살이고요, 구로구 가리봉동에 살아요. 지금도 청소년운동을 하며 편의점 알바를 하고 있어요.

따이루가 청소년 인권 활동을 시작한 것은 중학교 1학년 때다. 초등학교 때와는 다른 억압적인 학교 분위기와 교사에 대한 분노 덕에 청소년인권행동 아수나로(아수나로)라는 청소년 인권 단체를 발견하게 됐다고 했다.

따이루 중학교 올라가면서 달라진 학교 분위기에 적응이 안 됐어요. 머리도 자르라고 하고, 교복도 있고, 초등학교보다 훨씬 억압적이었거든요. 그리고 영어 교사가 재수 없었어요! 마음에 안 드는 애들을 때렸거든요. 가령 이런 식이에요. 자기가 교실에 들어왔을 때 교과서의 진도 나갈 페이지를 안 펴 놓고 있다거나 서 있다거나 하는 학생들 이름을 칠판에 적어요. 그리고 자기 기준에 안 맞는 행동을 할 때마다 이름 옆에 작대기를 하나씩 그리는데, 나중에 그어진 횟수대로 체벌을 하는 거예요. 때리는 방식도 엄청 기분 나빴어요. 사람을 세워 놓고 고개를 숙이게 한 다음에 목 뒤쪽을 손으로 때렸어요. 그 교사 때문에 인터넷에서 '선생 골탕 먹이는 방법'을 검색하다가 한 아수나로 활동가 블로그를 타고 아수나로에 가입하게 됐죠.

청소년운동을 하도록 영향을 준 교사도 그 학교에서 만났다. 그 교사는 학생들이 중학교에 입학하자마자 치르는 학력 평가 시험 날 교실에 시험 감독으로 들어와 시험을 거부했다.

따이루 이명남 선생님이라고, 지금도 전교조 활동을 하는 분인데, 그분이 시험 감독으로 들어와서 그러더라고요. "저는 이런 시험으로 여러분을 처음 만나고 싶지 않습니다. 여러분을 처음부터 시험 점수로 평가할 수 없다고 생각합니다. 이 시간에 각자가 배우고 싶은 게 뭔지를 써 주시면 수업할 때 참고하겠습니다." 학생들한테 존댓말을 쓰는 것에도 다들 놀랐어요. 그런데 그때 때마침 지나가던 교감이 교실 문을 열고 들어와서 "선생님, 지금 시험 안 보고 뭐 하는 겁니까?" 하는 거예요. 선생님은 "제 수업 시간입니다. 나가 주십시오"라고 하고. 교감이 소리를 지르니까 왜 소리 지르냐면서 같이 소리 지르고 싸우더라고요. 청소년운동을 하게 되는 데 상당히 영향을 준 사건이었어요. 학교에서 이런 것도 할 수 있겠구나 하고 가능성을 보여 줬거든요.

청소년 인권 운동의 파란을 만들자

2005년부터 강제 이발 등 학생 인권을 침해하는 사건이 연거푸 발생하고 이에 저항하는 청소년들의 직접 행동도 증가하자 2006년 3월 최순영 민주노동당 의원이 학생인권법을 발의했다. 학생인권법은 두발 자유와 체벌 금지를 비롯한 학생 인권의 구체적 내용들을 담아 〈초·중등교육법〉을 개정하는 방식의 발의가 이루어졌다. 입법이 시작이자 목적이었던 만큼, 아래로부터 시작된 운동은 아니었다.

따이루　사실 저는 잘 몰라요. 이건 제가 만든 법이 아니거든요! (웃음) 학생인권법은 학생인권조례처럼 시민사회단체들로부터 시작되어서 진행했던 활동은 아니었어요. 민주노동당 청소년위원회나 청소년인권활동가 네트워크에서 이야기를 하기는 했지만, 주도적으로 사업을 끌고 갔던 건 민주노동당이었죠. 2006년 3월에 최순영 의원이 발의했는데 처리가 너무 흐지부지되고, 시간이 지날수록 민주노동당의 동력이 떨어져서 학생인권법에 힘을 실어야 한다는 고민 속에 8월 '파란만장 청소년 인권 전국 행진'을 진행했어요.

'파란만장 청소년 인권 전국 행진'의 슬로건은 "파란이 있는 곳에 더 큰 파란을, 파란이 없는 곳엔 파란을 준비하라!"였다. 청소년 인권 운동의 파란을 만들기 위한 이 행진은 2006년 8월 14일부터 5일간 인천, 대전, 전북 전주, 울산, 대구 다섯 도시를 돌며 진행됐다.

따이루　당시 저는 활동을 시작한 지 1년도 안 된 때여서 실무를 좀 도우면서 따라가는 입장이었어요. 승합차를 타고 전국을 순회하면서 거리에서 학생인권법에 찬성하는 서명도 받고, 지역 단체들도 만났어요. 행진의 핵심적 목표 중 하나가 학생인권법 제정뿐만이 아니라 지역 청소년 운동과의 교류였거든요. 2006년까지만 해도 아수나로가 안정적이지 않았고, 지역 모임들은 더 불안했고, 지역운동이나 전교조와의 교류도 거의 없을 때라 대부분 처음 만나는 자리였어요. 다들 힘들고 피곤해도 저

녁에 단체들을 만나서 간담회를 하
고 꼭 같이 밥 먹고 그랬어요.

2005년 무렵에는 청소년 단체들 다
수가 사라지고 흩어진 상태였다. 대부
분은 활동하던 주력 멤버들이 나이를
먹고 비청소년이 되면서 떠난 것이 그
이유였고, 일부는 내부의 정치적·감정
적 갈등을 견디지 못하고 쪼개지기도
했다. 학교와 가정의 탄압 때문에 활
동을 그만두는 이들도 부지기수였다.
2000년대에 생겨나서 3~4년을 지속
하는 자생적인 청소년 단체는 찾아보

따이루

기 어려웠다. 이런 상황 속에 2006년 청소년 인권 운동의 대표를 자임
하면서 출범한 청소년인권활동가네트워크가 내건 기치는 '청소년 인권
운동 진영 만들기'였다. 연대체로서 각 시민단체든, 교육 단체든 지역의
학생 인권 관련 단체들을 만나서 얼굴을 트고, 학생인권법이나 두발 자
유 이슈들에 대해 상의하고, 서울을 벗어나 전국적 학생 인권 운동의
계기를 싹틔워 보자는 취지로 진행한 행사였다. 따이루는 방학 때마다
여러 캠프에 참여했던 터라 부모의 허락을 비교적 쉽게 얻을 수 있었다.
'정치적인 활동 아니냐'는 부모님의 우려에 명문대생이 같이 간다는 '훼
이크'를 치고 따라간 그는 행진에 대해 기억하는 몇 가지를 더듬어 말
했다.

따이루 제가 기억하는 건 고속도로를 신나게 달린 거, 전교조 강당에서 잠잔 거, 그리고 지역에서 서명 운동 캠페인 한 거, 지나가는 어떤 여성분이 제가 쓰고 있던 가면이 맘에 든다고 해서 줬다가 사람들한테 두고두고 놀림당한 거. 그런데 그중에서도 뒤풀이 자리가 진짜 좋았어요. 그때는 제가 술을 안 마실 때인데도 안주 뺏어 먹으면서 사람들이랑 새벽 5시까지 밤새 수다 떨면서 놀고 그랬어요. 그때 했던 얘기들이 너무 좋았거든요. 그렇게 엄청난 이야기를 했던 것도 아니고 그냥 각자 사는 이야기였는데, 제가 살면서 사람들하고 영화처럼, 소설처럼 밤이 깊도록 서로의 진솔한 이야기를 나눠 본 경험이 없었으니까요. 그런 사람 냄새가 좋았던 것 같아요.

두발 자유 철폐하고, 삼불정책 폐지하라?

파란만장 청소년 인권 전국 행진이 끝난 이후에도 학생 인권 운동은 계속됐다. 이듬해인 2007년 4월 아수나로에서는 학생 인권을 주제로 한 집회를 진행했다. 새 학기는 두발 규제를 비롯한 각종 규정들이 강화되는 시기이고, 학생들의 불만도 가장 높은 시기이기 때문이다. 아수나로에서 기획한 집회의 이름은 '미학혁명: 미친 학교를 혁명하라'였다. 따이루는 미학혁명을 언급할 때면 언제나 그 집회의 이름을 자신이 지었다고 강조하며 자부심 돋는 표정을 짓곤 했다.

따이루 그때 처음으로 집회 사회를 봤어요. 장학사나 교사한테 끌려갈까 봐 무서워서 가면을 쓰고요. 광화문에서 집회를 하고, 정부종합청사까

2007년 4월 14일 열린 '미친 학교를 혁명하라' 집회에서 청소년들이 공연을 하고 있다.

지 행진해서 갔거든요. 원래 구호를 외칠 생각은 없었는데, 행진을 하다 보니까 자연스럽게 구호를 외치게 되더라고요. 근데 행진하느라 정신이 없어서 안 외쳐야 할 구호를 외친 거예요. "두발 자유 철폐하고, 삼불정 책 폐지하라!" 하고. (웃음) 그래서 다들 "그거 아니야!" 막 그리고. 참여 자들이 생동감이 있었다니까요.

당시 미학혁명의 요구안은 △두발·용의 복장 전면 자유 △휴대전화 ·소지품 검사, 압수 금지 △체벌, 욕설, 폭력 당장 그만 △살인 입시 즉 시 폐지 △강제 보충, 자율 학습 폐지 △학교에도 민주주의를 등이었다. 그 전까지 두발 자유에 한정돼 있던 청소년 집회의 의제가 2007년 학 생 인권에서 해결해야 할 대표적, 대중적 문제를 논의하면서 두발·용의 복장 자유, 체벌·폭언·모욕 금지 등으로 넓어진 것이다.

따이루　그때 요구안을 만드는 과정에서 가장 논쟁이 됐던 건 휴대전화였어요. 희망에서 휴대전화 압수 금지랑 두발 자유 두 가지를 요구안에 넣는 걸 우려했어요. 너무 급진적이어서 학생들이 받아들이기 부담스러워한다는 거였죠. 그걸로 논쟁을 하다가 휴대전화에 대한 압수나 규제 문제가 심해지고 있기 때문에 꼭 이야기해야 한다고 요구안에 포함을 시켰어요. 그런데 그 요구안들이 10여 년이 지난 아직까지도 해결되지 않고 있죠.

공현　희망에서 만나는 학생들이 거의 학생회 소속이었으니까 학생들의 대중적 요구가 그 정도라고 인식했던 거죠. 두발 관련한 요구도, 학생회의 의견을 반영해서 두발 규정을 만들게 하라는 '두발 자율'로 하자는 게 주장이었으니까요.

따이루　저도 활동을 시작하고 가장 어려웠던 게 두발 자유와 두발 자율의 차이였어요. 처음에는 단어의 차이인 줄 알았어요. 사전에도 비슷한 의미로 나와 있고. 그런데 보니까 역사적 맥락의 차이가 있더라고요. 교육부에서 2000년에 발표했던 게 두발 '자율화' 정책이었고, 그러면서 정책이나 운동 사회 안에서 자율이라는 단어가 '합의를 통해서 규제할 수 있다'는 의미로 쓰였어요. 그래서 요구안을 정할 때도 자유와 자율 중에 두발 자유로 가야 한다고 싸우고, 휴대전화 수거 반대도 내걸고 운동을 시작했어요. 같은 날 광주에서도 몇십 명 정도가 모여서 집회를 했고, 그렇게 2007년 4월이 지나갔죠.

서명지 좀 돌렸다고, 배지 좀 달았다고

학생인권법 제정 운동의 한 축으로 서명 운동도 진행되었다. 민주노동당 청소년위원회, 21세기청소년공동체 희망(희망), 청소년인권활동가네트워크 등의 단체들은 2006년 9월부터 '학생인권법 국회 통과를 위한 100만인 서명 운동'을 진행했고, 학생들이 학교 안에서 서명을 모아 우편으로 보내오기도 했다. 따이루도 학교에서 서명 운동을 진행했다.

따이루 서명지에는 학생인권법의 주요 내용이랑, 이런 내용을 담은 법안을 원한다는 문구가 있었어요. 친구들한테는 "이 서명지에 사인하면 두발 자유 된다!" 하면서 서명을 받았죠. 그 당시에는 너무 간절한 문제였어요. 다들 '귀두컷'을 하고 있었거든요. 친구들 중에 노는 애들이 있어 가지고 그 친구들한테 두발 자유 배지를 나눠 주면서 서명 좀 받아 달라고 했어요. 그때 그 말은 했어요. "절대 욕을 하거나 강제로 시키지는 말아라." (웃음) 배지에 '두발 자유'만 써 있는데도, 정말 되게 설레는 단어였죠. 그 당시에 제가 다니던 중학교가 1, 2학년 합해서 800명이었는데, 서명한 학생이 500명이었으니까 절반 이상 한 거예요.

툼코 어떻게 안 들키고 잘했네요?

따이루 아니, 영어 선생한테도 끌려가고 수학 선생한테도 끌려가고 담임한테도 끌려가고, 그렇게 다양하게 끌려가다 보니까 내성이 생겨서 나중에는 교무실이 내 방 같았어요. 그 다음에는 학생회 선배들이 와 가지고는 '서명지 내놔라' 하더라고요. 학생회 담당 교사가 딱히 학생 인권 반대론자는 아니었는데 학교의 동의 없이 이런 서명 운동을 하면 안 된다고 강하게 경고를 했고, 학생회 3학년 선배들은 그 착한 담당 교사를 화나게 한 나쁜 후배를 찾아온 거예요. 그런데 직감에 꼭 누군가 들이닥칠 거 같았거든요. 그래서 마침 서명지를 친구 사물함에 나눠서 보관하고 제 사물함에는 빈 서명지만 있던 참이었어요. 그래서 다른 건 이미 다 전달했다고 거짓말하고 빈 서명지 내주고 그랬어요. 받은 서명지는 무사히 바깥에 전달하고요.

둡코 완전 민주화운동 했네요.

따이루 그때는 학생 인권에 대한 학생들의 요구가 전국적으로 강렬할 때여서 학교 안에서 서명을 받고 끌려가는 게 아수나로 활동가들의 일상이었어요. 서명 운동 이후에는 두발 자유 배지를 달고 다니는 거 가지고 대거리가 일상적으로 일어났어요. 그 당시 교사들이 배지를 규제했던 논리는 '학교에서 허용하지 않은 액세서리'라는 거였거든요. 그래서 저는 "십자가 같은 종교적인 상징물이나 사랑의 열매 배지 같은 것은 제지하지 않지 않느냐. 이건 정치적인 상징물이니까 똑같이 처리해야 된다. 이것만 규제하는 건 부당하다"라고 얘기했죠.

학생인권법 서명과 배지를 비롯한 '신문물'을 학교에 들이다 싸우고 깨지는 일들은 계속되었다. 교사들이 자꾸 교복에 배지를 착용하는 것을 두고 못살게 굴자 따이루는 가방끈에 배지를 달고 다니기 시작했는데, 한번은 학생 주임이 폭발했다. 학생 주임은 따이루를 창고로 끌고 가서 그를 문 앞에 세워 둔 채 창고 안의 톱, 망치, 의자 등을 마구 던지고 때려 부수며 미친 사람처럼 소리를 질렀다.

따이루　일종의 위협이었던 거죠. 직접적으로 폭력을 가하지는 않았지만, 막 욕을 하면서 "너 죽여 버린다. 우리 집은 부자라서 나는 교사 안 해도 된다"라고 했어요. 그렇게 한 10분 정도가 흐른 거 같은데, 시끄러운 소리를 듣고 교장 교감이 뒤늦게 왔어요. 바로 옆에 교장실이랑 교무실이 있었거든요. 와서 학생 주임을 말리고 나를 양호실로 데려가고, 저는 놀라서 울기 시작하고.

따이루는 그 일 때문에 몇 차례 정신과 상담을 받기도 했다. 교사로부터 사과받기를 원했지만 그조차 원하는 대로 되지 않았다.

따이루　어쨌든 저는 공식적으로 그 교사의 사과를 받아야겠다고 전달을 했어요. 엄마는 화는 나는데 애가 학교에 돌아가야 한다는 생각 때문에 저한테 정보를 차단하고 직접 교사랑 대화를 하기 시작했어요. 그리고 교사가 엄마한테 메일로 사과를 한 거예요. 저는 그 사실을 모르고 며칠 쉬다가 학교에 갔죠. 그 교사는 저를 냉대하고. 그래서 엄마한테 나 이렇게 학교 못 다니겠다고 말했더니 엄마가 사과받았으니까 학교를 다니라고 하더라고요. 왜 그 사과를 엄마가 받느냐고 싸웠어요. 그러고 나서 그 학주는 다음 해에 다른 중학교로 갔어요. 그런데 사과받고 치유받는 과정 없이 그렇게 끝나다 보니까 너무 정신적으로 지쳤는지 그 이후에 학내에서 뭔가를 하는 게 힘들더라고요.

따이루는 그 뒤 2008년 새 학기에 맞춰서 인권 동아리를 만들었다. 동아리에 참여했던 인원은 약 열 명 정도. 한 달에 한 번씩 인권운동

'미친 학교를 혁명하라' 집회에서 청소년들은 두발·용의 복장 전면 자유, 휴대전화 압수 금지 등을 요구했다.

가의 강연을 열어 사람을 모으려 했다. 두세 번 정도 강연회를 진행했을 무렵 2008년 촛불 집회가 시작되었다. 그때부터 그는 집회에 나가느라 학교에 잘 나가지 않게 되었고, 그러다 보니 인권 동아리가 멈춰 버렸다. 담임 교사는 그가 촛불 집회에 열중하며 학교에 자주 나오지 않자 출석일수에 상관없이 졸업을 시켜 주겠다는 제안을 했지만 따이루는 거절하고 학교를 자퇴했다. 그리고 다음 해, 같은 학교에 다시 복학했다.

따이루 생각해 보니까 그래도 여전히 학교 안에서는 인권 침해가 심각하고, 학내 활동이 필요하겠더라고요. 그래서 복학을 하고, 다시 동아리 사람들을 만났죠. 그런데 복학생 위치이다 보니까 학내 활동이 쉽지가 않았어요. 그래서 지역 기반으로 서울 남부 지역의 인문학 아카데미 활동을 기획했고 그 모임이 2년 정도 진행됐죠.

"법제화가 운동의 목표가 돼서는 안 된다"

청소년 단체들이 학생들에게 학생인권법을 알리는 활동을 이어 나가자, 그 반응은 뜨거웠다. 2000년부터 두발 '자율화' 정책이 시행됐지만 그때까지도 학생들은 학교에서 '귀 밑 ○센티미터 단발'과 '귀두컷'만을 강요당하고 있었기 때문이다. 많은 학생들이 학생인권법 제정 청원 서명 운동에 동참했고, 자발적으로 서명을 모아서 우편으로 보내기도 했다. 법안을 발의한 최순영 의원의 싸이월드 미니홈피에는 학생인권법을 지지하는 청소년들의 응원 글이 끊임없이 올라왔다. 하지만 이 법은 학생들의 조직적 운동으로 태어난 법도, 시민사회단체의 목소리와 힘이 모인 결과물도 아닌, 작은 진보 정당의 법률 개정안이었기에 법을 온전히 지켜 내기에는 사회적 기반이 빈약했다.

때문에 학생인권법은 온전한 형태로 통과되지 못했다. 학생인권법은 처음에 제안되었을 때 학칙 속의 생활 규정으로 학생의 인권을 제한, 침해하는 것을 금지하고 교사와 학교장의 체벌을 금지하는 등 학생 인권의 목록을 구체적으로 담으려 했다. 하지만 한국교원단체총연합회(교총)와 당시 한나라당의 격렬한 반대로 결국 학생인권법 제정 운동은 2007년 12월 〈초·중등교육법〉 18조의 4에 학생의 인권 보장 의무에 대한 선언적 조항 — 학교의 설립자·경영자와 학교의 장은 〈헌법〉과 국제 인권조약에 명시된 학생의 인권을 보장하여야 한다 — 을 한 줄 삽입하는 것으로 막을 내린다.

따이루　학생인권법 제정을 위한 서명을 모으기는 했지만, 제 운동의 성과라는 느낌이 강하지는 않았어요. 운동을 시민 단위가 주도하지 못했고, 민주노동당이 중심이 되다 보니까 좋은 이야기를 해 주는 옆집 이웃 같은 느낌이랄까? 운동적 동력으로 통과된 게 아니다 보니까 입법 과정에서 법안이 누더기가 됐고요. '내가 만든 내 법'이라는 느낌은 안 들었어요. 제가 학교에서 탄압까지 받으면서 학생인권법 서명을 받아 왔는데도, 선언적 조항이 들어갔는데도, 두발 자유가 안 됐거든요!

비록 한 줄이었지만 이후의 학생 인권 운동에서 미약한 도움이나마 되었던 조항이고, 이후에 학생인권조례를 만드는 발판이 되기도 했다. 하지만 따이루는 학생인권법이 법 그 자체로 의미 있는 것은 아니라고 평가했다. 학생인권법은 그 내용보다, 학내에서 운동을 진행할 수 있는 이슈가 되고 구심점이 될 수 있는 매개체, 딱 그 정도의 가치를 지녔다는 것이다.

따이루　저는 학생인권법이 실제 통과가 안 됐더라도 그렇게 크게 실망하지 않았을 것 같아요. 법안 통과가 아니라 학생들의 운동이 필요하다고 생각했거든요. 오히려 어정쩡하게 통과됐을 때, 학생들이 자신이 직접 나서기보다는 교육청에 맡기고 의존하게 돼서 학생 인권 운동이 죽을 거라는 입장이었어요.

운동에 도움이 되지 못한다면 굳이 법률을 통과시키는 데에 총력을 기울일 필요가 없다고 그는 생각했다. 이후 2010년부터 2011년까지 진행된 서울학생인권조례 주민 발의 운동에 대해서도 역시 비슷한 의견이었다.

따이루 저는 법제화가 운동의 목표가 돼서는 안 된다는 확신을 가지고 있어요. 법을 바꾸자거나 정책을 바꾸자는 이야기는 구체적인 메시지를 줄 수 있다는 게 매력이고 장점이지만, 사람들에게는 그 문제들을 떠넘기려는 욕망도 있는 거 같아요. 학생들이 학생인권법에 열광했던 이유는 어쩌면, 자신이 겪는 이 문제를 법이나 조례의 힘이 대신 해결해 줄 거라는 편안함에 대한 기대 같은 거였는지도 몰라요. 그걸 비판할 수는 없지만, 운동은 그 과정에서 사람들의 욕망을 운동으로 발전시켜야 해요. 그걸 못 하면 법이 만들어져도 그 욕망이 실현되지 않아요.

앞으로 청소년 인권 운동의 방향에 대해서도 따이루는 당사자들의 힘을 키우는 것이 법제화 운동에 우선해야 한다고 강조했다.

따이루 학생 인권과 관련된 법이, 만들어진 이후에도 쓰레기가 되지 않게 하려면 학생 당사자의 세력을 키워야 한다고 생각해요. 법은 운동의 도구로서 의미가 있는 거지 법이 문제를 다 해결해 줄 거라는 생각은 망상인 거 같아요. 지금 청소년 인권 운동이 침체기인 것도 그런 복잡한 변화 속에서 방향을 잡고 있는 중이라 그런 것 같고요. 전략적으로 학생 인권과 관련한 제도를 만든다면 차라리 학생인권법안을 도구 삼아서 학생들을 모아 내는 활동을 전국적 이슈로 만드는 게 좀 더 현실성 있지 않을까요?

청소년, 비정규직과 연대하다

청소년 인권 운동을 하면서도 그는 활동을 '주로' 하고 살게 될 거라고 생각하지는 않았다. 공부나 성공에 대한 압박이 전혀 없다고 해도 좋을 가정 환경이었지만, 그는 남에게 인정받는 일, 명예로운 일을 하고 싶은 욕망이 있었다. '착한 일을 하는 사람'보다는 '착한 일을 하는 사람을 돕는 사람'이 되고 싶었다. 아수나로 모임에 가는 날이 많아질수록 '내가 너무 활동에 빠지는 건 아닌가' 하는 고민도 들었다.

그런 따이루가 청소년운동에 깊이 발을 들이게 된 큰 계기가 있다. 바로 이랜드 비정규직 투쟁이었다. 2007년 7월 1일 '비정규직 보호법' 시행을 앞두고 비정규직 대량 해고가 전국 곳곳에서 자행됐는데 대표적인 기독교 기업이었던 이랜드도 자신들이 운영하던 대형 마트인 홈에버, 뉴코아에서 비정규직 노동자 수백 명을 하루아침에 집단 해고했다.

따이루 뉴스를 봤는데 이랜드 비정규직 노동자들이 홈에버 매장 점거에 들어갔다는 내용이 나오는 거예요. 화면에 앵커 뒤로 아는 활동가들 얼굴이 막 보였어요. 인권운동사랑방, 청소년 다함께 활동가들을 보면서 '저 투쟁이 무슨 싸움이다'라는 것보다는 일차적으로 호기심과 신기함? 아는 사람이 9시 뉴스에 나왔으니까요. 정말 호기심으로 농성장에 놀러 갔는데 천막도 만들고 현수막도 만들고 노래도 부르고 다양한 활동을 하더라고요.

이랜드 투쟁은 독실한 기독교 집안에서 자란 따이루의 인생을 여러 방면에서 뒤흔들었다. 당시 따이루는 일요일에 꼬박꼬박 교회에 나가고 있었고 신앙심도 깊었다. 그런 와중에 목격한 이랜드의 행태는 그의 인생에서 굳은 신념이었던 종교와 성공에 대한 신화를 동시에 무너뜨렸다.

따이루　이랜드가 윤리와 베풂을 강조하던 기독교 기업이었는데, 그런 이야기를 하면서 이딴 짓을 하는 것에 대한 모멸감과 분노와 어이없음, 여러 복합적인 감정이 들었어요. 이랜드 회장이, "성경에는 노조가 안 나온다" 같은 말을 비롯해서 그 외에도 진짜 많은 명언을 남겼거든요. 홈에버에서 기도실을 노동자들 휴게실로 쓰게 해 놨는데, 하나님께 바치는 기도 중에 기도 제목이 '아웃소싱이 잘되도록 해 주소서' 이런 것도 있었어요. 이런 노동 문제에 대해서 청소년 인권 단체들도 이야기를 했으면 좋겠다는 생각이 들었고 대안학교 청소년들, 청소년 활동가들, 개인들의 연명을 받아서 '비정규직 저주를 풀기 위한 청소년 119인 선언'이라는 걸 만들었죠.

당시 이랜드 투쟁을 이어 가던 농성장은 단전과 단수, 경찰의 위협 등에 시달렸고, 노동자들의 상황 또한 절박했다. 이랜드 싸움의 급박함을 나타내기 위해 119명의 선언인을 모집했다. 현실적으로 모집 가능한 인원이면서 상징적 숫자였다.

따이루   아수나로 활동가들이랑 주변 활동가들이 같이 선언자들을 모으
고, 기자회견을 하러 이랜드 기업 앞에 갔는데 용역들이 우리를 밀어냈
고 결국 기자회견을 제대로 진행하지 못했어요. 처음에는 이랜드 기업에
대한 분노로 시작했는데 용역들한테 무시당하고 밀리고 나니까 '청소년
은 기자회견도 못 하는가?' 싶어서 청소년의 처지가 너무 한탄스러운 거
예요.

선언문에는 이랜드의 비정규직 해고 철회, 청소년 아르바이트 노동자
들의 현실을 더 열악하게 만들고 사회적으로 불안정한 일자리를 양산
하게 될 정부의 비정규직 보호법 반대 등의 내용이 주로 담겼다.

따이루　내 인생에서의 가장 큰 전환점은 2007년 이랜드 투쟁이에요. 이랜드 연대 활동을 하면서 제 신념의 기반이었던 종교와 성공에 대한 욕망이 사라졌고, 그러면서 돈을 많이 못 벌더라도 내가 하고 싶은 말, 하고 싶은 일을 하면서 활동가로서 살아가면 재미있겠다는 생각을 했어요. 그때부터 더 본격적으로 활동을 했어요.

이랜드 투쟁 이후 따이루는 청소년 노동 의제에 관심을 가지게 되고, 학생 인권 이외의 사회적 의제에 대한 관심도 깊어졌다. 2007년 11월 11일에는 한미 FTA 반대 민중 총궐기 집회에 참가했다는 이유로 집에서 맞고 쫓겨나 이후 3년간 탈가정 생활을 하기도 했다.

가리봉동 망나니

어느새 청소년 인권 운동 10년 차. 그는 성인이 되어서도 청소년운동을 계속하고 있다. 그러다 보니 10대 때는 느끼지 못했던 한계를 체감하기도 한다.

따이루　확실히 10년 전이랑 지금은 좀 다른 거 같아요. 10년 전, 5년 전에는 제가 뭘 해도 의미를 부여할 수 있었어요. 청소년으로서 사회적 이슈에 대해서 목소리를 내는 건 그 자체가 충분히 저항적인 불복종이었거든요. 그래서 이랜드 투쟁이나 2008년 촛불 집회 때도 청소년으로서 참여해 목소리를 내고, 일제고사 반대 등교 거부를 조직하고, 대학/입시 거부 선언을 발표하고, 이런 활동이 가능했는데 지금은 제가 이랜드 투쟁에 간다고 하면 그냥 연대하는 청년 나잇대의 깨시민이 되어 버리는 거예요. 살짝 의미가 떨어진다는 생각을 해요.

그래서 다른 활동을 고민하기도 하지만 그 속에서도 그는 무의식적으로 그리고 의식적으로 청소년운동과의 연결점을 찾는다.

따이루 앞으로도 어떤 형태로든 청소년운동을 책임지고 싶은 욕망은 있어요. 그런데 동시에 한 사람이 너무 오래 함으로써 생기는 문제들도 있어서 아수나로에서 활동을 할지 다른 틀로 동네에서 청소년을 만나는 활동을 할지, 아니면 이슈 대응에 특화된 조직에 들어가야 될지 고민이에요. 어떤 형태로든 청소년운동을 하고 싶다는 욕심은 있어요.

저소득층 노동자, 외국인 노동자들이 많이 모여 있는 사회적 약자들의 서울 내 마지막 보루인 구로와 금천 지역에 기반해서 사람들을 만나고 청소년들의 모임을 만들고 싶은 생각도 있다. 언뜻 계급 운동과 청소년운동은 거리가 멀어 보였지만, 그는 청소년운동을 하는 시간이 자신의 계급을 이해하는 과정이었다고 설명했다.

따이루 제가 어렸을 때는 가리봉동에 사는 게 너무 싫었어요. 아빠는 막노동을 하고 엄마는 말단 사무직인 게 너무 별로였거든요. 다른 친구들은 가게도 하고 아파트에 사는데 우리 집만 너무 못사는 거예요. 그게 부끄럽고 싫었는데 청소년운동을 하고 가장 많이 변한 건 내 위치에 대해서, 내가 그렇게 사는 것에 대해서 부끄러움을 갖지 않게 됐다는 거예요. 노동자로서 살아가는 건 중요한 일이라는 걸 알게 됐으니까요. 아빠가 일하던 사무실이 한때 여의도에 있었는데, 옛날에는 여의도도 싫었거든요. 그런데 지금은 '아, 저기 있는 아파트 중 하나를 우리 아빠가 지었겠구나' 해요.

살아가면서 자기 현실을 부정하거나 계급 상승 욕망에 사로잡힌 괴물이 되지 않게 만드는 모임이나 청소년운동이 중요한 거 같아요. 그래서 나중에 너무 먹고살기 힘들어지면 지역 공부방이나 지역아동센터에서 일해 볼까 하는 생각도 해 봤어요. 노동자 계급의 청소년들과 하는 운동은, 사람들의 욕망을 '성공과 계급 상승'이 아니라 '사회를 변화시키고 싶다'라는 방향으로 변화시킬 수 있을 거라는 기대가 있고, 더 나아가서는 학부모들을 계몽시킬 수 있을 거 같아요. 노동자 학부모들부터 의식화시켜야 돼요!

인터뷰가 끝난 뒤에도 따이루는 청소년운동과 관련된 회의 일정이 있었다. 중학생 때부터 어느새 10년 넘게 청소년운동을 해 온 따이루에게, 청소년운동은 지금까지의 삶 중 가장 많은 부분을 차지하고 있는 커다란 실체일 것이다. 따이루가 청소년운동을 떠나는 것을 상상하기 어려운 것은 그 때문일까? 20대가 된 지금까지, 청소년운동에 대해 경험치를 쌓고 있는 따이루의 이야기에서 관록이 느껴졌다.

청소년이 여기 있다는 걸 잊지 말아요

한지혜(난다)

글 둠코

2008년 5월, 대대적인 촛불 집회가 일어났다. 변종 크로이츠펠트-야코프병vCJD, 소위 '광우병'의 우려가 있는 미국산 쇠고기 수입을 전면 개방하는 한미 FTA 협상 소식이 당시 탐사 보도 프로그램의 대표격이었던 MBC 〈PD수첩〉을 통해 알려지면서 촉발된 대중 집회였다. 촛불 집회는 이내 쇠고기 수입 문제만이 아니라, 4대강 사업, 경쟁 교육 강화 등 갓 출범한 이명박 정부의 주요 정책들을 비판하고 시민들의 참여와 민주주의 확대를 요구하는 광장을 만들어 갔다. 6월 10일 약 100만 명으로 추산되는 어마어마한 인원이 참가한 집회로 정점을 찍고 2008년 촛불은 잦아들었다.

2008년 촛불 집회에는 초기부터 유독 청소년들이 많이 참여했다. 특히 집회에 집단적으로 참여하는 여성 청소년들의 존재는 언론의 주목을 받았고, '촛불 소녀'라는 조어와 상징 이미지까지 만들어 냈다. 시민 단체에서는 '촛불 소녀의 코리아'라는 인터넷 카페를 개설하기도 했다.

청소년 인권 활동가인 난다는 2008년의 '촛불 소녀' 중 한 명이었다. 2007년, '미학혁명: 미친 학교를 혁명하라' 집회에 참여하는 것으로 청소년운동을 시작했고, 2008년 촛불 집회를 계기로 더 적극적으로 운동에 참여하게 됐다. 촛불 집회 때 만 열여섯 살의 여성 청소년이었던 그는 경찰에 연행되면서 "'촛불' 여중생까지 연행…"집에 가고 싶어요" 눈물"이라는 언론 기사 타이틀을 얻기도 했다.* 촛불 집회와 함께 교육

---

* 〈경향신문〉, 2008년 5월 28일.

감 선거에 '기호 0번 청소년 후보 운동'으로 난입했던 이야기, 그리고 그 이후 경기도학생인권조례를 만드는 과정에 참여했던 이야기까지, 사건과 함께 발전해 간 난다의 청소년운동 이야기를 들어 보았다.

2008년 촛불 집회에도 청소년의 자리는 없었다

난다는 경기도 성남 지역에서 고등학교를 다니면서 청소년 인문학 강의 공간인 '교육공동체 나다(나다)'의 인문학 수업에 참여한 경험이 있다. 나다와의 인연은 청소년운동과의 만남으로 이어졌다. 2007년 4월에 열린 미학혁명 거리 집회를 나다의 소개로 참여하게 된 것이다. 미학혁명 집회 이후 집회를 주최했던 청소년인권활동가네트워크는 집회에 참가했던 사람들을 지역별로 조직하기 위해 노력했다. 방명록에 연락처를 남긴 사람들을 만나서 지역 단위의 청소년 모임을 꾸리려고 했지만 잘 진행되지 않았다. 지역 모임이 잘 꾸려지지 않는 상황에서, 난다는 성남 지역에서 함께 활동하던 이들과 함께 2008년부터 청소년 인권행동 아수나로(아수나로)에 가입하여 활동을 시작한다.

난다 그때 생각해 보면 집회에 참여했던 사람들끼리 지역 모임 온라인 카페도 만들고 나름 열정적으로 했어요. 일단은 전단지를 만들었던 기억이 나요. 성남시 서현고, 수내고 앞에서 야간 자율 학습을 강요해서는 안 된다는 내용으로 캠페인을 하려고 했어요. 근처 학교도 다 야자를 했지만 거기가 가장 빡셌거든요. 그 지역은 야간 자율 학습이 다 강제였어요. 또 한번은 미금역 횡단보도 속도가 너무 빨라서 어린이나 노인이 힘들지 않겠느냐, 우리가 문제를 제기하면 바꿀 수 있지 않겠느냐 하는 이야기도 했어요. 그런데 이야기된 것들이 잘 안 되고, 사람이 모이지도 않아서 아수나로 모임을 나갔어요.

그리고 머지않아 난다는 학교를 자퇴했다. 고등학교의 억압적인 공기, 입시를 노골적으로 강조하던 학교 상황이 그가 학교를 떠난 주된 이유였다.

난다

난다 제가 공부 체질이 아니라는 것을 고2가 되어서야 알았으니, 너무 늦게 깨달은 거죠. 당시에는 그런 문제의식이 있었어요. 좋아하는 것, 싫어하는 것, 잘하는 것이 서로 다른데 왜 똑같이 해야 하는가에 대한 의문이요. 정답 맞히기, 문제 푸는 시험, 하루 종일 학교에 있어야 하는 것 자체가 스트레스였어요. 굉장히 친한 친구 하나가 공부를 좀 잘했는데, 그게 은근히 신경이 쓰였어요. 물론 성적에 관한 이야기를 직접적으로 하지는 않았지만 그 친구는 성적이 좋아서 야자 시간에 좋은 독서실에서 공부하고 저는 그냥 우리 반 교실에 남아서 공부했거든요. 그게 참 뭐라고. 성적이라는 것으로 서로 알게 모르게 분류되고 '결국 우리는 갈라지는구나' 하는 것을 깨달았어요. 그리고 지방대에 대한 교사들의 혐오 발언이 정말 싫었어요. 학생들은 그 교사를 욕했지만, 학생들 내면에

2008년 5월 광우병에 대한 우려로 시작된 촛불 집회는 이명박 정부의 주요 정책을 비판하고 민주주의 확대를 요구하는 광장을 만들어 갔다.

도 그런 생각이 있었어요.

학교를 자퇴한 이후에 바로 촛불 집회가 시작되면서 난다는, 집회에 나가서 밤을 새고, 다음 날 집에 들어와서 씻고, 다시 다음 날 밤을 새는 방식으로 꾸준히 집회에 참여했다. 촛불 집회는 그에게 신기한 공간이었다.

난다 인생의 격변기 같은 느낌이었어요. 제가 2008년에 학교를 그만두면서 '무언가 새로운 것을 배워야겠다. 이것저것 시도해 보자'라는 생각이 있었거든요. 촛불 집회 열기가 높아지면서 밤늦게까지 집회를 하니까 우리도 나가 보자는 생각이었어요. 처음에는 '신기하다, 이런 게 있네' 정도였는데 점점 많은 사람들이 모였어요. 밤새 축제 같은 분위기에 같이 있었어요. 서로 아는 사람들끼리 같이 다니고 피켓을 만들어 와서 주장하기도 하고. 청소년들의 행동을 알리려는 분필 낙서도 하고 래커 칠도 하고 그랬어요.

그러나 점차 시간이 지나면서 다양한 목소리가 공존하는 촛불 집회 안에서도 청소년을 약하고 지켜 줘야 하는 존재로만 대상화하는 문제들이 차츰 보이기 시작했다. 촛불 집회에 처음 나선 청소년들을 두고, 성인들은 연신 '아이들이 무슨 죄냐, 우리가 지키자'라는 태도를 보였다.

난다　촛불 집회가 커질수록 집회 안에서의 문제의식도 커졌어요. 우리는 '청소년들이 참여해서 같이하는 집회'라는 생각으로 참여하는데 어느 순간부터 막 교육부 장학사들이 나와서 "청소년 여러분은 돌아가세요" 하면서 감시를 했고, 촛불 집회에 참여하는 다른 시민들도 청소년을 보호해야 한다거나 밤 10시가 넘으면 자진 귀가 하라는 식의 생각을 하고 있었거든요. 이런 시선은 문제라고 느꼈어요. 그래서 그런 생각들에 반대하는 피켓을 만들어서 집회에 나갔어요.

'순수한 청소년들'이 '못된 어른들'의 정치 때문에 어쩔 수 없이 거리로 나왔으니 함께 집회에 나온 '착한 어른들'이 지켜 주겠다는, 그런 프레임이었다. 그들이 외치는 '우리가 지키자'의 '우리'에 처음 촛불을 밝혔던 청소년들은 없었다. 순진하고 지켜 줘야 할 대상만 남았다. 이에 대한 문제의식을 담아 청소년 활동가들은 "어른들이 무슨 죄냐, 우리가 지켜 주자"와 같은 문구를 들고 촛불 집회에 나서는 등 청소년을 정치적 주체로 받아들이지 않는 인식에 대항하는 활동을 진행하기도 했다. 난다의 이런 문제의식은 5월 말에 집회 도중 경찰에 연행되는 경험을 하면서 더 분명해졌다.

> 난다 제가 5월 27일에 연행됐는데 그 장면이 "집에 가고 싶어요"라는 문구랑 같이 기사화됐어요. 기사에 '울부짖는 여중생'이란 말도 있었는데 그런 보호주의적 관점에 대한 문제의식이 강해서 언론사에 항의하기도 했어요.

2008년 촛불 집회에서의 이런 경험들은 청소년운동이 '청소년 보호주의'의 문제를 비판적으로 생각하고 논의를 시작한 계기가 되었다. 청소년 보호주의란 청소년을 보호의 대상으로만 보고 주체성을 인정하지 않으며, 보호를 이유로 여러 통제와 차별을 정당화하는 관점을 가리키기 위해 청소년운동에서 만들어 낸 말이다. 언론에서 '촛불 소녀'로 재현되었던 난다에게도 촛불 안에서 겪은 경험은 중요하게 남아 있다. 난다는 그때 자신을 '집에 가고 싶다며 울부짖는 여중생'으로 보도한 언론사에 항의하며 인터넷 기사 제목이라도 수정해 줄 것을 요구했다.* 실제로 난다는 경찰에게 잡혀 가면서 "집에 가고 싶어요"가 아니라 "평화 시위 보장하라"라고 외쳤다. 역사의 현장에서 함께 싸우는 청소년들, 그리고 여성들을 이 사회가 어떻게 해석하고 대우하는지 보여 주는

---

* 난다의 문제 제기 후 이 기사 제목은 "'촛불' 여중생까지 연행…"평화 시위 보장하라" 당당"으로 수정되었다.

사례였다. 촛불 집회와 그 이후 난다의 운동은 이런 사회에 대고 계속해서 질문을 던지고 변화를 촉구하는 과정이었다.

"못 뽑게 하니 직접 출마할 수밖에"

촛불 열기가 한창이던 2008년은 서울에서 처음 직선제 교육감 선거가 실시되는 해이기도 했다. 하지만 투표권이 없는 청소년들은 자기 삶에 크게 영향을 미치는 교육 정책에 대해 발언할 수 있는 기회가 없었다. 이 때문에 청소년운동에서는 '기호 0번 청소년 후보' 운동을 기획하게 된다. 교육감 후보로 청소년이 직접 출마하겠다는 것이었다. 이전부터 청소년에게 참정권이 있어야 한다는 목소리는 계속 있어 왔고, 이는 주로 '청소년도 투표할 수 있어야 한다'라는 주장으로 표현되었다. 그런 점에서 '청소년 후보' 아이디어는 참신한 것이었다. 기호 0번 청소년 후보 운동은 2008년에 처음 시작하고, 이후 2010년의 교육감 선거 때도 이어지게 된다.

2008년의 기호 0번 운동은 '청소년직접행동(청직행)'이라는 모임에서 진행했는데, 촛불 집회에 참여하는 청소년과 청소년 단체들이 모여 만든 모임이었다. 청직행은 5월 17일 단체로 등교 거부를 하자는 문자가 돌기 시작하면서 만들어졌다. 촛불 집회가 한창이던 5월, 5월 17일에 학교에 가지 말고 교육 제도와 정부를 비판하는 '휴교 시위'를 하자는 문자가 익명의 발신자로부터 시작되어서 확산된 것이다.* 그러나 이와

---

* 해당 문자는 한 재수생이 여자 친구에게 보낸 것으로 알려져 정부로부터 허위 사실 유포 혐의로 기소당했고 법원으로부터 무죄 판결을 받았다.

같이 등교를 거부하고 모이자는 주장만 있고 실제로 그날 집회 등의 자리를 준비하는 이들은 없었다. 그런 상황에서 5월 17일 집회를 준비하려고 청소년 단체들이 모인 조직이 청직행이었다. 기호 0번 청소년 후보 운동은 촛불 집회에서 싹튼 셈이었다.

> **난다** 촛불 집회가 커질 때 등교 거부 문자가 돌았어요. "학생 시위- 5월 17일 전국 모든 중·고등학교 학생들 단체 휴교 시위, 문자 돌려 주세요" 라는 익명의 문자가 돈 거죠. 근데 정작 집회를 준비하는 움직임이 없어서 뭐라도 해 봐야 하지 않겠냐는 분위기가 있었어요. 그러면서 청직행이라는 기획단을 꾸리고 나다, 청소년인권활동가네트워크, 아수나로, 문화연대 등이 모였어요. 5월 17일에 제가 청소년 집회의 사회를 봤던 것이 기억나요. 제가 뉴페이스라서 이것저것 다 시켰던 것 같아요. 집회 끝나고 덕수궁에서 시청 광장까지 행진도 했어요.

기호 0번 청소년 후보 운동은 5월 17일 집회, 촛불 집회 이후에 청직행이 어떤 활동을 할지 논의하는 과정에서 나온 아이디어였다. 서울시에서 최초로 직선제 교육감 선거가 예정되어 있던 시기, 촛불 집회의 분위기에 맞게 '선거권 연령을 낮춰라'라는 오랜 요구보다 더 새롭고 직접적인 액션이 필요했다. 그래서 '청소년이 교육의 진짜 주인'이라는 뜻을 담아 '기호 0번 후보'로 출마하자는 안이 나왔다.

> **난다** 그 전까지는 교육감 후보가 뭔지, 투표를 어떻게 하는 건지 감이 없었어요. 해 본 적이 없잖아요. 그래서 어떻게 선거를 하는 건지 찾아봤

죠. 출마 선언문을 내고, 기자회견도 하고 그러더라고요. 그래서 출마 선언문도 쓰고 나름대로 선거운동본부라는 것도 만들었어요. 그때 주경복 후보가 광장을 잘 활용했어요. 촛불 집회에 시민들이 많았으니까. 우리도 어깨띠 같은 것을 둘러매고 정말 후보처럼 그런 곳에 유세하러 다녔어요. 포스터를 만들어서 후보자 벽보 옆에다 붙이고요. 벌금 폭탄이 두려워서 소심하게 옆에 붙인 거죠. (웃음)

청직행의 기호 0번 청소년 후보는 번화가, 집회 등에서 선거 유세를 하고, 사람들에게 명함을 나눠 주고 악수를 하는 등 진짜 후보와 같은 퍼포먼스를 진행했다. 선거 공보물 역시 다른 후보들과 같은 규격으로 만들어 같은 장소에 붙였다. 또한 "현장 경험 풍부! 시험만 골백번!"과 같은 문구를 통해 교육의 당사자가 청소년임을 어필했다.

난다 2008년에 활동할 때 정책 중에 영어교육 정상화 이슈도 있었고, 그리고 두발 복장 자유, 체벌 금지, 인권 보장 문제를 하나로 묶어서 청소년인권법을 만들자고 했어요. 마무리로 "어른들에게 휘둘리면 교육이 무너집니다"를 캐치프레이즈로 기자회견을 했어요. 보수 후보였던 공정택 후보의 선거 구호 "전교조에게 휘둘리면 교육이 무너집니다"를 패러디한 거였어요.

2010년의 청소년 후보, 정책을 내실 있게!

2008년 서울시 교육감 선거를 계기로 시작했던 기호 0번 청소년 후

보 운동은 2010년 전국 지방선거 때도 이어졌다. 즉흥적이었던 2008년
과 달리 1년 전부터 활동을 계획했고, 덕분에 좀 더 꼼꼼히 의논하고
준비할 수 있었다. 특히 달라진 부분으로 난다는 정책, 공약 면을 들
었다. 2008년에 주장했던 큰 주제인 학생 인권, 교육 정책에 관한 이슈
와 함께 휴식권과 학생인권조례 이야기를 보탰다. 정책을 만드는 과정
또한 훨씬 알차게 진행되었다.

난다 2010년에는 청직행에서 준비하지 않고 아수나로에서 했어요. 아수
나로는 전국 모임에 지역 모임까지 있으니까요. 그때 수원지부가 만들어
져 있어서 저는 동시에 두 곳에서 활동했죠.
포스터 같은 아이템을 전국적으로 같이 만들어서 사용했어요. 정책 자
료집도 워크숍을 거쳐서 그 전보다 내실 있게 냈어요. 큰 틀은 2008년
과 비슷했어요. 주요 정책이 입시 경쟁, 시험 지옥에 대한 이야기였고 그
때 사회적으로 이슈가 되었던 점들과 학생 인권, 휴식권 부분이 보충되
었죠. '가장 쾌적한 것이 가장 교육적입니다', '꿈을 꾸는 것은 잠을 충분
히 잘 자는 것', '낮잠 시간 1시간', '빠져도 되지만 빠지기 싫어지는 학교.
개근하는 학생이 없도록 하겠습니다' 이런 정책들이 있었어요. 2010년
에는 경기도학생인권조례가 추진되고 있었기 때문에 전국에 학생인권
조례를 확대하겠다고도 이야기했어요. 2008년에 비하면 더 구체적이고
짜임새 있었어요.

광장에서 많은 사람들이 정치적인 의견을 표현하고 나누던 2008년
에 비해서 2010년의 외적 조건은 더 어려워졌다. 서울이 아닌 지역에서

는 광장의 역할을 해야 하는 언론으로부터 외면받는 일도 많았다. 특히 2010년에는 전국적으로 치러지는 지방선거에서 교육감을 뽑다 보니, 실제 선거에서 누가 이길지에 더 많은 관심을 가졌고 청소년들의 참여 요구 활동은 크게 주목받지 못했다.

기호 0번 청소년 후보의 선거 포스터.

난다 수원에서는 수원 선관위에 찾아가서 기자회견을 했는데, 기자가 한 명도 안 왔어요. 그 뒤로 다른 것을 할 때도 기자가 오는 걸 한 번도 못 봤어요.

난다는 기호 0번 운동이, 청소년의 존재가 있음을 말하는, 정치라는 영역에서 청소년의 존재를 망각하지 말라는 사회적 문제 제기였다 평했다. 청소년의 정치가 단순히 청소년 참여 기구나 학교가 아닌 영역에서도 보장되어야 한다는 담론의 확장 역시 이야기했다. 투표 연령을 하향하라는 주장 대신 기호 0번 청소년 후보가 내건 "뽑지 못하기 때문에 출마했다"라는 구호는 어찌 보면 엉뚱했지만 때문에 더욱 포괄적으로 청소년의 참정권에 대해 이야기할 수 있었다. 몇 살부터 투표를 할 수 있어야 한다는 식의 접근이 아니라 모든 학생들은 교육의 주체이고 청소년도 정책과 선거에 대해 말하고 참여할 수 있어야 한다는 메시지를 전한 운동이었다.

난다 기호 0번 운동은 '우리가 여기 있다'라는 걸 알리는 활동이었어요. 왜 자꾸 우리를 까먹느냐고요. 청소년이 여기 있다고 사회적으로 말하는 것이죠. 사실 그 전에도 청소년의 정치적 권리에 대한 주장은 있었지만, 그것을 실천해 본 적은 없잖아요. 기호 0번 운동으로 청소년의 정치적 권리가 실현되거나 현실이 바뀌는 변화를 만들어 낸 것은 아니지만 정치적 권리를 실천해 본 것 같아요. 그리고 단순히 '독특하고 재미있는 아이디어다'라는 수준을 넘어서, 기호 0번 청소년 후보가 냈던 자료들이 담론을 축적하는 기능을 했어요. 예를 들면 청소년들이 학교 운영이나 정책 결정에 일상적으로 참여할 수 있는 통로를 마련해야 한다든지, 선거운동이나 정치적 의사 표현을 할 자유가 있다든지 그런 아이디어들이요. 정치적 권리라는 측면에서 지평을 넓힌 운동이라고 생각해요.

정치적 권리의 확장이라는 측면에서 교사운동과의 접점을 발견하기도 했다. 2010년 정부가 민주노동당 가입 및 후원 교사 134명을 파면·해임하겠다고 발표하면서 교사의 정치적 권리 또한 뜨거운 감자가 되었기 때문이다. 기호 0번 운동은 이를 부당한 탄압과 징계라고 일축하기보다, '교사의 정치적 권리가 제대로 보장되지 않는 것은 청소년의 정치적 권리를 제도적으로 보장하지 않고 있기 때문'이라는, 보다 섬세하고 근본적인 접근을 시도했다.

난다   전교조 교사들이 민주노동당에 가입했다고 탄압당할 때 우리는 교
사들의 정치적 권리가 탄압받는 것이 청소년에게 정치적 권리가 없는
것과 연결되어 있다고 이야기했어요. 교사들의 정치 활동을 금지하는
명분이 청소년들이 미성숙하다는 거잖아요. 교사들이 정치 활동을 하
면 청소년들이 영향을 받을 테니까 교사들도 금지해야 한다는 논리죠.
그런데 청소년들이 그렇게 미성숙하냐, 청소년도 충분히 정치적인 생각
을 하고 행동을 할 수 있다, 그러니까 교사들의 정치적 권리를 제한할
이유가 없다, 이런 이야기들을 하려고 했죠. 그런데 정작 교사들은 그런
부분을 크게 신경 쓰지 않았어요.

교육감 선거를 통해 청소년의 참정권 문제에 접근하면서 생기는 한계
또한 아쉬움으로 남았다. 교육감 선거라는 특수성을 활용하려다 그 특
수성에 갇혔기 때문이다. 난다는 '청소년들이 그래도 교육감 선거에는
참여할 수 있어야 되지 않겠냐'고 말하는 것에 문제의식을 가져야 한다
고 이야기했다.

난다   처음에는 "청소년이 교육의 주체이므로 교육감 선거만이라도 참여
할 수 있게 법, 제도가 바뀌어야 하지 않느냐, 실질적 참여를 보장해라"
하면서 청소년의 참정권을 교육의 영역에 맞추어 이야기했어요. 그런데
청소년이 교육의 당사자이고 교육이랑 연관되어 있다고 주장하다 보면
청소년을 교육의 영역으로만 한정시키면서 한편으로는 다른 영역으로
나아가지 못하게 만드는 것 아닌가 고민되더라고요. '청소년은 학생들이
라서 교육 분야에서 더 중요하다, 더 고려해야 한다'라고 이야기하면 어

른의 영역, 학생의 영역을 구분해서 교육 외의 다른 영역에 대해서는 '어른들의 영역이다, 학생들이 뭘 안다고'라고 치부될 수 있잖아요. 동시에 이런 주장이 탈학교 청소년이나, 교육이랑 상관없는 삶을 살아가는 청소년의 존재를 가리는 것 같기도 하고요. 당시에는 교육감, 그러니까 교육의 영역이라도 먼저 참여해야 한다는 생각이 있었는데, 지금은 그런 생각이 확실히 바뀐 것 같아요. 교육 외의 문제에도 청소년들이 참여할 수 있어야 해요.

경기도학생인권조례, 인권 캠프, 활동의 기억과 고민들

난다는 청소년운동을 한 기간이 긴 만큼 그 경험과 기억도 다채롭다. 기억에 남는 활동이 있냐고 묻자 "추운데 일제고사 반대 거리 농성을 하고, 일제고사 반대 활동 때 교과서를 찢었던 것, 학생의 날이나 입시폐지대학평준화국민운동본부 등이 기억나지만 역시 2008년이 가장 기억에 남는다"라고 이야기했다. 그중에 가장 대표적인 것은 경기도학생인권조례 운동이었다. 촛불 집회 이후, 경기도학생인권조례 제정을 공약한 김상곤이 경기도 교육감에 당선되면서 청소년운동에서는 '학생인권조례'가 화두로 떠올랐다. 난다는 경기도 지역에서 활동했기 때문에 경기도학생인권조례 제정 과정의 최전선에 서 있었다.

난다 　아수나로 수원지부에서는 2009년부터 경기도학생인권조례와 관련된 활동도 진행했고, 경기도학생인권조례 제정이 불투명하다고 해서 제정을 위한 서명도 받았어요. 제대로 힘을 모아서 경기도학생인권조례를 통과시켜야 하지 않겠냐고 하면서 학생 인권 이슈로 지역 단체들끼리 간담회도 추진해 보고, 학생인권조례를 전국 최초로 이야기하는 거라서 어떻게 잘 모아 볼 수 있겠냐고, 지역의 시민단체들에 제안서도 뿌렸어요. 이름도 만들었죠. '학생인권조례제정을위한경기지역네트워크'였나. 형식적으로 모여서 하긴 했는데, 결국 청소년 단체들 중심으로 거리에서 청소년과 시민들에게 학생인권조례를 지지하는 서명도 받고 했어요.

이 과정에서 부딪혔던 것은 학생 인권에 대한 운동 단체들의 무관심이었다. 학생인권조례 제정에서 가장 든든한 힘이 된 것은 역시 아래에서부터 활동하고 목소리를 냈던 여러 학생 당사자들의 존재였다.

난다   경기도학생인권조례 제정 과정에서 꾸려졌던 학생 참여 기획단 학생들이 서명을 엄청 많이 모아 줬어요. 학생 참여 기획단 학생들이 공청회에 나가서 학생 패널로 발언도 했어요. 한번은 학생인권조례에 대한 찬반 패널 토론을 했거든요. 학부모도 찬성/반대 각각 한 명씩 있고, 교사도 찬성/반대 각각 한 명씩 있는데, 학생만 한 명 있었어요. 학생 패널의 토론문 원고는 완전 이상했어요. 학생인권조례 반대에 가까운 의견이었는데, 그러니까 통과되는 것이 꼭 좋다고 볼 수 없다는 글이었어요. 근데 그분이 한참 이야기하다가, "이건 제 생각대로 쓴 게 아니다"라는 폭탄 발언을 했어요. 선생님이 양비론적으로 쓰라고 했다는 거예요. 그리고 자신은 학생 인권 보장이 꼭 필요하다고 생각한다고 했어요. 그때 소름 돋았어요.

학생 인권 관련 활동의 경험은 이후에 인권 캠프 등 각종 인권교육의 자리로 이어졌다. 아수나로를 비롯한 인권/교육 단체들이 연계하여 '별 캠프', '학생 인권 밀어서 잠금 해제', '학생 인권 마시쩽' 등 튀는 제목으로 방학 때마다 학생 인권 캠프를 열곤 했다. 경기도학생인권조례 통과 이후에는 경기도 지역에서 학생 인권 등을 주제로 한 교육과 캠프가 더 활발하게 기획됐다. 난다는 학교를 그만둔 뒤에도 2012년까지 거의 매해 청소년 인권, 학생 인권 캠프를 준비하고 교육을 기획하고 직접 진행하는 활동을 했다. 그리고 2013년부터 청소년 활동가 말고도 '인권교육 활동가'라는 직함을 가지게 되었다. 2013년 10월 '인권교육 온다'라는 단체에서 활동을 시작한 것이다.

지속 가능한 청소년운동을 위해

인권교육 온다는 수원 지역의 오래된 인권 단체인 다산인권센터가 인권교육 활동을 더 강화시키고자 별도로 독립시킨 단체였다. 인권교육을 전문적으로 하는 단체이기도 했지만, 경기도학생인권조례에 관한 활동을 비롯해 청소년 인권 관련 활동을 도맡아서 하는 단체이기도 했다. 다산인권센터에서부터 활동해 왔던 난다는 인권교육 온다에서 자신이 하던 청소년운동의 의제와 입장, 감수성을 최대한 이어 가려 했다. 활동은 재미있었다. 나름대로 열정을 갖고 임하기도 했다. 하지만 그의 주된 정체성인 청소년 활동가의 감수성을 가지고 인권교육 온다에서 활동하는 것이 점차 힘들어졌다.

난다 청소년 활동을 하는 제 정체성과 다른 활동가들의 감수성이 잘 안 맞았어요. 예를 들면 다른 활동가들은 대학교 때 다들 학생운동 경험이 있어서 서로 선배, 후배로 부르고 뒤풀이나 술자리에서 계속 학생운동 때 이야기를 하곤 했어요. 다들 결혼해서 자녀가 있으니까 부모의 입장에서 이야기를 하는 것도 불편했어요. 저는 자녀의 입장이거든요. 그게 촉발된 게, 세월호 운동의 메인 구호에 대해서 이야기를 나눌 때였어요. 세월호 참사 때 대부분의 사람들이 희생된 청소년들에게 애도를 표하기 위해 "지켜 주지 못한 꽃다운 우리 아이들" 이런 표현을 썼어요. 탈핵 운동 같은 경우에도 "우리 아이들에게 핵 없는 세상을!" 같은 구호를 쓰잖아요. 이런 표현들은 청소년운동에서 끊임없이 불편하다고 문제를 제기했던 것들이거든요. 세월호 참사나 핵발전소 같은 것은 모두에게 중요한 문제인데 비청소년들은 청소년을 보호할 대상이나 희생자로만 보면서 '지켜 주는' 입장에만 서려고 하잖아요.

세월호 문제에서 서로 다른 입장을 확인하면서 앞으로 이런 이야기를 더 해 나갈 수 있을지 고민이 됐어요. 설득해서 받아들여진다면 할 수 있을 것 같은데, 이야기를 미루니까 더 이상 지속하기 어려워졌어요. 다른 조직에 비하면 평등한 문화였지만 그 속에서 계속 상반된 입장을 밝히면서 일을 해 나가기가 힘들었어요.

이는 다른 청소년 활동가들도 종종 겪게 되는 일이다. 자신의 주된 운동인 청소년운동은 상근자 한 명도 제대로 두지 못하고 있는 실정이어서, 조금 다른 운동의 상근직을 통해 생계를 이으려 하지만 그 속에서 어딘지 모를 서걱거림, 혹은 감수성의 미끄러짐을 경험하고 마는 것

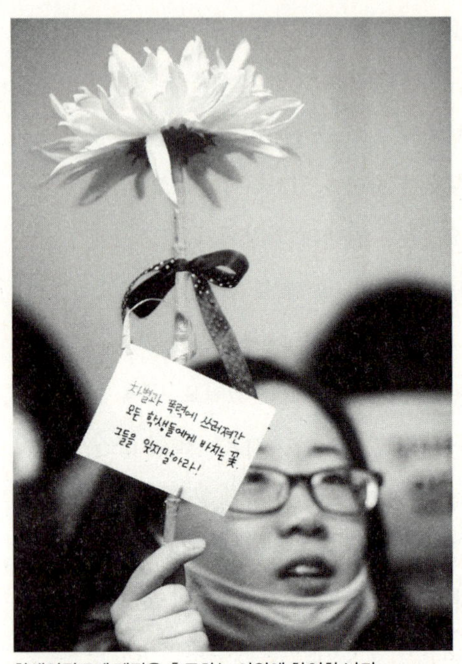

학생인권조례 제정을 촉구하는 시위에 참여한 난다.

이다.

난다는 현재 자신을 백수라고 소개한다. 아수나로, 청소년활동기상청 활기에서 활동은 이어 가고 있지만 소득이 없기 때문이라고 했다. 청소년운동의 불안정한 기반은 아직 해결책이 보이지 않고 있다. 이러한 상황을 해결할 수 있을지, 어떻게 하면 될지 이야기를 나눠 봤지만 허무한 답밖에 나오지 않았다. 건물주가 된다거나, 로또가 된다거나. 하긴, 그런 방법을 알면 진작 우리 삶부터 챙겼을 것이다. 이런 청소년운동의 오랜 고민거리는 10여 년이 넘는 청소년운동 역사 속에서 이제야 좀 더 본격적으로 고민이 되고 길을 모색하고 있는 단계이다.

난다 제가 경험하고 있는 생계나 활동에 대한 불안함을 해소할 수 있는 돌파구가 있으면 좋겠어요. 수원에서 아수나로 활동에 올인 하면서 집에서 탄압받고 있는 10대 활동가를 보면, 활동가의 생활 기반을 탄탄히 만들어 주고 싶어요. 먹고살 길이 막막하니까 사람들이 떠나게 돼요. 이런 사람들이 안 떠나도록 하려면 뭔가 기반이 있어야죠.

난다는 청소년 활동의 물적 기반과 더불어 인적 성장 역시 고민하고 있었다. 단일 의제를 장기적으로, 기동성 있게 짊어지고 움직일 수 있는 그룹이 있으면 좋겠다고 했다. 사람도 좀 더 많아지면 좋겠다고 했다. 생계나 가정의 압력 때문에 활동을 떠나거나 혹은 '청소년기'를 지나면 다른 곳으로 떠나는 사람도 꽤 많은 청소년운동의 특성상 언제나 사람이 부족하기 때문이다.

그렇게 여력이 생기면 해 보고 싶은 것이 〈청소년보호법〉 폐지 운동이다. 〈청소년보호법〉은 그 이름에서 연상되는 것과는 달리 청소년들을 폭력이나 위험으로부터 보호하는 것이 주된 내용이 아니다. 청소년들을 '유해물'로부터 보호한다고 하면서, 문화 콘텐츠들에 대해 연령 심의를 하고 청소년들의 게임 접속을 차단하면서 청소년들을 단속, 지도하는 것이 주된 내용이다. 물론 사람들을 건강에 안 좋은 약물과 환경 등으로부터 안전하게 만들 필요는 있지만, 청소년만을 집어서 '이런 영화는 청소년이 보기에 안 좋으니까 보지 마'라는 식으로 규제하는 것은 억압이라는 것이 난다의 생각이다. 난다는 문제 제기가 잘 이루어진다면 "한국 사회를 뒤흔들 수 있을 것"이라 이야기했다.

난다 요즘 하고 싶은 건, 〈청소년보호법〉을 없애는 운동이에요. 〈청소년보호법〉을 정면으로 건드리는 순간 한국 사회를 뒤흔들 수 있을 것 같아요. 우리 사회는 청소년을 보호해야 할 대상이라고 계속 규정해 왔는데, 그 청소년들이 '너희가 말하는 보호는 잘못된 거'라고 거부하고 나서는 거니까요. 청소년운동이 아직 세상에 외친 적은 없지만, 지금 연구하고 있는 청소년 인권에 대한 다양한 이야기들을 사업으로 만들고 싶기도 해요. 이를테면 운동 단체들에 청소년 인권 교육을 보급한다거나 하는. 성 평등 교육은 단체나 기업에서 의무적으로 하는 문화가 만들어져 있는데 청소년 인권에 관해서는 그렇지 않잖아요. 모르는 곳에서는 크게 신경 쓰지 않는 의제예요. 이건 문제죠. 이걸 기동성 있게 사업으로 만들 수 있다면 참 좋을 것 같아요. 당장의 계획이라기보다는 바람이에요.

청소년운동을 접하고 고등학교를 박차고 나와 촛불 집회를 만나면서 난다의 삶은 다른 길로 접어들었다. 그리고 20대가 되어서는 인권교육 단체에서 활동을 시작한 지 2년여 만에 발길을 돌리고 앞으로의 삶을 고민하고 있다. 나이를 먹어서도 계속 청소년운동을 할 거냐고 묻는 사람들 앞에서, '청소년의 존재를 까먹지 말라'라고 이야기하고 싶다는 난다는 이제 청소년운동의 지속 가능성과 자신의 삶의 지속 가능성을 같이 고민하고 있다.

난다 아까 '청소년이 여기 있다는 것을 까먹지 말라'라고 이야기하는 것이 청소년운동의 목소리라고 했는데, 제 안에도 나의 청소년기를 까먹지 말자는 목소리가 있어요. 보통 청소년들이 겪는 문제를 별거 아닌 것으로 취급하잖아요. 정치인들도 청소년들을 어떻게 교육하고 길러 낼까만 이야기하지, 청소년들이 어떻게 살고 있는지, 행복한지 불행한지에는 관심을 두지 않아요. 시간이 지나서 어른이 되면 없어질 문제니까 참으라고 하고요. 경제 정책이나 교육 정책 같은 게 더 중요한 문제라고 하고 청소년들이 겪는 것은 모두에게 중요한 게 아니라고 하죠. 이런 부분에 반사적으로 감각이 발동하는 것 같아요. "우리 모두는 소중해", "들판에 핀 모든 꽃들은 아름다워" 그런 착한 말이 아니라, 사소한 문제로 치부되는 어떤 것들을 중요한 문제로 취급하고 별 볼 일 없는 이야기나 별거 아닌 사람들의 말에 좀 더 집중하는 태도, 그런 관점을 가지게 된 것 같아요.

난다는 언제까지 청소년 활동가로서 계속 고민하고 살아갈 수 있을까. 앞으로 몇 년? 아니면 정말 평생? 어느 쪽이든 괜찮다는 생각이 들었다. 난다가 촛불 집회에서부터 지금까지 걸어온 길과, 지금도 계속하고 있는 여러 고민들이 가치 없는 것이 될 리는 없을 테니까 말이다.

일제고사만 나쁜가요?

윤가현(꽥쉰내)

글 둠코

누군가 일제고사에 대해서 기억나는 게 뭐냐고 내게 묻는다면, 일단 엄청 추웠던 날씨와 어마어마한 양의 전단지, 서울시교육청 정문이라고 답할 것이다. 이번에 소개할 윤가현은 그 모든 장면에 함께 있었던 이다. 일제고사가 시작되기 조금 전인 2008년 청소년운동을 처음 접한 그는 활동하던 기간의 대부분을 일제고사 반대 운동과 함께했다. 일제고사 반대 운동은 2008년 10월, 12월, 그리고 다음 해 3월, 7월로 이어지는데, 윤가현는 그중 세 번의 반대 운동을 함께했다.

윤가현 이름은 윤가현이고, 당시 활동명은 꽥쉰내예요. 2008년 광우병 촛불 집회에 나가면서 전국청소년학생연합(전청련)이란 단체에 가입하게 됐고, 그때부터 청소년운동을 하게 됐어요. 당시에는 그게 청소년운동인지도 모르면서 너무 재미있고 신기해서 하게 된 거예요. 거기서 하는 말들도 다 맞는 말 같았고요.

그가 청소년 인권 운동을 접하게 된 계기인 촛불 집회와 전청련에서의 활동에 대해 더 자세히 물었다. 그러다 보니 일제고사 반대 운동 이야기는 시작도 않고 촛불 집회 때의 기억만 한참을 들추었다.

윤가현 제가 고등학교 때 교회에 다녔는데, 전도사님이 "가현아, 나랑 같이 촛불 집회 가 볼래?" 이러는 거예요. 거기가 되게 진보적인 교회였어요. 그래서 전도사님 따라 집회에 한 번 가고, 다음에 학원 친구랑 한

번 가고, 그다음에 청소년들이 나왔다고 하니까 인터넷을 찾아봤죠. 그
러다 전청련 카페를 찾은 거예요.

　전청련에 가입하면서 주기적으로 촛불 집회에 참여하게 되었다. 촛불
집회에서는 집회에 온 사람들끼리 함께 모여 앉아 이야기하고 공부하
는 자리가 종종 생겼는데, 윤가현은 그런 자리의 분위기가 좋았다.

윤가현　집회하다가 밤을 샐 때가 있었어요. 그럼 길바닥에 앉아서 정치
에 대한 이야기도 하고 뉴스 기사 이야기도 하고 그랬어요. 이론적으로,
그러니까 경제학 같은 거 가지고 설명하는 사람들도 있었어요. 그럼 그
런 거 듣고 공부도 하고 토론도 하고 그랬죠. 나보다 한두 살 많거나 어
린 친구들도 나이에 상관없이 같이 이야기하는 게 신기하고 재미있었
어요. 새로운 사람들이랑 친해지는 것도 좋았고요. 당시에는 정권이나
미국산 쇠고기에 대한 문제의식도 있었지만, 의경이나 전경이 집회를 진
압하는 데 대한 문제의식이 더 컸어요. 왜 자꾸 막나, 왜 자꾸 때리나 이
런 의문이 들었고, 그런 국가 폭력 때문에 집회에 계속 나가게 된 것 같
아요. 거의 집회 있을 때마다 나가서 전청련 사람들을 만났어요.

　촛불 집회에는 많은 청소년들이 있었지만 그럼에도 불구하고 동등한
운동의 주체로 대우받지는 못했다. 대개는 '기특하고 희망찬 미래'라고
생각하거나, 커피 심부름이나 하는 아랫사람, 심지어 어린 나이를 무기
로 전경 앞에 내밀 수 있는 방패막이로 여겨지기도 했다.

윤가현　촛불 집회에 자주 나왔던 청소년들이라면 한 번씩 어른들이 내민 돈을 받았던 기억이 있을 것 같아요. 촛불 시민들이 "밥이라도 먹어라"라면서 돈을 조금씩 주셨거든요. 전청련 같은 경우에는 '안티MB'라는 단체에서 지속적으로 챙겨 주고 밥도 사 주고 그랬어요. 돈을 받아서 좋았다기보다는, 돈이 없어서 집회에 못 나갔는데 나갈 수 있게 되고, 가서 굶는 대신 밥을 먹을 수 있게 된 거죠. 하루는 인터넷 방송으로 촛불 집회 현장 중계를 보는데, 전청련 친

윤가현

구들이 대오 앞에서 스크럼을 짜고 있는 거예요. 전화해서 왜 그러고 있냐고 물어봤더니, 어른들이 청소년들은 잡혀 가도 훈방되니까 하라고 했다는 거예요. 실제로 그날 연행이 됐어요. 너무 황당했죠. 촛불 집회 막바지에는 정말 대놓고 이용하려고 하는 움직임도 많았어요. 청소년들을 모아서 전경들을 때리고 다니는 단체를 만들려는 사람도 있었고요.

2008년 촛불 집회 이후, 전청련은 지속적으로 청소년 의제를 다루는 운동으로 발전하지 못한 채 사라졌다. 여러 의견을 가진 사람들이 모였고, 단체의 목적이 불분명한 상태였기 때문이다. 청소년운동을 지속하고 싶었던 이들은 전청련에서 나와 개인적으로 청소년 인권 활동에 결

합하게 됐다. 윤가현도 그런 이들 중 하나였다.

윤가현 누군가는 전청련을 청소년 인권 운동이나 교육운동의 주체로 만
들고 싶어 했어요. 그런데 단체가 그 방향으로 나가는 건 실패했죠. 그래
서 그런 의지가 있는 개인이 일제고사나 교육감 선거 같은 이슈에 사람
들을 데리고 갔고, 그런 식으로 전청련은 개인을 남겼던 것 같아요.

그렇게 윤가현은 전청련을 뒤로한 채 청소년 인권 운동에 본격적으
로 참여하게 된다. 일제고사 반대 운동에 전청련이 단체로 함께하기를
바랐지만, 단체의 합의가 어려운 상황에서 그녀는 친했던 개인들에게
청소년 인권 운동을 소개하고 함께하는 방식을 택했다.

2008년 가을, 겨울, 그 다음 해 겨울

국가수준학업성취도평가, 일명 일제고사는 2008년부터 시작되었다.
전국적으로 대상 학년이 같은 문제를 가지고 동시에 치르는 시험. 학교
간, 학생 간의 경쟁이 심화될 것은 불 보듯 뻔했다. 이전에도 학업성취
도평가가 없었던 것은 아니다. 그러나 이는 학생들의 전반적인 수준을
알아보기 위한 목적으로, 일부 학생들만 '표본'으로 삼아서 실시했다.
이명박 정부는 이를 표본을 두고 하는 '표집'이 아니라 '전집', 즉 전체
학생들이 다 치러야 하는 시험으로 변경했다. 이는 해당 학년의 모든
학생들이 같은 날 같은 문제로 시험을 본다는 것이었고, 하려고 들면
전국 등수도 낼 수 있다는 이야기였다. 단위 학교도 일제고사 결과가

학교정보공시제, 학교선택제와 맞물려 학교를 줄 세우는 재료로 쓰일까 봐 전전긍긍했다.

이에 2008년부터 교육 단체들과 청소년 단체들은 일제고사에 반대하는 투쟁을 시작했다. 일제고사는 2008년 이후 여러 번 시행되었고, 따라서 일제고사에 관한 투쟁도 여러 번에 걸쳐 있었다. 때문에 윤가현이 함께했던 세 번의 일제고사 투쟁 기억은 한데 뭉쳐 있었다. 그래서 당시 함께 활동한 공현과 내가 달려들어서 조각조각을 맞춰 재현하며 인터뷰를 진행해야 했다.

> **윤가현** 고등학교가 보통 5~6시에 끝나잖아요. 그럼 학교 끝나고 'Say-no' 회의를 하러 가요. 주로 서울 충정로에 있는 진보교육연구소에서 회의를 했는데, 학교에서 충정로까지 1시간이 좀 넘게 걸렸거든요. 그럼 가서 회의를 하고 집에 와서 자고, 다음 날 아침 일찍 학교를 가고 끝나면 또 회의를 갔어요. 그때 진짜 왜 그랬나 싶을 정도로 열정적이었어요.

2008년 가을, 일제고사 반대 청소년 모임 'Say-no'가 만들어졌다. 단체와 개인이 모인 연대체였다. 이 모임에서는 여러 차례에 걸쳐 다양한 방식으로 일제고사 반대 투쟁을 진행했다. 첫 시작은 2008년 10월의 일제고사였다.

> **윤가현** 활동 방향을 정하면서 논쟁하던 기억이 나요. 한쪽에선 시험 자체를 거부해야 된다고 하고, 다른 쪽에서는 거부 말고 다른 단어를 써야 된다고 하고. 제 기억엔 따이루가 엄청 강경했어요. 학교를 가지 말아야

된다고 주장했고, 그래서 진짜 학교를 가지 않는 스케줄을 짰죠.

Say-no에서는 일제고사를 반대하는 청소년들이 시험을 거부하는 등교 거부 액션을 중심으로 활동을 진행했다. 당시 등교 거부를 진행하게 된 배경에는 2008년 5월에 청소년들 사이에 돌았던, "학생 시위- 5월 17일 전국 모든 중·고등학생들 단체 휴교 시위"라는 내용의 촛불 집회 참석 독려 문자의 영향도 있었다. 2008년 촛불의 분위기가 남아 있던 때, 학생들 사이에서 등교를 거부하고 저항하는 것이 아주 낯선 일은 아닐 거라는 판단이 있었던 것이다. 당시 전교조에서는 학생들에게 일제고사 선택권을 안내하고 시험 당일 체험학습 신청을 조직하는 투쟁을 벌이고 있었는데, 청소년들의 투쟁은 이와는 조금 결을 달리했다.

공현 체험학습이라는 것이 결국은, 일제고사는 안 보지만 선생님들의 인솔하에 학습을 잘하겠다는 의미잖아요. 이것 자체를 비판하려면 우리가 등교 거부를 해야 한다는 이야기가 나왔죠. 희망(21세기청소년공동체희망)에서는 등교 거부는 동의하지 않는다며 같이하지 않았어요.

윤가현 맞아 맞아. 그때 우리가 시위 대신 잠자고 먹고 노는 거 하겠다고 교육부 앞에서 돗자리 깔고 소풍 나온 것처럼 놀았던 기억이 나요. 2008년 10월에 일제고사를 거부한다고 한 청소년들, 청소년 단체 활동가들이 교육부 앞 인도에서 기자회견을 하고, 그 자리에 그대로 돗자리를 폈어요. 그리고 뭐 특별한 걸 한 게 아니라 정말로 같이 간식 먹고 누워서 자고, 그런 걸 퍼포먼스라고 주장하면서 했죠. 진짜로 기자들이 돗

2008년 10월 Say-no에서는 일제고사를 반대하는 청소년들이 시험을 거부하는 등교 거부 액션을 중심으로 활동을 진행했다.

자리에서 잠자는 청소년을 사진 찍어서 '퍼포먼스 중'이라고 기사를 냈어요.

이듬해 2009년 1학기 일제고사를 앞두고는 농성과 함께 학생들에게 오답 선언을 받는 캠페인을 진행했다. 일제고사가 전국적으로 학생의 학력을 측정하겠다는 명목하에 만들어진 시험이니만큼, 의도적인 오답으로 측정 결과의 공신력을 없애고, 작게나마 청소년들이 실천할 수 있는 시험 거부 액션을 마련한 것이다.

윤가현 그때 서울시교육청을 점거하자는 얘기가 나왔다가 결국에는 교육청 앞에서 농성을 했어요. 그게 20년 만에 하는 청소년 농성이라고 하더라고요. 일제고사 해직 교사들도 옆에서 같이 농성하고요. 저희가 농성할 때 오답 선언 캠페인을 했거든요. 일제고사가 성적에 안 들어가니까 막 찍어도 되고 안 봐도 되는 시험이라고 설명했어요. 반응도 좋았고 서명도 정말 많이 했어요. 등교 거부까지는 못 하더라도 '의미 없는 시험에는 오답을 써도 되는구나', '이건 못 봐도 되는 시험이구나' 하고 생각하게 되는 계기가 됐어요.

공현 원래 2009년 3월 10일이 일제고사여서 2월 말부터 3월 10일까지 20일만 농성을 하며 버티자 했는데, 그 당시에 앞서 치러진 일제고사 때 이루어진 부정 행위들이 속속 밝혀지면서 시끄러웠어요. 전국 각지에서 자기 지역, 자기 학교 성적을 높이려고 학생들에게 시험 문제의 답을 알려 주거나 답안지를 조작하는 데 교육청까지 개입한 사실이 알려지면서 일제고사에 대한 신뢰도가 바닥에 떨어진 거예요. 그러니까 교육부에서 대책을 마련한다고, 참 야속하게도 일제고사를 3월 31일로 연기했어요.

윤가현 맞아 맞아. 그래서 농성 기간이 엄청 늘어났고, 일제고사 반대 집회 날짜가 3월 10일로 적혀 있는 전단지 2만 장에 진부 스티커를 붙여서 수정했어요. 아, 그때 너무 춥고 힘들었어요.

2009년 3월의 교육청 앞 농성 투쟁을 지나면서 Say-no는 하강세로 접어들었다. 소수의 활동가들이 무리한 일정으로 움직였던 만큼 농성이 종료되자 모두가 뻗어 버린 것이다. 2009년 하반기부터는 별도의 등교 거부 액션 없이 전교조와 함께 체험학습을 진행하는 운동 방식을 택했다.

윤가현 제가 그때 고3이었는데 수능 거부를 못 하고 결국 수능을 봤어요. 수능이 끝나고 이제 활동을 할 수 있게 되었다고 기뻐했는데 그 후에도 활동을 하지는 못했고요. 그래서 사실상 2009년 상반기가 제 청소년운동의 마지막이었던 것 같아요. 그렇게 청소년운동을 접었죠.

윤가현이 청소년운동을 떠나 있던 시기인 2010년 7월에 청소년운동 진영은 일제고사 관련 집회를 한 번 더 열었다. 일제고사 반대와 교원평가제 반대를 주 요구로 걸었던 그 집회는 주요 일간지의 1, 2면을 장식했다. 그 이후 청소년운동은 일제고사 반대 운동을 접었다. 교육운동 진영 역시 진보 교육감이 대거 당선된 2010년 이후, 정책적 해결에 주력하며 운동의 동력이 사라졌다. 그리고 2012년, 초등학교의 일제고사는 폐지됐다.

공정한 시험은 없다

일제고사 반대 운동이라고 하면 보통 교사들의 투쟁으로 기억하는 사람들이 많다. 당시 세간의 관심 또한 학생들에게 일제고사 선택권을 주었다가 파면·해임됐던 '해직 교사'나 전교조가 중심이 되어 조직한 체험학습에 참가한 학생 수에 초점이 맞춰져 있었다. 하지만 청소년운동 진영의 일제고사 반대 운동은 단순히 교사들의 싸움에 힘을 보태는 것이 아니라 독자적인 목소리를 가지고 진행되었다.

윤가현 처음에는 굳이 왜 우리가 따로 해야 하나 하는 의견도 있었어요.

그런데 사실 체험학습은 담임이 그런 걸 지지하고 안내해 줘야 기회가 생기고 거기에 또 체험학습 신청서를 부모가 동의하고 써 줘야 할 수 있는 거잖아요.

공현 일제고사 반대 운동에서 항상 있었던 긴장이, 일제고사 반대와 거부를 정치적 운동으로서 정면으로 표면화할 거냐, 아니면 우리는 나쁜 시험이 아니라 좋은 교육, 체험, 문화 활동을 하겠다고 어필할 거냐 사이의 갈등이었죠. 청소년운동에서는 체험학습에 참여하는 것이 정치적인 활동인가 하는 의구심이 계속 있었어요. 교사나 학부모들의 정치적 행동에 청소년들이 가담하는 느낌이었고 무엇보다 체험학습은 청소년들에게 '다른 공부'를 시키겠다는 거였거든요. 결국 청소년들은 여전히 학습의 연장선상에 있는 거잖아요. 그런 것 때문에 체험학습에 같이 가는 게 꺼려졌던 것 같아요.

윤가현 맞아 맞아. 그때 그런 논의가 많이 있었어요. 저는 거기서 편 가르기를 하고 싶지 않아서 "교사가 할 수 있는 일은 교사가 해야 되는 거 아니냐"라는 의견을 냈던 것 같아요. 그런데 해직 교사들이 생긴 다음부터 '자기 자리에서 할 수 있는 최선을 다하면 저렇게 되는구나. 앞으로 교사들은 더 싸우기 힘들겠다' 싶어서 빨리 복직이 되게 하려고 출근 투쟁도 같이했어요. 아쉬운 건 있죠. 다 같이 더 강경하게 투쟁했어야 하는 건 아닌가 하는 생각도 들고.

일제고사 반대 운동을 진행하면서 청소년들에게 일제고사의 반인권적 측면을 설명해 내기 위해 많은 공부가 필요했다. 청소년운동 진영에서는 시험 자체에 대한 고민이 많았다. 윤가현은 농성장에 앉아서도 고

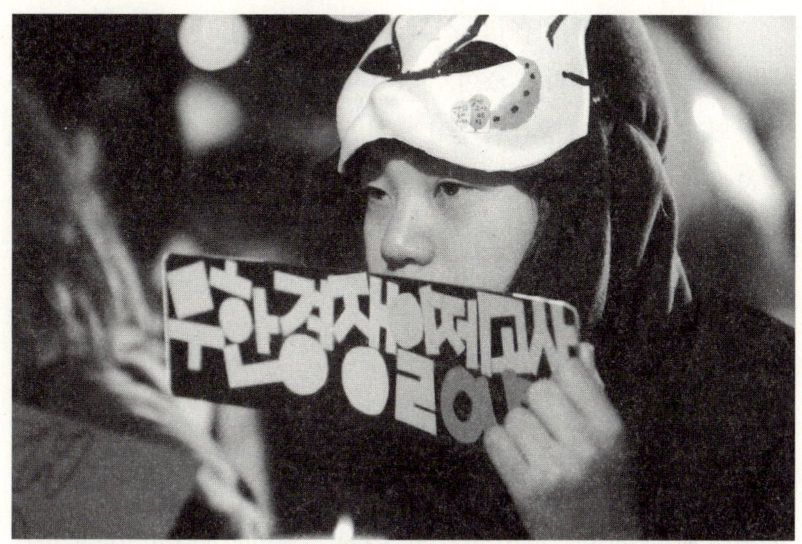

전국 초등학교 4~6학년, 중학생을 대상으로 일제고사가 치러진 2009년 3월 31일 저녁, 일제고사 폐지를 촉구하는 촛불 문화제가 서울 종로구 보신각 앞에서 열렸다. 집회에 참가한 윤가현.

민의 끈을 놓지 않았다.

윤가현　일제고사 투쟁을 하면서 뭐든지 전문가가 돼야 했어요. 기자회견이나 농성장에서 피켓 같은 거 들고 있으면 언론사 기자들한테 인터뷰를 많이 당하거든요. 처음엔 힘들었어요. 시험이 어떻고, 표집·전집 평가가 어떻고, 학업성취도가 어떻고 하는 얘기를 해야 하니까. 농성장에 앉아서 전단지를 접으면서도 시험의 의미 같은 것에 대해 이야기를 많이 나눴어요. 그렇게 자꾸 하다 보니까 나중에는 인터뷰에서 진짜 능수능란하게 얘기하더라니까요.

윤가현은 일제고사가 어떤 시험인지, 혹은 일제고사를 거부했다는 이유로 교사를 해직하는 것이 정당한지에 대해서는 비교적 이야기가 많이 되고 사람들의 공감도 얻어 냈지만 청소년운동 진영에서 고민하던 시험 자체에 대한 문제의식은 제대로 공론화되지 못한 것 같다며 아쉬워했다. 학생들에게 정해진 시간 안에 혼자서 종이 위의 문제를 풀게 하고, 정답을 맞힌 것에 따라 점수를 매기고, 점수에 따라 등수를 매기는 그런 시험이 과연 교육적이고 필요한 것인가 따져 묻고 싶었다는 것이다.

윤가현 기사에는 우리가 무슨 말을 하는지도 잘 안 드러나고 맨날 체험학습 이야기만 나왔어요. 마치 전교조와 교과부의 싸움인 것처럼. 기사에도 체험학습에 참여한 학생 수가 적다고 비아냥대는 댓글만 많이 달리고요. 우리가 하는 말을 제일 잘 알아듣고 반응을 보인 건 청소년들이었어요. 물론 "이런 거 거부하는 애들은 공부 안 하는 애들 아냐?"라는 식의 부정적인 반응이 많긴 했지만. 캠페인을 하면서 하고 싶은 말도 절반밖에 못 한 것 같아요. "이 시험은 볼 필요가 없고 성적에 들어가지도 않는다. 학교별로 줄을 세워서 학교에 따라서 낙인 효과를 만든다" 이상의, 시험 자체에 대한 이야기를 못 했어요. 그러려면 평가의 의미에 대한 것도 다 건드려야 하니까요.

공현 그때 정말 짜증 났던 게 '나쁜 시험, 착한 시험'이라는 문구였죠. 착한 시험이 어디 있어요. 그리고 교육운동 진영이 계속 "이 어린 초등학생들까지 어떻게 시험에 내모냐"라고 강조했거든요. 그러면 중학생, 고등학생은 괜찮은 거냐고 반문하고 싶었어요. 사실 같은 거잖아요. 2009년에 진보교육연구소랑 전교조랑 진행했던 '평가를 평가한다'라는 토론회가 생각나요. 교육학에서의 평가의 의미, 평가와 진단의 차이에 대해 이야 기했는데, 일제고사뿐만 아니라 시험이라는 걸 통해서 평가를 한다는 것의 의미에 대해 근본적으로 검토할 수 있는 자리였어요. 거기서는 참 가자들이 다들 점수를 매기는 모든 평가가 문제라고 이야기해 놓고 정 작 활동으로는 체험학습을 진행하니까 말만 거창하다 싶었죠.

청소년운동 진영이 전반적인 시험에 대해 부정적인 시각을 가지고 있 었다면, 교사들의 온도는 그것과 좀 달랐다. 아무래도 전국 단위의 시 험이나 수능에 대한 비판 의식은 있었지만 학교 안에서 치러지는 중간· 기말고사 등의 시험에 대해서는 비교적 우호적인 편이었다. 5지선다형 시험을 반대하는 교사들도, 학생의 발달 정도나 성취도를 교사들이 평 가할 자율권은 줘야 하지 않느냐는 입장이 많았다.

윤가현 Say-no 내부에서는 수능이나 중간·기말고사도 똑같이 문제라는 이야기가 나왔죠. 학생들을 줄 세우고 경쟁으로 내모는 건 같으니까. 그 런데 우리는 왜 일제고사를 더 나쁘다고 하는 것인지, 이렇게 말하는 게 맞느냐는 고민도 있었고요. 사실 그 영향으로 2011년에는 청소년 쪽 에서 중간·기말고사까지 다 폐지하라는 슬로건도 집회에서 걸고 그랬 어요.

그래도 여전히 '공정한 평가'는 필요하다고 말하는 사람들이 많았다. 소위 진보적이라고 생각하는 사람들 중에도 많은 이들이 이렇게 생각

2008년 10월 23일 전국 중학교 1~2학년 대상의 일제고사가 실시된 날, 서울 종로구 보신각 앞에서 일제고사 반대 집회가 열렸다. 사진은 집회에 참여해 율동 공연 중인 윤가현(왼쪽)의 모습.

할 것이다. 룰의 공정성만 보장된다면 차별적인 대가가 주어지는 것은 당연하다고 생각하는 사람들. 하지만 윤가현은 무엇이 공정한 것인지에 대해 고민해 봐야 한다고 말했다.

윤가현   어떤 게 공정한 건지에 대해 고민을 많이 해 봐야 돼요. 출발선만 같으면 그게 공정한 평가라고 이야기하는데, 아니라고 생각해요. 저는 어릴 때 학원을 항상 다녔거든요. 학원을 다니지 못하는 친구들은 '고등학교 졸업하면 뭐 하지' 이런 고민을 항상 했어요. 시험에 대한 압박감도 그런 데서 오는 것 같아요. 집에서 얼마나 학원비를 많이 대 줄 수 있느냐가 시험 점수를 결정하잖아요. 시험이란 건 공정하지 않다고 생각해요. 공정한 결과가 나오지도 않고요. 시험이 나쁘다는 걸 모르는 건 아니지만, 그래도 미래에 대한 불안감 때문에 시험을 잘 보면 미래가 안정될 거라고 생각하는 건데…… 친구들의 죽음을 몇 번 겪으면서 그게 아니라는 확신이 생겼어요. 이렇게까지 상처를 받거나 아프면서 시험을 볼 필요가 있을까. 좀 더 예쁨받는 친구에 대한 시기나 질투심이 생기면 그게 학교생활을 엉망으로 만들잖아요. 시험이 없어진다고 그런 게 완전히 사라지지는 않겠지만 지금처럼 죽음에 내몰리는 일은 없어질 거라고 생각했어요. 시험으로 줄 세우지 않고도 배움이 가능하다는 걸 보여주는 외국 사례도 많이 이야기했죠.

활동하면서 학교 밖에서 얻는 배움이 커질수록 윤가현에게 학교는 점점 더 의미를 잃어 갔다. 학교는 일단 너무 재미가 없었고, 평가당하는 것, 비교당하는 것, 삶을 벼랑으로 내모는 것이 싫었다.

윤가현   저는 그냥 재미있고 해야 될 것 같고 필요한 거라고 생각해서 청소년운동을 하게 된 경우라, 일제고사 투쟁을 하면서 이것저것 많이 생각하게 됐어요. 청소년의 의미에 대해서도 생각하고 어른들은 왜 우리가 판단 능력이 없다고 생각하는 건지, 청소년이라서 차별받는 것들은 무엇인지에 대해서도 생각하고요. '학교는 있어야 돼 없어야 돼?' 이런 질문도 하고. 저는 학교가 사라지길 바랐어요. 평가하는 게 싫었거든요. 그래서 2008년 이후로는 학교에 잘 안 나갔어요. 제가 활동하는 게 학교에 소문이 나서 기사 난 거 가지고 교사가 비아냥거리고, 담임은 자기가 엄청 진보적이라면서 '너를 다 이해하는 어른'이라는 식으로 얘기를 하는데 제가 봤을 때는 다른 어른들이랑 똑같은 거예요. 그게 싫어서 학교에 더 안 갔어요. 그렇게 학교를 졸업했죠.

일제고사가 교육 현장에 끼친 영향은 사실 꽤 컸다. 일제고사 성적을 올리기 위해 초등학교까지 강제 야자가 생기고, 일제고사 성적에 대한 학교 관리자의 압박이 가해지면서 학생들의 삶은 더 팍팍해졌다. 그러면서 청소년운동에서도 일제고사를 둘러싼 싸움을 더 중요하게 생각하게 됐다. 그 안에 있던 윤가현에게 이 활동은 왜 중요했을까.

윤가현 어떤 시험을 거부한다는 거, 그걸 청소년들이 직접 한다는 게 의미가 컸어요. 그리고 저는 일제고사 거부가 수능 거부와 같은 의미를 가진다고 생각했어요. 고등학생이었던 제 입장에서는 일제고사라는 시험이 사실 별거 아니라는 생각이 있었거든요. 모의고사를 매달 보는데 시험 하나 더 늘어나는 게 별거였겠어요. 근데 그런 생각에 대해서 일제고사 반대 운동이 큰 전환점이 됐어요. 누군가에게는 시험 한 번이 엄청난 스트레스고 나한테도 사실 그랬던 건데, 이렇게 시험을 하나씩 없애 가면 나중에는 수능을 거부할 필요도 없는 날이 오는 건 아닐까, 그런 생각을 했던 것 같아요.

일제고사 반대 운동 그 이후

윤가현은 부모님의 바람 때문에 수능을 봤다. 그는 수능을 봐야 한다는 것이 정말 힘들었다고 했다. 하지만 대학에 진학하지는 않았다. 그 후 몇 번이나 가출을 하고 방황했다.

윤가현 대학을 가야 한다는 게 진짜 너무 싫어서 개기고 개기고 또 개기고……. 수능 본 다음에 대학 원서 쓰는 기간에는 아예 집을 나갔어요. 결국 대학엔 안 갔고, 스무 살 이후에도 서너 번은 가출했죠.

가출 이후 친구 집에 잠시 머물다가 어느 사회단체 활동가들과 함께 살게 됐다. 자연스럽게 그 단체에 들어갔지만 그곳의 수직적인 조직 문화는 그를 못 견디게 했다.

윤가현 우리는 처음 만나면 존댓말을 하다가 서로 친해지면 반말하고, 아직 멀다 싶으면 말 높이고 그러잖아요. 그런데 그 사람들은 그게 안 되는 거예요. 처음에는 그럴지 몰라도 술 먹으면 바로 반말하면서 "여자가 어쩌고" 이랬어요. 그 단체 나오고서 1년간은 여러 단체를 전전하면서 거의 활동을 안 했어요. 그러다 알바노조라는 곳의 상근 제안을 받았고, 2013년 11월부터 2014년 10월까지 일했어요.

윤가현에게 청소년운동은 삶의 방향이나 태도 면에서 큰 영향을 끼친 것 같았다. 그에게 청소년운동의 경험은 어떤 의미를 갖고 있는지 궁금했다.

윤가현 지금 가지고 있는 신념들이 거의 청소년 때 만들어졌다고 해도 과언이 아니에요. '내가 하고 싶은 대로 살자', '내가 즐거워야지 한다' 같은 삶의 기준이 그때 만들어졌어요. 돌아보면 즐겁고 재미있어서 했던 것들이 되게 잘된 것 같아요. 계속 이런 운동을 자잘하게, 내가 할 수 있는 만큼 하면서 살고 싶다는 생각을 하게 됐어요. 아무튼 지금은 잘하고 재밌는 걸 하나 만들어서 운동에 기여하고, 운동을 같이 만들어 가고 싶어요. 그런 생각으로 지금은 일을 그만두고 영상을 배우고 있어요.

활동가로서의 삶을 택하자 먹고사는 문제, 불안정한 삶에 대한 고민이 떠나지 않았다. 활동이 노동이 되었을 때 생기는 딜레마도 있었다.

윤가현　장기적으로는 활동 계획 겸 먹고살 계획을 고민해 봐야 하지 않을까요. 자격증을 따든 아니면 아예 알바만 해서라도 활동을 유지한다는 굳은 결심을 하든. 쓸데없는 고민이긴 해요. 먹고사는 고민은 평생 해야 하는 거니까. 그런데 그 쓸데없는 고민을 계속하게 될 것 같아요. 제 미래, 암울하죠. 저만 그런 게 아니라 청소년 인권 운동을 하는 사람들을 만나서 이야기를 들어 보면 다 똑같은 것 같아요. 그래서 돈 받으면서 활동하고 싶고, 그런데 또 해 보면 그것도 아닌 것 같아요. 활동이란 건 제가 하고 싶은 걸 하는 건데 돈을 받게 되면 하기 싫은 것도 해야 되고, 조직에서도 더 헌신적이길 기대하더라고요. 알바노조 상근을 하면서 단체의 일원이 되어야 한다는 압박감도 있었어요. 그냥 알바는 아침부터 저녁까지 일하고 끝난 이후에는 신경을 끄는데 활동은 그게 안 되잖아요. 주말도 없고, 행사도 다 따라가야 하고. 근태를 내가 이 운동에 가진 절실함의 척도로 여기는 게 괴로웠어요. 그래서 그만뒀죠. 그렇게 활동하다, 쉬다, 다시 활동하다의 연속인 것 같아요.
공현　그냥 직장이라고 생각하고 다니면……?
윤가현　직장이라고 생각하면 그렇게 적은 돈 받고 일하고 싶지 않지!

앞으로 뭘 하고 싶냐는 평범한 질문이 참 우문이 되었다. 활동을 전업으로 삼을 수 없는 여건임에도 생계 수단과 병행하자니 버겁고, 활동이 수입으로 이어질 때에는 그에 상응하는 괴로움이 따른다. 먹고사는 문제를 먼저 해결하기로 결심하고 영상을 배우기 시작한 윤가현은 지혜롭다고도 할 수 있을 것이다. 그는 영상을 만들고 편집하는 등의 일을 활동과 병행하고 활동 속에서 녹여 내고 싶다고 했다. 윤가현이 앞으로 활동하면서 만들어 낼 영상들이 기대된다.

학교의 중심에서 인권을 외치다

성상영(밤의마왕)

글 공현

청소년운동의 이야기를 풀어놓는 일에도 지역적인 문제가 있다. 가령 적지 않은 사람들이 경기도와 서울에서 학생인권조례가 제정된 것만으로 학생 인권이 모든 청소년에게 보장되고 있다고 오해한다. 청소년운동의 역사를 기록하는 일에도 상대적으로 언론 보도나 공신력 있는 기록이 많이 남는 수도권의 역사가 더 큰 비중을 차지하게 된다. 실제로 서울을 비롯한 수도권에서의 활동이 더 많은 경향도 있지만 말이다. 그동안 토론회 등에서 청소년운동의 한계로, 지역과 삶의 공간에서부터 활동을 만들지 못하고 수도권과 언론을 통한 이슈화가 중심이며 전국적이지 못하다는 지적이 있어 왔다. 그래서 우리는 2000년대 후반, 수도권 외의 지역에서 특히 학생 인권 문제로 활발하게 활동했던 청소년 활동가를 인터뷰하기로 했다.

인터뷰이 후보로 전주, 광주, 부산 등의 지역에서 활동했던 여러 사람들이 거론되었다. 그중에 활동 당시 '밤의마왕'이라는 별명을 사용했던 성상영을 만났다. 학교 안에서의 운동과 학교 밖에서의 활동을 다년간 경험한 것이 가장 큰 이유였다. 학내 시위 시도나 징계 위기 등으로 나름 화제가 됐던 활동가이기에 지금은 어떻게 살고 있는지도 궁금했다.

농땡이를 쳐 볼까 싶어 찾아온 단체

성상영이 청소년운동을 시작한 이유는 다른 많은 활동가들이 그러하듯 학교에 대한 불만 때문이었다. 그는 자기가 공부를 별로 열심히 하지 않았다는 것을 강조했다.

성상영　원래 중학교 때부터, '인권' 때문이라기보다는 학교가 너무 싫어서, 어떻게 하면 좀 농땡이를 쳐 볼까 궁리를 하다가 청소년 인권 단체를 찾았어요. 이런 데서 활동해도 되나 혼자서 고민을 하다가, 그래 뭐 공부도 안 하고 할 것도 없는데 가 보자 했죠. 제가 고등학교에 막 입학한 2007년 3월에 아수나로에 가입을 했고, 처음 모임에 나간 건 7월이었는데, 그때 부산지부가 있었거든요. 마산에서 버스를 1시간 동안 타고 부산지부에 열심히 갔어요. 가 보니까 추모 집회를 준비하더라고요. 당시에 대구에서 중학생이 자살하는 사건이 있었거든요. 그때부터 '일단 해 보자'라는 생각으로 활동을 시작했어요.

성상영이 기억하는 첫 활동은 2007년에 부산에서 열린 추모 집회였다. 그해 4월, 대구의 한 중학생이 두발 규제, 체벌, 똑같은 공부만 강요하는 세상을 언급한 유서*를 남기고 자살한 사건이 있었다. 그리고 그해 7월에는 한 중학생이 부산에서 한문 점수가 낮다는 이유로 '오리걸음' 체벌을 당하다가 사망했고, 야간 자율 학습을 하던 고등학교 3학년 학생이 갑자기 쓰러져 죽는 사건도 일어났다. 이에 청소년인권행동

---

* "내가 죽는다고 변하는 건 아무것도 없을 거야. 선생님들의 강력한 몽둥이도…… 선생님들의 강력한 두발 규제도…… 선생님들의 공부 공부 소리……. 사회의 공부 공부 공부 공부…… 난 사실 평범한 여중생일 뿐이야. 노래 부르길 좋아하고, 그림 그리길 좋아하고, 수다 떨길 좋아하고, 친구들과 어울려 놀기를 좋아하는. 하지만 사회는 내게 그걸 바라지 않아. 같은 머리 같은 옷 그리고 같은 공부. 좁디 좁은 교실에 아이들을 구겨넣고 선풍기 4대와, 히터 2대. 그리고 선생님…… 슬퍼, 이 세상이. 그리고 너네들이."(유서 중)

아수나로(아수나로) 부산지부는 8월에 '청소년 인권은 죽었다 - 학교, 교육청, 교육부는 입시 살인을 당장 중단하라'라는 이름으로 추모 집회를 열었다. 마산에 살던 성상영은 부산까지 가서 집회에 참여했다. 그러다가 2007년 하반기에는 아수나로 경남중부지부를 직접 만든다.

성상영 부산에서 한 달쯤 활동하다 보니까 차비가 너무 많이 들더라고요. 서울이야 근교까지 교통카드 한 장으로 다닐 수 있지만, 마산에서 부산 한번 왔다 갔다 하려면 시외버스를 타야 하고, 차비도 왕복 5천 원이 좀 넘게 들었거든요. 부모님한테 용돈 받아 쓰는 걸론 부담스러웠죠. 그리고 제가 마산에 사는데 부산 가서 맨날 해 봤자 부산만 좋으라고 하는 거지 저한테 좋은 게 하나도 없는 거 같더라고요. 그래서 2학기 시작할 무렵에 '에라 모르겠다. 우리 동네에도 지역 모임을 하나 만들자' 해서 사람을 모았어요. 사소한 이유였죠.

경남중부지부는 당시의 마산, 창원, 진해를 활동 범위로 했다. 세 도시가 사실상 하나의 생활권이며 대중교통 등도 잘 연결되어 있어서 모여서 활동하는 데 큰 무리가 없었기 때문에 '경남중부지부'라는 이름으로 묶어서 만들 수 있었다. 처음 만들 때는 이름을 뭐로 정하느냐를 놓고도 한참 회의를 했다고 한다. 경상남도 지도를 보며 "위치상 동남쪽에 가까운 것 같은데 왜 이름이 중부냐" 물었더니, 성상영은 "그 동네(경남) 사람들은 동쪽에는 부산이 있어서 창원을 중부 정도로 생각한다"라고 설명했다. 현재는 세 도시의 행정 구역이 통합됨에 따라 경남중부지부도 창원지부로 이름을 바꿨다. 이 지역은 경남도청이 소재해

있는 경남의 중심부라고 할 수 있다. 지부를 만들면서 성상영의 활동도
좀 더 본격화되기 시작했다.

미완의 학내 운동

청소년 인권 활동을 시작한 청소년 활동가들 중 상당수는 학교생활
을 잘 견디지 못하고 힘들어한다. 그만큼 학교 안에서 폭력이나 인권
침해가 비일비재하게 일어나기 때문이다. 예전이라면 모르고 넘어갔을
일들도 활동의 경험이 생긴 뒤에는 더 눈에 밟힌다. 그냥 '내가 좀 별난
건가'라고 생각하면 참고 넘어갈 수 있지만, 내가 잘못된 게 아니고 학
교가 잘못된 걸 알면서도 그것들을 참아 내는 것은 상당히 고통스러운
일이다. 그런 스트레스 앞에서 청소년 활동가들은 학교를 그만두거나
아니면 학교를 바꾸기 위해서 싸움에 나선다. 성상영도 마찬가지였다.

성상영 활동을 하고 보니까 처음에는 안 보이던 게 점점 새롭게 보이기
시작하더라고요. 과거에는 학교에서 머리 자르라 하면 사실 자르긴 싫
지만 맞으면 아프니까 억지로 자르면서 속으로만 '지들이 뭔데' 하고 욕
했거든요. 그런데 활동을 시작하고 보니까 그런 게 다르게 보이는 거죠.
'싫다'에서 출발했지만 단순히 싫다는 느낌 말고 객관적으로 따져도 문
제가 있는 거예요. 그럼 내가 지금 다니고 있는 이 학교를 바꾸는 것부
터 시작해야 할 텐데 뭘 할까 고민을 했죠.

그는 문제 있는 관습에 자신을 맞추기보다 학교를 바꾸는 쪽을 선택

했다. 학교 안에서 활동하면서 여러
차례 자퇴를 하고 싶었지만 '누가 이기
나' 하는 생각으로 버텼다고 한다. 먼
저 1학년 2학기, 학생회 선거에 출마
해서 부회장에 당선되었다. 학생회에
들어가서 학교의 학생 인권 상황을 개
선하려고 한 것이다. 그러나 학생회는
생각했던 것과는 달리 할 수 있는 일
이 아무것도 없었다. 교칙 개정에 대
한 논의를 하는 것조차 불가능한 환
경이었다.

성상영

성상영 경악을 했어요. 실제로 그 정
도일 줄은 몰랐거든요. 학생회가 회의하는 자리에 교사는 없어야 하잖
아요. 근데 뭘 하려고 해도 학생부장이 뒤에 와서 뒷짐을 지고 서 있
어요. 안건도 다 정해 주고요. 교사가 그렇게 앉아 있는데 학생들이 하
고 싶은 말을 자유롭게 할 수 있겠어요? 옆에 사장이 앉아 있는데 노동
자한테 "당신 월급 많이 받아요?"라고 물어보면 대답 못 하는 거랑 비
슷해요. 한번은 누가 두발 자유화도 아니고 머리 길이 완화, 지금은 완
전 빡빡머리니까 구레나룻만이라도 좀 기르게 해 달라고 건의하자는 얘
기를 하는데 옆에서 그 말을 듣던 학생부장이 바로 "안 된다" 그러더라
고요. 그걸 보면서 '이게 무슨 학생회야, 학교 들러리 서는 거지' 그런 생
각이 들었어요. 학교의 공식적인 루트를 통해서는 안 되겠다는 생각이

들었고, 그래서 '지하'로 들어갔죠.

성상영은 학생회 대신 학생 인권과 관련된 활동을 할 수 있는 동아리를 하나 만들었다. 표면적으로는 언론 동아리라는 형식을 취했다.

성상영 제가 2학년이 됐을 때였는데, 대놓고 학생 인권 동아리라고 하면 학교에서 승인을 안 해 줄 거 같더라고요. 동아리를 하려면 교장 허가를 받아야 했거든요. 그래서 언론 동아리로 위장을 했죠. 동아리 이름이 '깃발'이었어요. 동아리에서 뭘 해 볼까 이야기하다가 학교에서 서명을 받아 보기로 했어요. 처음에 서명 운동 이야기를 꺼낸 건 제가 아니에요. 저는 굉장히 온건한 걸 하려고 했는데 1학년들이 해 보자 해서 하게 됐죠.

2008년 해가 바뀐 뒤 성상영이 만든 동아리는 학교에서 서명 운동을 벌였다. 처음부터 동아리 구성원들 사이에 '표면적으로만 언론 동아리'라는 합의가 있어 가능했다고 한다. 당시 학생들은 서명 운동을 하면서 △두발·복장 규제 전면 철폐 △야간 학습·보충 학습에 대한 학생 선택 반영 △휴대전화 등 소지품의 검사와 압수 반대 △교사의 언어 폭력과 직·간접적 체벌 행위 완전 근절 △학생회 자치권 보장과 학교운영위원회 참여 △동아리 활동의 자유 보장 △학생의 사회적 활동 제한하는 교칙 조항 철폐 △후문 등교 허용 △선도부 폐지와 교문 단속 중지 △조기 등교 폐지 △사설 모의고사 선택권 보장 등 열한 가지 요구를 걸었다.

성상영 요구 사항은 다른 학교랑 비슷했어요. 강제 자율 학습 하지 마라, 때리지 마라, 두발 규제 하지 마라 이런 거. 그런데 다른 덴 없는 특별한 요구안이 딱 하나 있었어요. 그게 후문으로 다니게 해 달라는 거였어요. 학교에서 후문으로 못 다니게 했거든요. 말이 후문이지 도로에 나란히 접해 있는 형태여서 그냥 큰 문, 작은 문 개념이었는데 꼭 정문으로만 학생들을 통학하게 하는 거예요. 시내버스로 통학하는 학생들은 후문으로 통행하는 게 훨씬 가까워요. 그런데 가까운 길 놔두고 왜 멀리 가라고 할까, 그 비효율적인 짓을 왜 하게 할까 생각해 봤어요. 아마 교문 지도를 할 때 정문에도 사람을 두고 후문에도 사람을 두면 교사들이 힘드니까, 그래서 정문으로만 다니라고 한 것 같아요. 학교에서는 안전을 위해서 그런다고 했는데 위험한 게 하나도 없었거든요. 횡단보도에 신호등도 다 있고요.

그렇게 5월에 시작한 서명 운동은 큰 호응을 받았다. 1~2학년 학생들에게 서명을 받았는데 2주 만에 400~500명의 서명이 모였다. 전교생이 천여 명인 학교였으니, 1~2학년들에게만 받은 걸 고려하면 과반을 넘긴 셈이었다. 깃발 학생들은 서명을 모아서 학생회 회의 때 내고 이것이 학생들의 의견이라고 말할 계획이었다. 그러나 수업 시간에 서명 용지를 돌리던 학생이 교사에게 발각됐고, 그러자 학교에서는 서명지를 모두 빼앗아 갔다. 성상영도 서명 운동을 했다는 이유로 야자 시간에 교무실로 불려 가서 추궁을 당했다. 교감은 성상영에게 "잠깐이면 되는데 왜 그걸 못 참냐", "이게 다 너희를 위한 거다" 등의 훈계를 했다. 성상영도 지지 않고 반박했으나 결국 부모가 호출되어 와서 상황을 정리하게 됐다.

성상영　5월에 서명을 받다가 걸리고 나서 6월 한 달은 잠잠히 지냈어요. 부모님한테도 안 하겠다 그러고 넘어갔는데 속으로는 '아, 걸렸네. 그럼 더 큰 걸 해야겠네' 싶은 생각이 들었죠. 그래서 이번엔 제가 먼저 동아리 애들한테 "우리 이렇게 하면 안 될 거 같다. 서명은 망했으니 좀 더 세게 가 보자. 집회할래?" 하고 학내 집회를 기획했어요.

그들이 조용히 보낸 6월 한 달은 집회를 준비하는 기간이기도 했다. 7월 10일, 저녁을 먹은 후 야자를 시작할 때 주차장에서 촛불을 들고 시위를 할 계획이었다.

성상영　그때가 2008년, 그러니까 광우병 촛불 집회가 한창이던 때였어요. 그 계산을 안 한 건 아니었어요. 원래 테마가 촛불을 켜 놓고 집회하는 거였거든요. 그리고 집회가 성사된다면 학교 안 복도에서 행진을 하려고 했어요.

그러나 이 시위 역시 무산되고 말았다. 당일 저녁에 성상영은 교사에게 다시 불려 갔고, 학교는 집회를 하지 말라는 방송을 내보냄과 동시에 교사들에게 각 교실 문 앞을 지키고 서게 했다. 어느 학생이 밀고를 했다고 했다. 학교의 방해로 학생들은 비록 밖으로 나가지 못했지만, 창문에서 두발 규제를 중단하라는 등의 구호를 외치고 환호성을 지르며 일종의 '시위'를 했다. 그러자 학교는 창문을 닫고 조용히 들어가지 않으면 에어컨을 꺼 버리겠다고 '협박'했다. 학생들의 의견을 들을 생각도 없고, 그렇다고 학생들을 설득할 수도 없는 학교의 초라한 대응이었다.

그날 학생들을 지원하기 위해 학교 앞까지 왔던 아수나로 회원들은 학교 앞에서 피켓을 들고 학생들이 하교할 때 선전전을 했다. 이를 놓고 학교 교사들은 "학교 안의 문제를 안에서 해결해야지 왜 밖에서 간섭하느냐"라고 항의했다고 한다. 성상영은 안에서 말을 할 수도 없게 하면서 그렇게 말하는 것이 난센스라고 생각했다.

그리고 며칠 뒤, 학교에서 징계 이야기가 나오기 시작했다. 학생회와 서명 운동이라는 조용한 의견 표명의 통로를 모두 막아 버린 학교는 학생들의 평화적 시위 계획을 징계하려고 했다. 학교 규칙은 그런 것을 충분히 처벌할 수 있을 만큼 반인권적으로 만들어져 있었다.

성상영 학생들이 자기 권리를 찾기 위해서 한 행동을 징계하는 건 말도 안 되죠. 그런데 교칙상으로만 놓고 보면 징계 사유가 됐어요. 학생을 선동하는 행위를 한 자에게 징계의 최고 수위인 퇴학까지 가능했으니까요. 또 '교사 지시 불이행'이라는 정말 막강한 교칙이 있잖아요. 저도 가만히 있을 수 없으니까 보도 자료를 써서 언론사에 보내고 교육청에서 1인 시위도 했죠. 언론에 보도도 많이 됐어요. 교육청까지 알게 되니까 학교에서도 함부로 못 하게 됐죠. 또 제가 다녔던 용마고 전신이 마산상고거든요. 그 동문들이 한국 사회에서 나름 한자리씩 차지하고 있다는. 아마 동문회의 압력도 있었을 거예요. 그래서 조용히 징계위원회가 열렸어요. 징계를 세게 해야 한다, 하지 말아야 한다, 그렇게 교사들끼리 토론을 하더니 결과가 퇴학도 아니고 정학도 아니고 사회봉사 5일로 나왔어요. 실제로는 교내 봉사였지만. 그런데 어느 날 학생부장이 저한테 종이를 하나 들고 왔어요. 다시는 이런 거 안 한다고 서약서에 사인하면 5일 교내 봉사를 3일로 줄여 주겠다고요. 사인 안 하겠다고 하니까 그러면 네가 잘못했다고 인정이라도 하라는 거예요. 그래서 저는 잘못한 거 없다고, 안 한다고 그랬죠.

7월 한여름의 시위에 대한 징계 결과는 9월, 가을이 다 되어서야 나왔다. 어쨌건 징계를 받았기 때문에 성상영의 학내 운동은 패배했다고 볼 수도 있을 것이다. 하지만 학교에서 그 전에 워낙 호들갑을 떨며 겁을 줬기 때문에, 성상영은 고작 교내 봉사 5일로 끝난 학교의 조치에 대해 약간의 승리감도 가지고 있는 것 같았다. 무엇보다도 자신은 잘못한 게 없다는 믿음과, 서약서를 들고 교내 봉사 2일을 줄여 주겠다고 회유하는 학교의 비굴한 모습, 그리고 학교에 끝까지 굴복하지 않았다는 떳떳함이 그런 승리감의 원천이 아니었을까. 그 뒤에 2학기에는 별사건이 없었는지 물어보니 한번 크게 깨졌더니 그 이후로 재기하기가 어려워서 별다른 활동은 하지 않았다고 한다.

공현 그때 요구했던 열한 가지 중에 그 뒤에 조금이라도 바뀐 게 있어요?
성상영 그렇게 하고 났더니 한동안은 후문으로 다니게 해 주더라고요. 교문 지도도 잘 안 하고 머리도 잘 안 잡았어요. 물론 몇 달 뒤에 해가 바뀌니까 다시 원래대로 돌아갔지만.

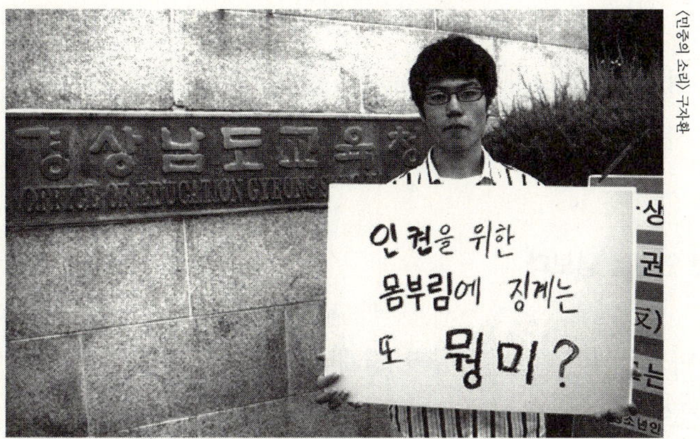

교내 촛불 집회를 계획했다는 이유로 징계가 거론되자 성상영은 2008년 7월 10일 경상남도교육청 앞에서 징계 반대와 학생 인권 보장을 요구하며 1인 시위를 진행했다.

학교는 학생들의 불만을 무마하고 다시 시위 등이 일어나지 않도록 하기 위해서, 규칙을 개정하지는 않았지만 실질적으로는 두발 규제를 하지 않았다. 2주 만에 약 500명이 서명에 참여하고, 학생 다수가 시위에 참여하려고 했다는 것은 그만큼 불만이 쌓여 있었다는 뜻이었다. 성상영은 자신이 학교 안에서 그렇게 활동을 할 때에 여러 학생들이 격려를 하거나 전단지를 받아 가며 공감을 표했던 것을 기억했다. 학교는 몇 개월만이라도 학생들의 눈치를 보며 지내야 했다. 그리고 학교 안에서 학생들이 집단적으로 서명 운동과 시위 등의 행동을 하려고 한 사건이었다는 의미도 있다.

성상영 활동을 시작한 지 얼마 안 되어서 경험이 없을 때라 실수도 많았어요. 그래도 그것 치고는 잘한 것 같아요. 3~4개월뿐이지만 나름 얻어 낸 것도 있었고요. 그리고 의의가 있죠. 청소년 인권 운동이 여건상 학교 안보다는 학교 밖에서 이슈를 제기할 수밖에 없는 상황에서 학생들이 학교의 억압에 당하고만 있지 않는다는 걸 마산 시내에서 보여 준 굉장히 드문 사건이었거든요. 학내에서의 활동이라 더 의미가 있죠.

경남, 청소년 인권을 넘보다

2008년 용마고에서의 학내 운동과 징계 위기 소식은 단지 학교 안에서만의 사건으로 그치지 않았고, 경남 지역 시민사회를 떠들썩하게 했다. 학생 인권에 대한 사회적 관심을 환기시킨 것이다.

성상영 지역에 '교육시장화저지를위한경남교육연대'라는 게 있었어요. 경남 지역의 교육 관련 단체들, 소위 진보를 표방하는 단체들은 다 모여 있는 데였어요. 학생들의 인권을 주로 다루는 단체는 당연히 아니었고 일제고사나 우열반은 하지 말자 정도의 이야기를 하는 곳이었는데 거기서 성명서를 내 주고 같이 기자회견도 하고 그랬죠.

공현 경남 지역 시민사회에서 학생 인권 사안에 처음으로 관심을 가지게 된 사건이라고 할 수 있을까요?

성상영 그랬으면 좋겠어요. 근데 장담하긴 좀 어려운 게, 그 전에 진주에 '행동하는청소년' 등의 단체가 있었거든요. 그래서 최초라고 하기는 부담스러워요. 그래도 1990년대 마산에 마창고협(마산창원고등학생대표자협의회) 이후로 처음이라는 이야긴 들어 봤어요.

학내 운동 외에도, 그는 아수나로 경남중부지부에서 여러 가지 활동을 했다. 주로 학생 인권에 관련된 활동이 대부분이었다. 용마고 안에서 징계가 논의되던 여름방학 기간 중에 아수나로 경남중부지부, 부산지부, 울산지부 세 지부들은 '인권 투어'를 진행했다. 울산, 부산, 마산 세 지역을 돌면서 3일간 학생 인권을 주제로 한 집회와 캠페인 등을 하는 것이었다. 인접해 있는 지역 활동가들이 연대를 만들어 서로를 보완해 준 활동이었다. 학생 인권 상황이 열악한 영남 지역에서 청소년들이 학생 인권을 공공연히 이야기하는, 손에 꼽을 만한 사건이기도 했다.

2009년, 그가 고등학교 3학년이었을 때는 경상남도에서 '학생 휴대전화 금지 조례'를 만들려는 시도가 있었고 교육청이 '그린마일리지(상벌점제)'를 시범 운영해 이에 대응하는 활동을 했다.

성상영 체벌이 문제가 되니까 체벌 말고 대안으로 나온 게 상벌점제였어요. '그린마일리지'란 거였는데, 레드포인트, 그린포인트, 블루포인트 같은 포인트가 있어요. 블루포인트나 그린포인트는 상점, 레드포인트는 벌점이고, 벌점 몇 점 이상이면 징계를 하는 그런 제도였는데 조사해 보니까 문제가 많더라고요. 상벌점제로 학생의 행동 하나하나를 다 감시하겠단 거니까요. 점수로 다 체크를 하는 건 행위에 대한 구속이잖아요. 학생들 입장에선 굉장히 기분 나쁘죠. 무서워서 화장실 한번 제대로 가겠어요? 어떤 식으로 상벌점을 매길 거냐도 문제지만 상벌점을 주는 행위에 대한 기준도 문제의 소지가 있었어요. 친구를 고자질하면 상점을 주는 항목 같은 게 있었으니까요. 서로가 서로를 감시하게 만드는 게 굉장히 비인간적인 행위잖아요. 벌점 항목 중에 '교사 지시 불이행' 같은 항목도 있었는데 무슨 긴급조치를 떠올리게 했죠.

　교육부는 당시에 체벌의 대안이라면서 각 학교에 상벌점제 도입을
장려하고 있었다. 그러나 그러면서 체벌을 확실히 금지하지는 않았기
때문에 많은 학교들에서, 특히 서울 외의 다른 지역에서는 체벌도 하면
서 벌점까지 주는 상황이 빈번해졌다. 경상남도교육청은 2009년에 그
린마일리지 시범 운영을 하면서, 전국 최초로 상벌점제 전면 도입을 검
토 중이었다. 비민주적이고 반인권적인 학교 문화 속에서 상벌점제는
학생들에게 더 숨 막히는 통제 방식으로 다가왔다.

성상영　또 문제가 됐던 건 휴대전화 조례였어요. 공부랑 수업권을 침해받
는다는 논리였던 걸로 기억해요.

공현　당시 그 조례를 발의한 교육위원이 낸 보도 자료를 찾아보니 "면학
분위기 조성을 위해 학생이 휴대전화를 갖고 등교하지 않도록 학교장
이 지도할 수 있게 하는 것을 주 내용으로 하고 있다"라고 나와 있네요.
MP3 플레이어나 게임기 등의 사용을 금지할 수 있단 내용도 포함돼 있
어요. 건강 얘기도 있네요. "학생들의 건강을 지키고 바람직한 학습 환
경을 조성하기 위한 것이다."

성상영　그걸 처음 발의하겠다고 한 사람이 지금 현재 경남 교육감이에요,
박종훈. 재밌는 건 그 사람이 지금 민주·진보 교육감으로 분류된다는 거
죠. 2009년도에 휴대전화를 금지한다고 해서 우리랑 대립각을 세웠던 사
람이 '민주·진보 교육감'이라고 나와서 당선된 것도 참 아이러니해요.

　당시 교육위원 중에서 나름대로 '진보' 성향으로 분류되던 위원이 학
교 휴대전화 금지 조례를 추진한 것은 청소년 인권에 대한 사회적 의식

수준을 보여 주는 것이었다. 현재에도 청소년 인권에 찬성한다고 말하면서 청소년에 대해 보호주의적이거나 차별적인 내용의 조치를 별 문제의식 없이 받아들이는 경우를 쉽게 볼 수 있다. 휴대전화, 스마트폰, 게임, 청소년 유해 매체 같은 문제들에서 주로 그런 일이 일어나곤 한다. 성상영은 당시 지역에 청소년 인권을 이야기하며 활동하는 청소년 인권 단체가 있었기 때문에 이런 정책에 문제 제기를 하고 막아 낼 수 있었다고 했다.

성상영 전교조 경남지부와 같이 설문조사를 먼저 했어요. 설문지 문항을 만들고 정리하는 건 우리가 다 할 테니 조합원들을 통해서 설문지만 각 학교로 배부해 달라고 했죠. 중학생, 고등학생 1,027명한테 설문을 받았어요. 그린마일리지에 반대하는 의견, 휴대전화 조례에 반대하는 의견이 압도적으로 많았죠. 그걸 가지고 교육청에 민원을 넣기도 하고요. 고등학교 3학년 때는 맨날 야자 안 하고 야자 하는 다른 학교에 선전전을 하러 갔어요. 그렇게 매일 밤마다 선전전을 해서 휴대전화 조례는 무산됐죠. 처음에 제안한 양반이 안 한다고 했거든요. 그린마일리지도 일단 전면 시행은 보류하는 쪽으로 결정됐어요. 지금은 그냥 다 하는 것 같더라고요.
공현 요샌 도교육청 차원도 아니고 아예 교육부에서 상벌점제를 장려하고 있잖아요.
성상영 어쨌든 당시엔 막아 냈으니까 굉장한 성과였죠.

그렇게 고등학교 생활을 모두 청소년운동과 함께 보낸 성상영은 졸업식 무렵에 '두부 퍼포먼스'를 했다. 두부 퍼포먼스는, 학교 졸업을 감옥

고등학교 생활을 모두 청소년운동과 함께 보낸 성상영은 졸업식 무렵에 '두부 퍼포먼스'를 했다.

출소에 빗대어 두부를 먹거나 나눠 주는 퍼포먼스였다. 학생들 입장에서 학교가 감옥과 다를 바 없다는 고발의 의미였다. 성상영도 시내 번화가에서 다른 청소년 활동가들과 같이 두부를 먹었다. 그는 "맛있게 먹었다. 그런데 찬 두부라 얹힐 뻔했다"며 웃었다.

당시에 마산이나 경남 지역의 학생 인권 상황에 대해 물으니, 그는 "대부분의 학교들이 약속이나 한 것마냥 두발 규정도 비슷했고, 다른 규칙도 '복사-붙여넣기'라도 한 듯이 비슷했다"라고 답했다. 몇 가지 예를 들어 달라고 하자 야간 자율 학습이나 보충 수업은 '필수' 수준이었다고 했다. 또한 당시 가장 일반적인 두발 규정은 '스포츠형으로 하되 앞머리가 눈썹을 덮지 말아야 한다'라는 기준이었고, 여학생은 치마가 무릎 위로 올라오면 안 되고 머리카락은 귀밑 5센티미터, 좀 심한 데는 3센티미터인 데도 있었다고 이야기했다. 반면 그 무렵 서울에서 고등학교를 다녔던 둠코는 여학생의 경우에 '머리가 어깨에 닿으면 묶는다' 정도였다고 기억했다. 확실히 2000년대 후반이 되었을 때 서울과 다른 지역 간에 두발 규제나 강제 야자 등의 실태에서 격차가 생겼다. 경남이나 대구, 전남 등에서는 학생 인권 상황이 서울의 5년 전을 쫓아가고 있다는 말도 나왔다. 더군다나 운동 조건의 어려움도 분명히 있었다.

성상영 서울은 인구가 밀집되어 있어서 사람도 많고 이동 거리도 짧으니까 더 많은 사람한테 홍보하고 조직해 낼 수 있죠. 그런데 대부분의 지방 도시는 옆 동네로 가려면 강도 건너고 산도 넘어야 하는 데다 인구 밀도도 낮으니까 모이기가 어려워요. 그리고 서울은 운동을 하는 밑거름이나 토양이 있잖아요. 비수도권은 서울에 비해 그런 부분이 낙후되어 있는 게 사실이에요.

경남 지역이 보수적이라 특별히 어려운 점은 없었는지, 그리고 당시에 소위 말하던 '경남권 진보 벨트' 같은 존재를 운동 기반으로 체감한 적은 없는지 궁금했다. 이에 관해 성상영은 청소년 인권 문제가 그렇게 딱 보수와 진보로 갈리지는 않는 것 같다고 말했다.

성상영 사실 전라도, 광주 같은 데는 진보적인 이미지가 있어서 청소년 인권이나 학생 인권이 되게 잘 보장돼 있을 것 같지만, 들어 보면 오히려 더 안 좋기도 하더라고요. 다른 사회적 현안에서는 진보나 보수냐가 명확히 갈리는 반면, 유독 청소년들의 행동이나 청소년 인권에서는 이 경계가 명확하지 않아요.

경남에서는 2011년 학생인권조례를 주민 발의로 추진해서 성사시켰다. 그러나 도교육청과 도의회가 제정을 거부하여 무산되었다. 그때 주민 발의를 대표로 했던 사람이 한때 학교 휴대전화 금지 조례를 추진했던 박종훈이었다는 것은 기묘한 일이다. 그만큼 청소년 인권에 대한 주장이 힘을 얻고, 사람들의 생각을 변화시키고 있다는 의미로 볼 수 있을지도 모르겠다. 새누리당이 학생인권조례 등을 강하게 반대하면서 그것이 정치적으로 중요한 쟁점이 되고 있기도 하다. 비록 경남학생인권조례는 무산되었지만, 그만큼의 풍경의 변화가 청소년운동이 걸어온 거리라고 할 수 있을 것이다.

내 삶을 바꾼 청소년운동

성상영은 2010년, NGO 전형으로 대학에 입학하여 마산을 떠나 서울로 왔다. 청소년 인권 운동 안에서는 그렇게 운동 경력을 활용해서 대학에 진학하는 것에 대해 논란이 일기도 했다. 하지만 그의 입장에서는 대하 진로까지도 운동에 따라 선택한 셈이었다. 청소년운동이 삶에 미친 영향을 한마디로 정리해 달라고 하니 그는 "불편함? 고생길?"이라고 답하며 웃었다.

성상영 큰 영향을 받았죠. 삶의 방향이 틀어져 버렸으니까. 지금도 청소년운동을 하는 건 아니지만, 그때의 경험들을 시작으로 보다 다양한 사회 문제들에 대해서 고민을 갖게 됐어요. 그리고 미시적으로는 다른 사람에게 말을 할 때나, 심지어 욕을 하더라도 소수자를 비하하는 표현

같은 건 최대한 안 하려고 노력하거든요. 사실 경상도에서 남고를 나온 생물학적 남성들은 이른바 '경상도 남자'라고 하는 이미지들이 갖고 있는, 그런 마초성이 있어요. 그런 게 저도 굉장히 강했고, 아직도 있어요. 없다고 하면 거짓말이죠. 그래도 그런 것들에 대해서 스스로를 돌아보고 고쳐먹는 계기들이 됐어요.

성상영은 아수나로 서울지부에서 잠시 활동을 한 뒤 2011년에 청소년운동을 그만뒀다. 그만둔 이유를 물어보니, 더 이상 자기 일이 아니게 되어서 관심이 줄어든 게 가장 큰 이유였다고 했다. 평범하다면 평범한 이유였고 어찌 보면 가장 이해하기 쉬운 이유이기도 했다. 최근에는 경제학에 관심이 생겨 학회를 만들어서 공부를 하고 있다고 했다. 그는 먹고사는 데 바빠서 청소년운동 소식에 잘 신경을 못 쓴다고 하면서도, 학교 안에 남아서 활동하고 싸우는 청소년 활동가들이 더 많아지면 좋겠다는 희망사항을 전했다.

성상영이 다녔던 용마고의 전신 마산상고는 바로 4.19혁명 당시에 김주열이 입학했던 학교로, 마산에서 4.19의 시작을 열며 학생들이 뛰쳐나왔던 곳이기도 하다. 그런 용마고에서 정작 학생들이 인권을 보장받지 못하고 서명 운동도, 시위도 할 수 없었던 모습은 한국 역사 속의 청소년의 현실을 상징하는 것처럼 보였다. 청소년들은 사회의 주역으로 민주주의가 뿌리내리는 과정에 함께 참여했는데, 정작 그 민주주의에서 배제당하고 있는 역설. 그가 2008년에 했던 투쟁은 앞으로 그가 어떻게 살든 그런 역사적 의미로 남아 있지 않을까.

4부

진도 나갑시다

간도 쓸개도 빼 주고 얻어 낸
학생인권조례를 넘어서

전혜원

글 둠코

전혜원은 경기도와 서울을 넘나들며, 청소년인권행동 아수나로(아수나로)와 청소년활동기상청 활기에서 청소년 인권 운동을 하고 있다. 2010~2011년 서울학생인권조례 주민 발의 운동 당시에는 가장 열성적으로 활동했던 청소년 활동가 중 한 사람이기도 하다.

2010년부터 2011년 말까지 꼬박 2년 동안 진행된 서울학생인권조례 주민 발의 운동의 연원은 2006년 학생인권법 제정 운동으로 거슬러 올라간다. 학생인권법 제정 운동이 학생 인권을 보장해야 한다는 선언적 문구를 〈초·중등교육법〉에 넣는 부분적 성공으로 마무리된 이후, 보다 구체적이고 실질적으로 학생의 인권을 보장하기 위한 방법으로 조례 제정 운동이 시도된 것이다.

학생인권조례는 본래 2005년 광주에서 추진되기 시작했다. 지역 차원에서 학생 인권을 제도화해서 개선해 보자는 시도였다. 하지만 그 당시에는 교육청과 교육위원들의 보수적인 입장에 가로막혀 실현되지 못했다. 학생인권조례가 현실로 다가온 것은 교육감 직선제가 시행된 뒤였다. 교육감을 주민들이 직접 뽑게 되면서 교육 정책을 좀 더 민주적으로 논의할 기회가 생겼고 다양한 성향의 교육감들이 생겨났다. 소위 '민주·진보 교육감 후보'들은 선거 과정에서 학생인권조례를 공약으로 채택하여 민주적이고 인권적인 학교를 만들겠다고 발표했다. 학생인권조례라는 형태로 학생 인권을 보장하려 한 시도는 교육감 직선제 등 지방교육자치 덕에 가능해진 셈이다.

그리고 2010년, 경기도에서 전국 최초로 경기도학생인권조례가 제정

됐다. 하지만 교육청 주도로 제정된 조례는 현장에 좀처럼 뿌리내리지 못했다. 그러자 이를 반면교사 삼아 서울에서는 주민 발의 방식을 선택했고 2012년 1월 26일, 조례 제정에 성공한다. 결과적으로 서울은 경기도(2010)와 광주(2011)에 이어 세 번째로 학생인권조례 제정에 성공한 지역이 되었다.

하지만 이런 아름다운 스토리와 별개로 서울학생인권조례 주민 발의 운동은 단언컨대, 일부 청소년 활동가들의 집단 트라우마이다. 전혜원을 인터뷰하는 나와 공현도 주민 발의 운동의 참여자인지라 어쩌다 보니 모두 그때의 경험을 공유하고 있었다. 셋이 한자리에 모여 다시 주민 발의 운동에 대한 이야기를 나누는 것은 조금 무서운 일이기도 했다.

내가 별나서 그렇다고 생각했던 나날들로부터, 안녕!

전혜원은 2009년 여름, 어머니의 손을 잡고 일제고사 거부 체험학습에 참여했다가 청소년 인권 운동을 처음 알았다. 교사이자 전교조 조합원인 전혜원의 어머니는 전혜원이 사회운동을 접하게 된 계기였다. 어릴 때부터 부모를 따라 각종 집회에 다녔고, 전교조의 탁아방에서 잠을 청하는 것도 일상이었다. 부모님 친구들이 전교조 교사였음은 물론이다.

전혜원 아빠는 대학 때 빡센 운동권이었고, 어머니가 유명한 전교조 활동가였어요. 제가 청소년운동을 하게 된 데에 어머니 역할이 되게 커요. 보고 배운 게 이거밖에 없거든요. 일제고사 반대 투쟁 때도 "명색이 엄마가 전교조 교산데 네가 일제고사를 보면 되겠느냐"고, 일제고사 거부 체험학습에 가자고 했어요. 다니던 학교가 사립학교다 보니 빡세기도 했고, 학교에 대한 불만이 엄청 많았는데 학교를 안 가도 된다니까 체험학습에 갔죠. 사립 미션스쿨이었는데, 학교생활이 전반적으로 힘들었어요. 한 번도 상상을 못 해 본 일들이 학교에서 벌어졌어요. 강제로 예배에 참여하게 한다든지, 벌로 주기도문을 쓰게 하는 거 있잖아요. 맨날 벌섰어요. 그림 있는 양말을 신었다고 4시간 동안 벌을 서기도 했고, 두발 문제로도 엄청 많이 싸웠

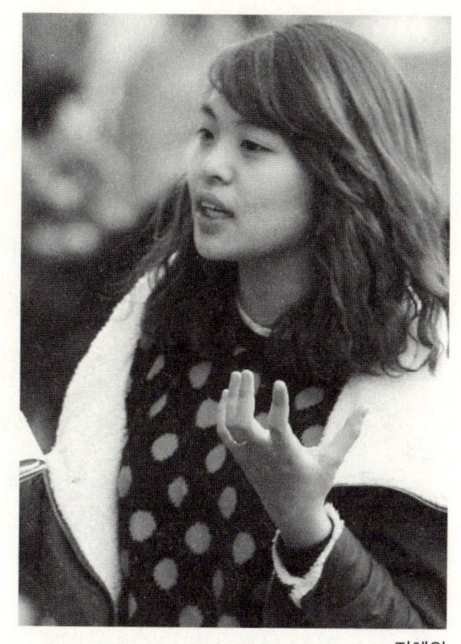

전혜원

고요. 그때만 해도 학생 인권이 전면적으로 대두되던 시절이 아니었으니까 교사들은 그런 데 대한 문제의식이 전혀 없었고, 체벌을 너무나 당연히 여겼어요. 체벌의 이유와 방식도 너무나 다양했고요.

전혜원이 다니던 학교에 대한 이야기는 인권 침해와 폭력으로 얼룩져 있었다. 이야기를 나누다 보니 비슷한 시기에 청소년 인권 운동을 시작해 마로니에 공원에서 처음 만난 그에게 "어떻게 알고 체험학습에 오게 되셨어요?" 하고 어색하게 묻던 나 자신도 같이 떠올랐다.

전혜원　제가 또 공부를 못했거든요. 중학교 때는 잘 몰랐는데, 고등학교

에 들어가니까 공부를 못해서 겪게 되는 불이익이나 차별이 너무 잘 보이는 거예요. 그런 것들이 계속 쌓이다가 청소년운동을 만나고 나서 더 견디기가 어려워진 것 같아요. 그 전까지는 내가 별나서 자꾸 머리를 노랗게 염색하고 내가 게을러서 공부를 못하고, 다 내 탓인 줄 알았거든요. 그런데 체험학습에 참여하고 제 또래 활동가들이 자기만의 생각을 가지고 활동하는 걸 보면서 '내가 별나서가 아니라 학교가 잘못된 것일 수도 있겠구나' 하는 생각이 처음 들었어요. 그 뒤로 학교에서 하루하루를 겪어 내야 하는 게 더 힘들어졌어요. 그래서 고2 초에 자퇴를 결심했어요. 담임은 안 시켜 줬죠. 그래서 그냥 학교를 안 나갔고 한 달 뒤에 자퇴서를 내러 갔어요.

자퇴서를 내러 간 날마저 교문에서 두발 단속을 당했다는 그는 결국 2010년 초 학교를 그만두고 본격적으로 청소년운동을 시작하게 된다. 그러나 막상 전혜원이 운동에 뛰어들었을 때, 전교조 활동가인 어머니는 그의 운동을 반기지 않았다.

전혜원 운동을 시작하기 전에도 부모의 기대에 부응하지 못하는 '굉장히 많이 노는' 애였어요. 그런데도 제가 운동을 한다고 했을 때 엄마가 느낀 충격은 꽤 컸던 것 같아요. 담배를 피워서 학교에 소환되었을 때하고도 또 다른 것 같고요. 아직까지도 운동 좀 그만하라는 말을 입에 달고 사시니까요. 그렇게 열심히 한 것도 아닌데. (웃음)

고난의 주민 발의

'학생인권조례제정운동 서울본부(서울본부)'는 전혜원이 학교를 그만 둔 2010년의 7월에 출범했고, 같은 해 10월부터 조례 제정을 위한 주민 발의를 시작했다. 주민 발의를 성사시키기 위해서는 6개월 뒤인 2011년 4월 26일까지 서울시민의 1%, 8만 1,855명 이상의 서명을 받아야 했다. 하지만 2011년 2월, 서명 제출 기한 2개월 전까지도 서명은 터무니없이 부족했다. 입법 운동보다는 학생 당사자에게 말 거는 일을 주로 해 왔던 청소년 활동가들은 이때부터 '아묻따말(아무것도 묻지도 따지지도 말고)' 서명 운동에 집중적으로 돌입하게 된다. 아수나로의 활동가였던 전혜원은 이 시기에 본격적으로 주민 발의 운동에 뛰어들었다.

전혜원 서울본부가 처음 만들어질 때는 제대로 결합을 안 했고, 제가 본격적으로 활동을 하게 된 건 한창 서명 운동의 피크였던 막바지 3~4개월이었어요.

그녀는 이 3~4개월을 "인생에서 외딴 섬 같은 기간"이라고 말했다. 인생의 다른 부분 같고, 하루하루가 제대로 기억도 나지 않는 나날들. 무슨 정신으로, 어떤 마음으로 버텼는지도 잘 기억나지 않는, 인간의 삶이 아닌 하루하루의 연속.

전혜원 그때 제가 어떤 기분이었는지는 조금 지난 후에야 되돌아봤던 것 같아요. 그 기간은 정말 지옥이었는데, 기본적으로 외로웠어요, 엄청. 사실 청소년운동, 교육운동 단체라고 해 봤자 한 줌밖에 안 되잖아요. 그 중에서도 정말 한 줌밖에 안 되는 청소년 활동가들의 엄청난 헌신이 있었어요. 하루 일과는 이랬어요. 눈을 뜨면 한 10시까지 지정된 장소로 가요. 가면서도 계속 트위터에 서명해 달라고 남기고요. 길바닥에서 서명을 받는 게 단순히 전단지를 나눠 주는 것과 다르거든요. 주민 발의 요건상 주민등록번호, 주소 같은 민감한 개인 정보를 받아야 하고, 법적 서명은 또 정자로 써야 해요. 길거리에서 나이 어린 사람들이 주민등록번호를 요구하는데 써 주는 시민들이 되레 대단하다는 생각이 들더라니까요. 그런 서명을 거리에서 7~8시간씩 받는데, 사람을 대하는 게 굉장히 힘든 일이잖아요. 처음에는 말을 걸기도 어려웠어요. 반응이 차가울 때는 상처받고, 욕하고 가는 사람들도 겪어야 하는 정말 쉽지 않은 일이었는데 다들 어떻게 견뎠는지 모르겠어요. 당시 저를 돌이켜 보면 내가 상처받고 비뚤어지는 것보다 서명을 받는 게 더 중요했던 거 같아요. 마음이 힘들고 빡치고 외롭지만 그런 감정을 붙잡고 있거나 염두에도 못 둘 정도로. 그런 생활을 서너 달 했었죠. 서명 받는 걸로 끝이 아니었어요. 받은 걸 정리하고 보완하고, 다른 단위들에 조직 서명을 요청하는 업무들이 본격적으로 시작되고, 그 중간중간에 '서명 특수'를 누리기 위한 행사 같은 걸 기획했죠. 일이 힘들다 보니 같이 활동하는 사람들이 자주 아팠어요. 아파서 나가떨어지고 응급실에 실려 가기도 하고, 그래도 서명 받으러 나오고. 그때 뭐랄까, 다단계 사원이 된 기분이었어요.

그 '고난의 기간'을 통해 그녀는 마음속의 교통정리가 되었다고 했다. 청소년운동을 밑바닥까지 지지해 줄 수 있는 사람들이 누구인지, 누가

2011년 4월 19일, 청소년 활동가들은 시민들에게 주민 발의 동참을 호소하며 광화문에서 국립 4.19민주묘지까지 도보 행진을 했다.

말이 아닌 발을 함께 움직이는지, 이 시간들을 통해서 알았다는 거다. 거리에서 만나는 사람들보다 함께 운동을 하고 있던 (혹은 하고 있다고 생각했던) 이들에게서 오히려 큰 상처를 받기도 했다.

전혜원 어머니가 전교조 본부에 계실 때여서 제가 교사들을 많이 알았어요. 그런데 전교조 사무실에 갈 때마다 분위기가 싸해지더라고요. 전교조를 믿었던 만큼 뭐랄까, 배신감도 컸어요. 초반에 전교조가 조직 서명으로 어느 정도 모으겠다는 계산이 있었으니까 주민 발의 운동을 시작했던 것 같은데, 저는 이 꼬라지가 될 줄은 몰랐거든요. 서명 수가 안 나오던 와중에도 전교조는 책임진다고, 서명 받을 수 있을 거라고, 가봐야 되지 않겠냐고 그렇게 말했던 걸로 기억해요. 그 사람들이 서명을 못 모은 걸 떠나서 빈정이 상했던 건 예를 들면 이런 장면이에요. 제가 거의 한 달에 하루도 안 쉬고 서명을 받으러 나가던 때예요. 그날도 서명을 받고 있었는데 되게 오랜만에 나온 어떤 교사가 비도 오고 여건이 안 좋으니까 "힘들다. 이 정도 했으면 되지 않았냐. 집에 간다. 나왔으니 된 거 아니냐" 그런 말을 아무렇지 않게 하더라고요.

전혜원이 보기에 교사들에게 학생인권조례는 중요한 이슈가 아니었다. 진보적인 교사들이 모여 있다는 전교조조차 학생인권조례 제정 운동이 실제로 어떤 상황인지, 어떻게 진행되는지 모르는 조합원들이 훨씬 더 많았고 대부분 '교육감이 하면 되는 거 아냐?'라는 식의 반응을 보였다.

전혜원 '학생 인권'이라는 주제는 교사운동에서 그렇게 섹시한 주제가 아닌 것 같아요.

공현 그래도 최종적으로 전교조에서 9천 명 정도 받기는 했어요.

전혜원 지금 그걸 위로라고 하는 거예요? (웃음) 원래 거리 서명은 서명을 모으는 주된 방법이 아니었던 걸로 알고 있어요.

애초 계획에서 거리 서명은 홍보용이었다. 서울학생인권조례 주민 발의 직후에 경남에서 주민 발의로 학생인권조례 제정을 추진하여 총 서명의 약 80% 정도를 조직 서명으로 모으기도 했다. 서울에서도 전교조의 조직력과 학생 인권이라는 오래된 의제에 대한 높은 합의 수준을 순진하게 기대했지만 결과는 그렇지 않았다. 조직 서명이 계획처럼 이루어지지 않자 거리 서명이 서명을 모으는 주된 방법으로 동원되었고, 활동가들은 헌혈의 집에 들어가서 헌혈을 한 뒤 서명을 받고 장기 기증 서약과 서명을 맞바꾸는 등 그야말로 '피 팔고 간 쓸개 빼 주는' 엽기적인 방식까지 감행했다. 그렇게 캠페인을 통해 모은 서명은 2만 4천 장이었다.

전혜원　거리에서 서명을 받을 때, 청소년운동에서 전혀 지향하지 않는 멘트들을 써야 하는 것도 힘들었어요. "우리 아이들을 위해서"라는 말이 제 입에서 나올 줄은 몰랐어요. 어쩔 수 없었죠. 그렇게 이야기 안 하면 서명이 안 모아지니까요. 지나가는 사람들은 평범한 사람들이잖아요. 말을 할 때 '여성성'이란 것도 분출했죠. 힘들었는데, 그래도 전 좋았어요. 서명을 많이 받아서. (웃음)

청소년운동이 지향했던 많은 말들을 버리고, 여성성을 내세우고, 감정 노동을 하면서 주민 발의의 핵심은 '서명의 숫자'가 되어 버렸다. 이 모두가 서명의 제출 기한이 다가오고 있다는 압박과 주민 발의 실패에 대한 두려움 때문이었다.

전혜원　1%도 지지하지 않는 조례라는 오명을 얻게 되는 게 두려웠죠. 또 그때 여러 지역에서 학생인권조례를 준비하고 있었거든요. 그 와중에 서울에서 실패하면 그게 서울만의 문제가 아니라 다른 지역에도 나쁜 영향을 미치게 될까 봐 무서웠어요. 그 두 가지 공포가 너무 강했어요.
공현　사실 마감 한두 주 전까지만 해도 실패할 거라고 다들 생각했잖아요. 그때 받은 서명이 5만 명 정도밖에 안 됐고, 들어오기로 예정된 서명 숫자를 다 더해도 주민 발의에 필요한 수에서 5천 명 정도가 부족한 상황이었으니까.

전혜원 중복되거나 식별이 불가능해서 솎아지는 서명까지 고려하면 적어도 9만 명 정도는 받아야 안전하다고 했어요. 그렇게 따지면 3~4만 명이 부족한 거였죠. 그러니까 막판에 온라인 호소문을 완전 살포하다시피 하고, 언론에 기고 글 맨날 쓰고, 강연, 집회 있을 때마다 유명한 강사들한테 주민 발의 서명에 대해 한 번만 말해 달라고 부탁하고, 신문에 광고 삽지도 하고……. 아, 그리고 그 시기에 보수 진영에서 무상 급식 반대 주민 투표를 진행했잖아요. "아이들 밥상 뺏는 서명을 저렇게 많이 하는데 학생인권조례 제정 서명은 이렇게 안 하는 게 말이 되냐"라는 식으로 경쟁심을 부추기기도 했었죠. 그래서 그런지 막판에 서명지가 우편으로 확 쏟아졌어요. 근데 저희도 정확히 어떤 게 시민들의 마음을 움직였는지는 모르겠어요.

그렇게 서울본부는 '역전 만루 홈런'에 성공했다. 한 차례 무효 서명을 보정하는 기간을 거쳐서 1차로 8만 5천 명, 추가로 약 2만 명의 서명을 전달했다. 8월, 최종 인정된 유효 서명은 약 9만 7천 명이었다.

조례 개악이 만든 갈등

그로부터 약 4개월이 흘러, 무대는 서울시의회. 서울학생인권조례의 차별 금지 조항*에 포함된 임신/출산과 성적 지향, 성 정체성이 찬반 논쟁의 대상이 되면서 학생인권조례안의 차별 금지 조항에서 삭제될지도 모른다는 이야기가 나오자, 성소수자 단체들은 서울시의회 로비를 점거하고 농성을 시작했다. 뒤늦게 다른 청소년 활동가들도 농성에 함께했다.

전혜원　일단 일차적으로, 성소수자 단위와 이 서명 운동을 책임졌던 청소년 단위가 서로 감정이 많이 상했던 게 기억나요. 물론 드잡이를 하지는 않았죠.

그 당시, 서울본부에서 성소수자 차별 금지 조항을 삭제하고 조례를 통과시키려 한다는 와전된 소문이 돌았고, 그것이 감정이 틀어지는 원인이 되었다.

공현　성소수자 조항을 버리고 가자는 말이 나온 적은 없지만 그 개고생을 해서 만든 주민 발의가 무산되는 것만은 막아야 하지 않냐, 그 조항을 핑계로 조례를 끝까지 안 받을 경우 어떻게 할 거냐, 이런 논의는 했었죠. 성소수자 진영에서는 그런 논의를 한 것 자체를 용납할 수 없었던 것 같아요. 그런 식으로 비난을 하니까 서울본부 쪽에서는 또 '너희는 서명 받을 때 결합한 횟수가 한 손으로 꼽을 정도인데 이걸 만들 때 무슨 관심을 가졌다고 마치 주인인 것처럼 구냐'라는 불편한 속내가 있었던 것 같고요.

전혜원　성소수자 단체들이 밉다는 마음은 안 들었어요. 이렇게 된 상황

---

* 서울학생인권조례 제5조(차별받지 않을 권리) ① 학생은 성별, 종교, 나이, 사회적 신분, 출신 지역, 출신 국가, 출신 민족, 언어, 장애, 용모 등 신체 조건, 임신 또는 출산, 가족 형태 또는 가족 상황, 인종, 경제적 지위, 피부색, 사상 또는 정치적 의견, 성적 지향, 성별 정체성, 병력, 징계, 성적 등을 이유로 차별받지 않을 권리를 가진다.

2011년 12월 19일 서울본부를 비롯한 시민사회단체들이 서울시의회 앞에서 서울학생인권조례 원안 통과를 주장하는 기자회견을 열었다.

자체가 너무 마음이 아팠죠. 조례가 누군가를 배제하려고 만든 게 아님에도 불구하고 이런 식의 감정싸움이 된 것도 슬펐고요. 제일 싫었던 건 상임위 통과 즈음해서 "○○○ 의원님 통과시켜 주세요"라고 시의원들 이름을 하나하나 부르면서 기자회견을 했던 거예요. 내가 서명도 그렇게 비참하게 받았는데 왜 저 사람들한테 굽신거려야 되지 싶더라고요. 시의원들한테 부탁하거나 정당 끌어들이는 게 싫어서 주민 발의를 한 건데 결국 그런 슬픈 상황을 맞이한 거죠.

그리고 상임위가 되게 오래 논의했는데 의결이 다음 날로 미뤄졌잖아요. 바로 이틀 뒤가 시의회 정기 회의여서 그날 상임위 통과가 안 되면 본회의 통과가 어려운 상황이었거든요. 그런데 이날 저녁에 의결이 보류된 거예요. 그때 저를 비롯한 청소년 활동가들은 조례 자체가 무산

될 수도 있다는 공포 때문에 정말 기절할 듯이 울었어요. 정말 힘든 밤이었어요.

그러고 나서 정기 회의 날, 엄청 초조하게 기다렸는데, 성소수자 단체에서 "원안 통과됐다"는 이야기가 먼저 돌았어요. 저희도 원안이 통과된 줄 알았죠. 그런데 알고 보니까 집회/결사 부분이 많이 개악됐더라고요.

임신/출산, 성소수자에 대한 차별 금지 조항이 뜨거운 이슈가 되었던 것은 종교계에서 반발이 거셌기 때문이다. 보수 종교 단체들은 학생인권조례가 "임신/출산, 동성애를 조장하는 조례"라며 온갖 괴상한 선전 문구를 창조해 냈다. 결국 이 농성을 통해 차별 조항에 대해서는 원안을 지켜 냈지만, 교복 규정, 집회의 자유, 규정개정위원회 등의 부분은 상당히 후퇴했다.

전혜원 그 조례를 가지고 "원안이 통과됐다"라고 말할 수 있는 사람은 이 운동에 열심히 참여하지 않은 사람들이라고 생각했어요. 물론 통과돼서 기쁘긴 했지만, 이 운동에 헌신했던 사람들은 이렇게 누더기가 된 조례를 반길 수가 없었죠.

"조례는 힘이 없다는 말이 더 좋다"

이후 2012년 지방선거에서도, 2016년 지방선거에서도, 여러 교육감 후보들이 학생 인권 보장을 공약에 포함시켰다. 비록 2016년에는 학생 인권을 내세우는 것을 부담스러워한 민주·진보 후보도 존재하긴 했지

| 서울학생인권조례 주민 발의안과 시의회 최종 통과안 비교 |

	주민 발의안	최종 통과안
복장의 자유 축소	**제12조(개성을 실현할 권리)** ① 학생은 두발, 복장 등 용모에 있어서 자신의 개성을 실현할 권리를 가진다. ② 학교의 장 및 교직원은 제1항의 권리를 제한할 수 없다.	**제12조(개성을 실현할 권리)** ① 학생은 복장, 두발 등 용모에 있어서 자신의 개성을 실현할 권리를 갖는다. ② 학교의 장 및 교직원은 학생의 의사에 반하여 복장, 두발 등 용모에 대해 규제하여서는 아니 된다. 다만, 복장에 대해서는 학교 규칙으로 제한할 수 있다.
집회의 자유 축소	**제16조(의사 표현의 자유)** ③ 학생은 학교 안팎에서 집회를 열거나 참여할 권리를 가진다. ④ 학생은 학교 안팎에서 모임이나 단체 활동 및 정치 활동에 자유롭게 참여할 권리를 가진다. ⑤ 학교의 장 및 교직원은 학생이 표현의 자유를 행사하는 경우 부당하고 자의적인 간섭이나 제한을 하여서는 아니 된다.	**제17조(의사 표현의 자유)** ③ 학생은 집회의 자유를 가진다. 다만, 학교 내의 집회에 대해서는 학습권과 안전을 위해 필요한 최소한의 범위 내에서 학교 규정으로 시간, 장소, 방법을 제한할 수 있다. ④ 학교의 장 및 교직원은 학생이 표현의 자유를 행사하는 경우 이를 지도·감독할 수 있다. 다만, 부당하고 자의적인 간섭이나 제한을 하여서는 아니 된다.
청소년 성소수자들의 프라이버시권 축소	**제28조(소수자 학생의 권리 보장)** ④ 교육감, 학교의 장 및 교직원은 특히 성적 지향과 성별 정체성에 관한 정보를 본인의 동의 없이 보호자를 포함하여 다른 사람에게 누설해서는 아니 되며, 학생의 안전상 긴급성을 요하는 경우에도 본인의 의사를 최대한 존중해야 한다.	**제28조(소수자 학생의 권리 보장)** ⑧ 교육감, 학교의 장 및 교직원은 학생의 성적 지향과 성별 정체성에 관한 정보나 상담 내용 등을 본인의 동의 없이 다른 사람(보호자는 제외한다. 이하 같다)에게 누설해서는 아니 되며, 학생의 안전상 긴급을 요하는 경우에도 본인의 의사를 최대한 존중하여야 한다.
학생의 규정 개정 참여 권리 축소	**제48조(규정개정심의위원회)** ① 학교의 장은 학생의 인권을 보장하는 이 조례에 부합하도록 학칙 및 규정을 제·개정하기 위한 심의위원회(이하 "규정개정심의위원회"라 한다)를 두어야 한다. ② 규정개정심의위원회는 교원, 보호자, 인권 관련 지식이나 경험이 있는 전문가, 학생 대표로 구성한다. ③ 규정개정심의위원회는 학생들의 의견을 민주적이고 합리적으로 수렴하는 과정을 밟아야 한다. ④ 규정개정심의위원회는 규정 제·개정을 마친 후 그 결과를 교육감에게 보고하여야 한다. ⑤ 교육감은 규정 개정의 방향, 절차, 규정개정심의위원회의 구성에 관한 지침을 제시할 수 있다.	(삭제)

만, 이제 학생 인권이 교육감들의 공약 중 한구석을 차지하고 주요 쟁점이 되는 정도의 변화는 생겼다. 전국에서 제정된 혹은 제정 운동을 진행 중인 학생인권조례는 청소년운동에서 학생 인권이라는 주제를 제도권 안에 들여놓을 수 있는 발판 역할을 하고 있다.

> **전혜원**　학내 투쟁 할 때 편해졌어요. 그러니까 조례 제정 운동의 의미는 나의 편의? (웃음) 사실 학생인권조례가 양면적이에요. 조례가 있는 건 정말 다행이지만 학교 현장을 보면 조례가 '이만큼만 허용하면 된다'는 가이드라인의 역할도 하는 것 같더라고요. 경기도만 봐도 "학교는 두발의 길이를 규제하여서는 아니 된다(경기도학생인권조례 제11조 ②)"라는 조항을 우리는 "두발 길이는 특히 제한할 수 없다"라고 보는 반면 학교에서는 "두발 '길이'만 안 잡으면 된다" 이렇게 보거든요.

전혜원은 학생인권조례가 있는 경기도와 서울을 오가며 활동하면서 거듭 "나는 정말 편해졌다"고 말했지만, 한편으론 운동의 창의력이 사라지고 있다고 걱정했다. 예전에는 인권 침해가 일어나면 적극적으로 학내 투쟁을 고민하던 학생들이 교육청에 신고하면 해결되는 줄 알거나 "교장은 언제 잡혀 가냐?"라고 묻는 일도 많다는 것이다. 하지만 그런 학생들의 생각과는 달리 학생인권조례가 뿌리내리기는 아직 멀어 보이고, 미처 조례가 커버할 수 없는 인권 침해들도 많다.

> **전혜원**　아수나로에서 경기도의 학생 인권 관련 활동을 하면서 제일 중점을 뒀던 건 상벌점제였어요. 경기도학생인권조례 이후에 체벌의 대안적

방안으로 상벌점제가 떠올랐지만, 2011년 가운고 사건을 겪으면서 얼마나 큰 문제인지를 느꼈죠.

가운고는 당시 경기도 남양주의 신생 고등학교였다. 이 학교에서는 교칙에 '벌점이 80점 이상 누적된 학생은 퇴학'이라는 조항과, 흡연하다 네 번 이상 적발될 땐 퇴학시킬 수 있도록 하는 '흡연 특별 규정'을 두었다. 벌점 조항 중에는 '무례한 행동'을 하면 5~10점, 교사 지시를 이행하지 않으면 3점, 수업 태도 1~5점 등 교사의 주관적 판단이 크게 작용하는 것들이 다수 있었고, 그 결과 개교 4개월 만에 열여덟 명이 무더기로 퇴학을 당했다.

전혜원 명문고를 지향하면서 싹수 노란 애들을 솎아 내려는 작업이었던 거죠. 이걸 계기로 상벌점제에 대한 논의를 많이 했어요. 괜찮은 학칙 모델을 만드는 작업이나 상벌점제 실태 조사도 했고요. 생각해 보니 그것도 개고생이었네요. (웃음) 그런데 그 사업들 다 망한 것 같아요. 상벌점제가 정말 잘 자리 잡았거든요. 학생인권조례는 이렇게 자리를 못 잡는데 상벌점제는 왜 이렇게 빨리 자리를 잡는지 모르겠어요. 한번은 상벌점제 관련해서 경기도교육청 장학사랑 통화를 했는데 "안 때리는 것만도 다행 아니야?" 이러더라고요. 예전에는 학교와 면 대 면으로 싸우거나 직접적으로 뭔가 할 수 있는 게 있었는데, 조례가 생긴 이후에는 교육청을 더 많이 오가는 것 같아요. 그럴 때 교육청 사람들을 상대하는 것도 정말 힘든 일이에요.

상벌점제 같은 문제를 심층적으로 다루고 학생 인권 보장을 위한 의제를 발굴하는 등의 업무를 교육청에서 하도록, 조례에서는 3년마다 학생 인권 개선 계획을 제출하도록 하는 등의 장치를 두고 있지만 제대로 이루어지지 않는다. 학생참여위원회 등의 자문, 심의 기구는 전혀 운영되지 않을뿐더러 스펙의 한 종류가 되어 버리는 상황이 전혜원이 본 경기도학생인권조례 제정 이후의 풍경이었다. 당연히 교육청이 돈과 인력을 들여 해야 하는 일도 여전히 시민단체의 몫이다. 학생인권조례에서 학교의 의무로 두고 있는 인권교육에 대한 부분도 마찬가지였다. 조례 제정 움직임이 있기 전보다 인권교육의 수요는 급증했지만, 제대로 된 인권교육을 하기보다 안보 교육, 인성 교육, 학교 폭력 예방 교육 등으로 '퉁치는' 학교가 대다수였다.

공현 그래도 학생인권조례 제정 후에 뿌듯하다 생각했던 적이 몇 번 있지 않았어요? 예를 들어 서울에서 학생인권조례 서명을 받는데, 수원 사는 고등학생이 경기도에 조례가 생기고 좋아졌다고, 감사하다고 음료수 주고 가고 그럴 때요. 얼마 전에는 아수나로 성남지부 활동을 시작한 분이, "중1 때까지 학생인권조례가 없고 중2 때 학생인권조례가 생겼는데 생기고 나서 정말 좋아졌다. 두발도 안 잡고 때리는 것도 없어졌고 보충 수업이나 야자도 강제로 안 시킨다. 그래서 조례 생기기 전과 후가 삶이 달라졌다"라고 하더라고요. 저는 그럴 때 보람 있던데요.

전혜원 저는 요즘 학생인권조례가 아무런 힘이 없다고 말하는 학생들을 만나면 더 기분이 좋아요. 단순히 머리만 기르게 해 주는 게 다가 아니라는 걸 알아챈 것 같아서. 예를 들어 머리를 기를 수는 있는데 학생들

을 존중하지 않는다는 이야기를 할 때, 정착화와 별개의 측면에서 조례
가 전부는 아니라는 조례의 한계를 아는 것 같아서 좋더라고요.

각지의 진보 교육감 후보들이 학교인권조례, 교육공동체인권조례 등
다양한 이름의 '인권조례'들을 공약으로 들고 나온 것도 학생인권조례
운동의 성과라고 볼 수 있을까?

둠코 학생 인권 운동을 하는 이들 사이에서는 '유사 조례'라 불리는 것들
이죠.

전혜원 표면적으로는 교육 삼주체 간 균형 맞추기로 보이는데 면밀히 따
져 보면 전혀 그런 문제가 아니에요. 법안, 조례를 그런 식으로 만들면
이게 어떻게 작동을 할지, 현재 권력 구조에 어떤 영향을 미칠지가 뻔히
보이잖아요. 학생 인권이 진짜 잘 보장됐으면 조례는 필요 없던 거예요.
대학의 총여학생회랑 그 의미가 비슷한 거거든요. "(총남학생회는 없는데)
왜 유독 총여학생회를 두냐" 이런 비판들을 되게 많이 받지만, 여성의
사회적인 위치를 고려해서 총여학생회가 있는 거잖아요. 그런 맥락에서
학생인권조례가 있다고 봐요. 학생들이 더 약자이기 때문에. '유사 조례'
가 더 나쁜 건, 교사, 학부모에 대한 조항에 비해서 학생에게 부과되는
의무 조항이 너무 많기 때문이에요. 왜 권리 조례에 의무 조항이 들어가
는지 모르겠어요. 학교 안에서 더 많은 사람들의 더 많은 권리가 이야기
되는 것은 분명히 환영받을 일이지만 이런 방향은 전혀 유의미하지 않
은, 그냥 삼주체끼리 땅따먹기 하는 느낌이에요. 의도가 너무 불순해서
기분 나빠요.

어떻게 하면 청소년운동을 계속할 수 있을까

청소년운동을 접하면서 자신을 용서하는 법을 배우고, 좀 더 드세지고, 자기 이야기를 하는 것이 얼마나 중요한지 깨달았다는 그는 지금 대학생이다. 미래에 대한 불안과 부모와의 관계는 그 선택에 큰 영향을 끼쳤다. 대학에 들어간 것은 서울에 남아서 청소년운동을 계속하기 위해 부모와 협상한 결과였다.

전혜원　저는 대학을 안 가고 청소년운동을 계속하고 싶었는데 청소년운동 전체도 그렇고 제가 있었던 조직도 그렇고 나의 미래를 책임져 줄 수 있는 상황이 전혀 아니었거든요. 그 불안함이 삶의 많은 조건들을 변화시킨 것 같아요. 운동이 지속되려면 이 조직이 건강하게 전망을 만들어 나가는 것도 중요하지만, 현실적인 기반도 분명히 필요하다고 생각해요. 저는 청소년운동에 대해 가지는 애정이 정말 크거든요. 동료 활동가들이 되게 좋아요. 내 바닥을 보게 해 준다고 해야 하나? 별로 좋은 기분은 아니지만, (웃음) 나를 좀 더 객관적으로 바라보게 해 줘요. 그 사람들을 오래 볼 수 있었으면 좋겠어요. 그러려면 개별 활동가들의 헌신도 어느 정도 필요하지만 헌신만으로 될 수 없는 것이 있어서 경제적인 고민이 드는 거죠. 어떻게 하면 이 사람들과 오래 함께할 수 있을까, 나는 어떻게 하면 여기로 돌아와서 청소년운동을 계속할 수 있을까 그런 고민을 많이 해요.

청소년운동을 오래 한 그에게 대학은 문화 충격 그 자체였다. 선후배간의 위계는 엄격했고, 인사를 제대로 안 했다고 뒤에서 욕을 먹기도 했다. 술이 들어가면 상황은 더 심각해졌다. 선배가 후배한테 물리적인 얼차려 빼고는 다 시키는 분위기에, "여자애들 불러와라" 같은 말들도 아무렇지 않게 나왔다.

> **전혜원**　저도 많이 무뎌졌지만 아직도 그런 걸 못 견디겠어요. '과잠(대학 또는 학과별 점퍼)'의 우월 의식에 대해서 비판하는 기사를 〈오마이뉴스〉에 썼다가 살인 협박을 쪽지로, 휴대전화로 3일 내내 받았어요. 이런 환경에서 어떻게 제대로 된 인간이 살아남는지 그게 너무 의아할 정도예요. 친구들이 (청소년활동기상청 활기 후원 주점) 티켓을 사 줄 때랑 청소년 인권과 관련된 세미나 자리에서 되게 뜨겁게 논쟁할 때, 그럴 때 말고는 학교생활의 의미를 모르겠어요. 그래서 그런지 대학 생활을 정말 개판으로 해요. 학사 경고를 두 번이나 받았어요. 이제 한 번만 더 맞으면 제적이에요. 매 학기를 마지막이라는 생각으로 다녀요. (웃음) 저한테는 역시 구르면서 배우는 게 더 맞는 거 같아요.

전혜원은 요즘 학교를 좀 쉬어 볼까 생각 중이다. 너무나 급작스럽게 대학에 진학하게 되고 쉴 새 없이 치이면서도 대학이 자신에게 어떤 공간인지 생각해 볼 틈이 없었다고 한다. "학교를 다니면서 잘 안 나가는 것과 휴학은 천지 차이"라고 강조하기도 했다.

> **전혜원**　고등학교를 그만두고 처음 운동할 때는 내가 커서 뭐가 될지도 모르고, 내가 뭘 할 수 있을지도 모르는데 그걸 찾아가는 거 자체가 좋

았거든요. 그동안 저한테 없었던 시간이라서. 지금 그런 시간이 좀 필요한 것 같아요. 대학을 거부하지 못했는데, 그때 내지 못했던 용기를 다시 내게 될 수도 있고요. 요즘 부쩍 심하게 그 생각을 하는 것 같아요.

2011년, 동년배의 몇몇 활동가들이 대학/입시 거부를 선언하던 해에 전혜원은 대학에 입학했다. 그들과 함께 입시 거부를 하지 못하고 대학에 입학한 데서 비롯된 미안함이 마음에 남아 있는 것 같았다.

전혜원　그해에 저와 가까웠던 친구들이 전부 대학 거부를 했거든요. 그런 죄책감이 있어요. 이후에 그 사람들의 삶과 나의 삶이 달라졌잖아요. 물론 대학을 다니는 나도 힘들고 거부한 그이들도 힘들지만, 그게 같은 힘듦인가, 누가 더 힘드냐가 아니라 아예 결이 다른 힘듦이겠다는 생각이 들어요. 그런데 이런 고민을 해도 대학을 그만두는 건 대학을 가는 것보다 좀 더 힘든 선택일지도 모르겠어요. 어떻게 살지 고민하게 돼요. 장래 희망은…… 4대 보험이 되는 단체의 상근자!

이야기를 하는 동안, 처음으로 전혜원의 이야기를 이렇게 길게, 자세히 들어 봤다는 것을 새삼 느꼈다. 함께 굴러다녔던 뜨거운 시기에서 살짝 멀어진 지금, 함께했던 기억들과 지금 그의 고민은 대학/입시 거부 참여자인 내가 알게 모르게 쌓아 오던 감정의 서걱거림을 조금 누그러뜨려 주었다. 그와 앞으로도 좀 더 진하게, 좀 더 가까이서 함께 운동할 수 있었으면 하고 바랐다.

날 도태시키지 않는
사회를 만들고 싶다

김동균(어쓰)

글 공현

모든 기억은 마음에 새겨지는 일종의 상처일지도 모른다. 많은 청소년 활동가들이 서울학생인권조례 주민 발의 운동 덕분에 너덜너덜해져 가는 듯한 기분으로 2011년을 보냈다. 그렇지만 2011년이 서울학생인권조례 주민 발의 하나만으로 채워졌던 것은 아니다. 주민 발의 서명을 일단락하고 여러 청소년 활동가들이 좀 쉬고 싶어 했던 여름철, 또 하나의 굵직한 운동이 준비되고 있었다. 2011년 한 해를 한층 더 치열했던 시간으로 기억하게 만드는 상처. 어쩌면 참여했던 사람들의 삶에, 주민 발의 운동보다 더 오랫동안 흉터로 남을 운동. 바로 '대학/입시 거부 운동'이다.

2011년 대학/입시 거부 운동에 대해 이야기해 줄 수 있는 적당한 사람을 고민하던 중 어쓰가 떠올랐다. 어쓰는 2011년 대학/입시 거부 운동에서 20대 대학 거부 선언을 만들었고, 그 뒤에도 2012년 초까지 이 운동에 함께했다.

지난 2014년 7월, 청소년운동 단체들이 함께 쓰는 사무실 '나름아지트'에서 어쓰를 만났다. 인터뷰를 진행할 둠코와 셋이 둘러앉고 보니, 또 모두 대학/입시 거부 운동을 한 대학 거부자들이었다. 둠코는 대학/입시 거부 운동을 처음 제안한 제안서에 이름을 올린 사람이기도 했다. 대학/입시 거부 운동에 대한 인터뷰도 서로의 기억을 꺼내 놓는 자리가 될 것 같다는 예감이 들었다.

'개인의 선택'에서 '의미 있는 목소리'로

2011년 이전에도 대학/입시를 거부하는 사람들의 행동과 사건은 있었다. 가장 많은 사람들이 기억하고 있는 것은 아마도 2010년 3월 고려대 김예슬의 대학 거부 선언일 것이다. 당시 고려대 학생이었던 김예슬은 정경대학 후문에 장문의 대자보를 붙여 "이름만 남은 '자격증 장사 브로커'가 된 대학, 그것이 이 시대 대학의 진실임을 마주하고 있다. 대학은 글로벌 자본과 대기업에 가장 효율적으로 '부품'을 공급하는 하청 업체가 되어 내 이마에 바코드를 새긴다"라고 대학 교육을 비판하며, "쓸모 있는 상품으로 '간택'되지 않고 쓸모없는 인간의 길을 '선택'하기 위해" 대학을 그만둔다고 선언해 사회에 적지 않은 파장을 일으켰다.

그리고 그와는 또 다른 맥락에서, 청소년운동이나 대안교육 쪽에서 '수능 거부'의 형태로 대학/입시 거부를 선언한 역사가 있다. 2002년에는 학생인권과교육개혁을위한전국중고등학생연합(학생연합) 광주지부에서 활동하던 박고형준이 수능 날 시험을 보지 않고 광주시교육청 앞에서 '대학 평준화'를 주장하는 1인 시위를 했다. 2007년에는 허그루, 2008년 김남미(엠건) 등 청소년 활동가들이 경쟁과 차별로 학생들을 채찍질하는 입시에 대한 문제의식으로 수능 거부 선언을 했다. 2011년 대학/입시 거부 운동은 청소년들의 입시 거부 선언에 더해 대학을 안 간 20대들 또는 대학생인 20대들의 대학 거부 선언도 함께 이루어졌기 때문에 이러한 두 흐름을 합친 것이라고 볼 수 있다.

2011년 대학/입시 거부 운동이 그 이전과 차별화된 부분을 꼽자면, 첫 번째는 집단화되었다는 점이다. 그 이전까지 수능일에 수능 거부 선언을 하는 사람들은 많아야 두세 명 정도였다. 말할 것도 없이 김예슬 씨도 혼자였다. 그러나 2011년에는 열 명이 넘는 집단적인 선언이 되었다. 두 번째 차이점은 대학/입시 거부에 독자적인 기획이 있었다는 것이다. 이전까지 수능 거부 선언은 수능일에 혼자서 1인 시위를 하거나, 아니면 '입시 폐지 대학 평준화 운동'의 기획 속에 배치된 하나의 행동이었다. 그래서 거부자는 별도로 거부하는 이유를 정리한 선언문을 발표하지 않았다. 입시 폐지를 요구하는 단체들의 기자회견

어쓰

문이 전부였고, 거부자는 언론 인터뷰 등을 통해 왜 거부했는지를 이야기하는 정도였다. 2010년 김예슬의 영향을 받아서 수능 거부를 했다고 밝힌 고다현은 별도로 교육 단체들과 기자회견을 갖지도 않았다. 반면 2011년의 대학/입시 거부 운동은 몇 달에 걸쳐 거부자를 모으고 거부 선언을 알리는 것부터 시작해서 여러 활동 계획이 있었고 수능일 거부 선언 발표나 거리 집회 등 연속성 있는 활동을 기획했다. 대체 2011년에는 왜 이렇게 양상이 변했을까? 어쓰가 이야기한 이유는 우스울 정도로 단순했다. 청소년운동 활동가들 가운데 그해에 19세(고3)가 된 1993년생 친구들이 많았다는 것이다.

어쓰 청소년운동 단체에 유독 1993년생들이 많이 있었어요. 그래서 그 전부터 "93이 많네. 93들 갖고 뭐 할 수 있겠다"라고 농담처럼 말해 왔는데 2011년은 그 93들이 열아홉 살, 학년으로 고3이 되는 해였어요. 그 해 1993년생 다섯 명이 처음 모여서 제안을 했어요. 그 사람들은 각각의 이유로 대학을 진학하지 않겠다고 이미 선택한 사람들이었던 거죠. 그걸 하나의 운동으로 제안한 건, 그 1993년생들이 대학을 가지 않고 수능을 보지 않는 것을 그저 개인의 선택으로 놔두는 게 아니라 하나의 의미 있는 목소리로 만들 수 있지 않을까 생각한 결과였고, 생각이 맞았던 그 다섯 명이 제안서를 뿌리면서 본격적으로 운동이 시작됐어요.

공현 그 다섯 명이 둠코, 따이루, 공기, 다영, 쩡열이었죠? '93-고3(구삼고삼)' 하는 말장난에 착안해서 시작했다는 설도 있었는데요. (웃음)

둠코 철거 투쟁 현장 '마리' 근처 카페에 들어가서 "올해에 이거 할 거야?" 그러다가 그 자리에서 대충 기조를 잡고 "주변에 1993년생 누구 있냐? 다 찔러 봐" 그러면서 제안자를 모았던 기억이 나요.

청소년운동에 1993년생이 유독 많았던 이유는 단순한 우연이었을지도 모르지만, 청소년운동의 발전사와 관련해서 설명할 수도 있을 듯하다. 청소년운동이 조직적으로 재정비된 것이 2006~2007년이었고, 2008~2009년에는 청소년인권행동 아수나로(아수나로)를 비롯해서 여러 청소년 활동가들이 양적으로 늘어났다. 1993년생들은 2008~2009년에 16~17세였다. 학교를 다닌다면 중3~고1이었는데 그 무렵에 일제고사 반대 투쟁이나 촛불 집회 등을 접하고 청소년운동을 시작한 사람들이 많았다. 실제로 제안자 다섯 명 중 따이루를 제외한

네 명은 2008년 또는 2009년에 청소년운동을 시작한 이들이다. 즉 청소년 활동가들이 증가하면서 대학 입시의 문제를 운동으로 생각하고 거부할 수 있는 복수의 사람들이 형성되었던 것이다.

그렇게 제안서를 발표하면서 본격적으로 2011년 대학/입시 거부 운동이 시작됐다. 그리고 9월 3일, '대학 거부 선언 행동 준비 런칭 기념 회의'가 열렸다. 대학/입시 거부 운동이라는 것을 새롭게 '런칭'하는 자리. 기존에 운동을 하던 활동가가 아닌 사람들도 다수 와서 열다섯 명이 넘는 사람들이 참여했다. 그 회의에서 모임의 이름이 '대학/입시거부로삶을바꾸는투명가방끈들의모임(투명가방끈모임)'으로 정해졌다. 그리

고 10대들의 대학 입시 거부 선언을 준비하는 것과 별도로 '20대 선언'
을 준비하자는 이야기도 나왔다.

어쓰 저는 그때 스무 살이라서 수능 거부는 시기가 지나 있었는데 제
가 이 운동을 같이하게 된 건 공현 때문이에요. 고3, 1993년생들이 올
해 수능을 거부한다고 했을 때 이미 그 나이를 지나 버린 우리는 어떻게
같이할 수 있을까 그런 고민을 공현이 던졌고, 스무 살이 넘은 참가자들
이 많이 있긴 했지만, 그중에서도 나랑 공현이 맨 처음 같이 준비를 했
죠. "우리도 대학을 거부했다, 입시 거부 선언을 지지한다"라고 힘을 실
어 줄 수 있는 활동을 해 보자는 생각이었던 거 같아요. 그래서 그해에
1993년생들 및 고3들의 입시 거부 선언이 있었고 20대들의 대학 거부
선언은 별도로 나왔어요. 그렇게 선언은 둘로 갈라져 진행했지만 집회나
거리 선전전 등의 활동은 같이했죠.

그렇게 시작된 투명가방끈모임의 대학/입시 거부 운동은 같은 해
11월까지 진행됐다. 주로 참여한 사람들은 처음 제안한 다섯 명과 청소
년인권활동가네트워크, 아수나로 등에서 활동하던 청소년 활동가 대여
섯 명이었다. 진보교육연구소의 상근 활동가였던 박유리도 참여해 진
보교육연구소를 모임 장소로 이용할 수 있었다. 이전에는 활동을 하지
않던 사람이 새롭게 참여하기도 했다.

'효율이 좋았던' 대학/입시 거부 운동

투명가방끈모임은 만들어지자마자 숨 가쁜 활동에 들어갔다. 처음 제안한 사람들이 욕심을 많이 내기도 했다. 처음 제안했던 기획은 굉장히 컸고, 그중에서 불가능한 것들은 덜어 냈음에도 활동 계획이 매우 다채로웠다. 우선 런칭 기념 회의 직후인 9월 중순에 토론회를 열었다. 이 자리에서는 대학/입시 거부 운동의 문제의식과 요구가 무엇인지 정리하는 토론이 이루어졌고, "교육의 목표가 입시와 취업이 돼선 안 된다", "흥미와 적성에 맞는 다양한 교육이 있어야 한다", "누구나 대학을 나오지 않아도 생계를 꾸릴 수 있도록 안정적인 사회보장이 필요하다" 등의 제안이 나왔다. 어쓰는 이 토론회 자리에 참석하면서 대학/입시 거부 운동을 시작했다.

> **어쓰** 저는 토론회 때 처음 왔으니까 약간 늦게 활동에 결합했는데, 그 시점에서 이미 로드맵 같은 건 다 나와 있었던 거 같아요. 기획안을 보면 일정들이 쭉 나와 있는데 거의 일주일에 한 개씩 행사가 배치되어 있었고, 그래서 "진짜 할 수 있어?" 이런 질문을 던졌죠. 실제로 다 하진 못했지만 그래도 뭔가 많이 했어요.

어쓰가 잊지 못하는 활동 중 하나는 지지 현수막 사업이었다. '배달 사고' 때문인데, 당시 투명가방끈모임에서는 다른 시민사회단체들로부터 후원금을 받고 "○○은 대학/입시 거부 운동을 지지합니다" 등의 문구를 넣은 현수막을 제작해서 보내 주는 사업을 했다. 재정 충당을 겸

투명가방끈모임은 2011년 9월 24일 토론회를 열어 대학/입시 거부 운동의 문제의식과 요구를 정리했다.

해서 여러 단체들에 지지를 호소하는 일이기도 했다. 20여 개 단체들이 현수막을 신청했다. 현수막을 각 단체들에 보내기로 한 날, 어쓰는 꼭 차로 현수막을 배달해야 한다는 모 활동가의 성화에 못 이겨 타 단체에서 빌린 승합차를 타고 서울 도로 한복판으로 나섰다. 하지만 절반도 채 배달하지 못하고 교통사고를 냈다.

어쓰   아니, 운전면허를 딴 지 3일 만이었어요. 면허증에 아직 잉크도 안 말랐을 때였거든요. 택배로 보내도 되고 지하철로 갖다 줘도 됐잖아요. 왜 굳이 차를 고집했는지 모르겠어요. (웃음)

투명가방끈모임은 '대학/입시 거부'라는 주장이 사람들에게 생소할 수도 있지만, 동시에 대학 입시의 문제점이나 학벌주의·학력 차별의 폐해 등에 대해서는 이미 폭넓은 공감대가 있기 때문에 충분히 지지를 얻을 수 있다고 생각했다. 이에 따라 여러 시민사회단체들이나 개혁적, 진보적인 시민들에게 대학/입시 거부 운동을 홍보하기 위한 다양한 계획을 세웠다. 당시에 한창 이슈가 되던 한진중공업 희망버스에 타서 홍보를 하기도 했다. 어쓰는 개인적으로 희망버스 기획단에도 참여하고 있었기 때문에 희망버스에 가서 홍보를 하는 것에 적극적으로 함께했다. 광장에서 열리던 여러 집회에도 참여했다.

어쓰 지지 현수막처럼 자잘한 사업들이 많았어요. 길거리 선전전 같은 것도 있었고요. 그래서 시청 광장에 자주 갔어요. 그때 했던 것 중에 하나가 뻥튀기를 나눠 주면서 "대학 입시 다 뻥이다"라고 홍보를 하는 거였어요. 그때가 또 희망버스 기간이어서 홍보를 위해 희망버스를 타고 부산에도 갔죠. 전 그때 희망버스 기획단이라서 같이 갔었어요. 투명가방끈 선전지가 늦어져서 다른 버스에 실려서 왔나, 그래서 전화로 "몇 호 차에 있어? 가지러 가야 돼!" 이러면서 찾아온 기억이 나요. 모금함이랑 선전지랑 뻥튀기를 돌렸어요. 재밌는 기획이었던 것 같아요. 나중엔 뻥튀기가 너무 많이 남아서 뿌리고 다니고 한 봉지씩 통째로 주고 했는데 그걸 기억하는 사람이 되게 많았어요. 희망버스 기획단에서 평가 회의를 할 때도 뻥튀기 이야기가 나오더라고요.

10월 31일에는 '입시 좀비 스펙 좀비 핼러윈 행진'을 홍대 앞 거리에서 진행했다. 대학 거부자들과 그 지지자들이 '좀비', '저승사자' 등으로 분장하고 홍대 거리 인근을 행진한 것이다. 청소년들이 입시와 스펙에 매여 좀비처럼 살고 있음을 그렇게 비꼰 것이었다. 입시 경쟁과 대학 교육의 현실을 고발하는 피켓들과, 11월 12일 거리 집회에 나와서 모두 '부활'하자는 홍보도 곁들였다.

어쓰 　생각보다 많은 사람들이 와서 재밌게 행진했던 기억이 나요. 그날이 핼러윈 데이이기도 했고요. 다들 분장을 하니까 뭔가 자신감이 생겼던 거 같아요. 구호를 외치는데 평소에 소극적이었던 애들도 소리를 엄청 질렀어요. 제가 (분장과 사진이) 예쁘게 나왔죠. 그 뒤에 대학 거부 선언과 대학 입시 거부 선언을 하고, 거리 집회를 했어요.

11월 12일에는 '경쟁과 학벌만을 강요하는 교육과 사회를 바꾸는 거리 행동'이라는 긴 이름의 집회를 열었다. 이 집회는 대학/입시 거부자들뿐만 아니라 그 운동의 취지에 동감하고 지지하는 많은 사람들이 모

2011년 10월 31일, 투명가방끈모임은 홍대 거리에서 좀비, 유령, 저승사자 등으로 분장을 하고 '핼러윈 행진'을 진행했다.

일 수 있게끔 기획되었다. '교육혁명공동행동' 등의 교육 단체 연대체들과 공동으로 준비했다. 그 이전 해에 열렸던 '안티 수능 페스티벌'이나 '입시 폐지 대학 평준화 거리 집회' 등을 대신하여 마련된 자리였다. 서울 종로구 청계광장에서 열린 집회에는 200여 명의 사람들이 모였다.

어쓰 사람들도 많이 오고 내용도 잘 채워진 집회였어요. 광화문 파이낸스센터 앞에서 하고 청계광장을 한 바퀴 돌았나. 행진 신고를 안 하고 행진을 했던 거 같아요. 전체적으로 보면 우리가 준비를 충분히 못하고 급하게 했는데도 엄청 지지를 많이 받았어요. 대학/입시 거부 운동은 우리가 했던 그 어떤 운동보다도 대중적 지지를 많이 끌어낸 운동이라고 생각해요.

어쓰는 2011년 대학/입시 거부 운동이 '효율이 좋았다'고 평가했다. 9월에 시작해서 약 2개월 반 동안 활동을 했으니 아무래도 준비가 많이 미흡했는데, 그에 비해서 사람들에게 많이 알려졌고, 긍정적인 반응도 많이 끌어냈기 때문이다. 나는 반대로 이 운동이 생각보다 지지를 덜 받았다고 기억하고 있었다. 이 차이는 아마 기대치가 달랐던 데에서 기인하는 것 같다. 나는 교육 문제나 학벌주의에 대한 사람들의 문제의식과 공감대가 이미 많이 형성되어 있기 때문에, 기존의 교육운동 진영을 비롯해서 여러 사람들의 폭넓은 지지를 받을 수 있을 것이라고 내심 많은 기대를 했다.

그런 기대치의 문제를 빼놓고 보면, 어쓰의 말대로 2011년 대학/입시 거부 운동은 굉장히 많은 지지와 관심을 받은 운동이라고 할 수 있다. 청소년운동이나 교육운동 등에 대해 잘 모르던 사람들도 투명가방끈모임의 온라인 카페에 들어와서 "역시 대학 서열과 나온 학교에 따라 차별하는 것이 문제다", "청소년·청년들이 이렇게 다른 길을 찾아야 한다"라는 응원 글을 남기는 등 다양한 방식으로 참여하고 후원해주었다.

그렇지만 동시에, 대학/입시 거부 운동을 둘러싼 세간의 부정적인 반응도 있었다. 성적이 나쁜 애들이 괜히 생떼를 쓴다는 식의 인신공격은 투명가방끈모임 관련 기사에 대한 반응으로 가장 흔하게 찾아볼 수 있는 것이었다. 국가 경쟁력을 위해서 한국은 교육에서 경쟁을 시키고 차별을 할 수밖에 없다는 논리도 쉽게 찾아볼 수 있었다. 투명가방끈모임은 그런 의견들에 하나하나 반박을 하기보다는, 보는 관점을 달리할 것을 계속 이야기했다. 거부자들 중에는 성적이 좋은 사람도 나쁜 사람도 있지만, 성적이 나쁜 사람들이야말로 이 교육 체제에서 차별을 받는 이들이니까 더 문제 제기를 할 수 있어야 맞지 않나? 국가 경쟁력보다도 사람들의 삶과 행복의 문제를 먼저 생각해야 하지 않는가?

그리고 사실 가장 껄끄럽고도 불편했던 반응, 또한 가장 대처하기 어려웠던 반응은, 바로 대학/입시 거부 운동조차도 학벌의 서열 구조 속에서 설명하려고 드는 언론의 모습이었다.

학벌 거부도 학벌순?

2011년 대학/입시 거부 운동에서 국면 전환의 계기가 된 사건은 10월 14일, 내가 서울대에 자퇴한다는 '대학 거부' 대자보를 붙인 것이었다. 이는 9월에 토론회를 비롯한 다른 여러 활동을 했음에도 대학/입시 거부 운동이 잘 알려지지 않았던 상황을 타개하기 위해 내놓은 고육지책이었다. 대학/입시 거부 운동을 이슈화하기 위해 처음 계획했던 활동들 중 일부는 무산되기도 했고, 또 릴레이 1인 시위나 토론회 등 실행에 옮겼던 활동들도 기대만큼 관심을 받지 못했다. 그래서 10월 초에 투명가방끈모임에서 상의를 한 뒤, 서울대에 대자보를 써서 붙였다. 대자보에서는 투명가방끈모임과 대학/입시 거부 운동을 주된 내용으로 부각시켰다.

이슈화 자체는 성공적이어서 여러 언론들에 보도가 됐다. 대자보를 붙인 바로 다음 날에는 하루 동안 기자 열두 명과 인터뷰를 하고 몸살이 나서 하루 앓아눕기도 했다. 어쨌건 '투명가방끈', '대학 거부'라는 단어가 세간에 많이 회자되게 만드는 데는 성공한 셈이었다. 비록 "서울

대 자퇴생 따라 줄줄이 대학 자퇴"*와 같이 사실 관계가 틀린 제목의
기사가 나기도 했지만 말이다.

이런 현상은 단지 '서울대'라는 유명세에서만 비롯되는 것이 아니
었다. 사람들, 특히 언론은 대학/입시 거부까지도 서열화하려고 했다.
예를 들어 10대들의 대학 입시 거부 선언보다 20대들의 대학 거부 선
언에 더 많은 관심을 보였다. 20대들 중에서도 아예 대학을 안 간 사람
보다는 대학을 다니다가 자퇴한 사람을 찾았고, 대학을 다니다가 자퇴
한 사람 중에서는 '인서울 대학', 소위 '명문 대학'을 자퇴한 사람을 더
섭외하고 싶어 했다. 어쓰는 11월 1일 20대의 대학 거부 선언 기자회견
과 11월 10일 수능 시험일의 대학 입시 거부 선언 기자회견 모두 "기자
회견 참가자보다 기자들이 더 많이 온 기자회견이라서 신선했다"면서
도 "20대 대학 거부 기자회견에 기자나 사람들이 더 많이 와서 아쉬
웠다"고 회상했다.

공현 청소년들의 입시 거부보다도 20대들의 대학 거부가 더 관심을 받았
고, 기자회견에 온 기자들도 질문이 다 '어느 대학에서 자퇴했느냐?'였
어요. 그걸 보면서 '역시 20대가 10대에 비해 사회적 주목을 받는 세대'
라는 생각을 했어요.

어쓰 맨 처음에는 1993년생, 열아홉, 고3들의 대학 입시 거부 선언, '올해
내 친구들이 수능을 볼 때 나는 거부한다'라는 그 선언이 메인이고 제
가 준비한 20대 대학 거부 선언은 그걸 지원하는 느낌이었거든요. 투명

---

* MBN, 2011년 10월 31일.

가방끈모임 안에서의 분위기도 그랬는데, 정작 뚜껑을 열었을 때는 '서울대 자퇴생 공현'이 엄청 부각되고, 인터뷰 요청이 공현한테 몰리는 상황이 벌어져서 우리 모두가 한탄스러워했어요.

어쓰 말처럼 2011년 대학/입시 거부 운동의 주인공은 청소년들의 입시 거부 선언이었다. 단적으로 선언문을 만들고 합의하는 데 공을 들인 정도도 달랐다. '대학 입시 거부 선언'은 선언자들이 미리 선언문에 들어갔으면 하는 내용들을 써서 공유하고 그 내용들 중 문장을 따와서 초안을 만들었다. 그 뒤 선언 발표 전에 모여서 '총회'를 하고 선언문의 자구 하나하나를 다듬고 토론하면서 완성했다. 그에 비해 대학 거부 선언은 어쓰가 초안을 쓴 뒤 몇몇 선언 참가자들이 온라인으로 수정 의견을 줘서 다듬은 게 끝으로, 비교적 간략하게 준비되었다.

그런데 주인공인 사람들과 그들의 목소리가 후순위로 밀려나는 것은 슬픈 일이었다. 기자들은 대학 입시 거부 선언에 와서도 '서울대를 자퇴한 공현'의 인터뷰를 하려고 했다. 나는 결국 사람들이 '투명가방끈모임'을 기억하지 않고 '김예슬', '공현(유윤종)', '장혜영(2011년 11월에 연세대에서 대자보를 붙이고 자퇴했다)'을 기억하지는 않을까 하는 두려움이 들었다. 서열화야말로 대학 거부를 집단적인 선언이자 운동으로 만듦으로써 우리가 극복하고자 했던 문제였는데, "대학 거부도 학벌순"이라는 자조적인 평가도 나왔다.

어쓰 반 농담처럼 자주 했던 이야기가 "심지어 대학 거부 운동이나 학벌을 거부하는 활동조차도 학벌이 있어야 할 수 있는 거냐"였어요.

톰코 당시에 들었던 기획 중에 최고로 괴상했던 것이, 어느 라디오 프로
그램에서 연세대 자퇴생과 서울대 자퇴생과 고려대 자퇴생, 'SKY'를 모
아서 대담을 하겠다는 거였어요. 원래는 언론에서 섭외 요청이 오면 사
람들한테 의사를 타진해 본 다음에 거절하는데, 그때는 너무 화가 나
서 "우리 그딴 거 안 한다"고 먼저 폭발을 하고 그 다음에 공현한테 거절
했다고 형식적으로 연락했죠.

'20대 이상' 대학 거부 선언에는 총 서른 명이, 그리고 대학 입시 거부
선언에는 총 열여덟 명이 참여했다. 대학 거부 선언은 연령 범위가 넓었
고, 대학 입시 거부 선언에 힘을 싣는 의미에서 과거에 수능 거부를 했
던 사람 또는 과거에 대학을 중퇴하거나 진학하지 않은 사람들도 광범
위하게 참여하도록 했기 때문에 상대적으로 수가 많아졌다. 거꾸로 대
학 입시 거부 선언에 참여하려고 한 청소년 중에는 참여하겠다고 했다
가 바로 직전에 친권자의 반대와 압박으로 취소한 사례들도 있었다. 자
기 진로를 결정하는 일이든, 언론과 사회의 관심이든, 여러모로 대학 입
시를 거부하는 청소년들은 서러운 입장에 있었다.

입시 폐지 운동의 '얼굴'을 드러내다

그 이후 투명가방끈모임은 사회의 학벌주의에 대해 문제를 제기하는
'학벌종말팀', 대학/입시 거부 운동에 참여한 거부자들의 다양한 이야
기를 엮어서 책으로 만드는 '출판팀', '투명가방끈 콘서트'를 준비하는
'콘서트팀'으로 나누어서 활동하려고 했다. '콘서트팀'은 2012년 3월 '투

명가방끈 콘서트'를 열었다. '투명가방끈 콘서트'는 거부 선언에 참여했던 음악가들과 이런 문제의식에 공감하는 여러 음악가들이 참여해서 꾸려졌다. 하지만 그 콘서트가 끝난 뒤 투명가방끈모임은 계속되지 못했다.

어쓰 콘서트를 끝으로 1년 넘게, 뭐랄까, 와해됐다고 해야 하나요?

둠코 공중분해되다시피 했죠. 대학/입시 거부 운동이 2011년에는 몰아치는 일정이었는데, 사실 더 장기적인 계획은 없었고, 해가 바뀌고 나서 갑자기 장기적인 계획을 세우려고 하니까 뾰족한 게 없었어요.

어쓰 2011년 막바지 수능철까지의 투명가방끈모임과, 콘서트를 할 때까지의 투명가방끈모임, 그 이후 투명가방끈모임의 성격이 다 달라요. 그건 운동 단체 혹은 운동 조직의 성격을 가지냐 안 가지냐의 차이였던 거 같아요. 콘서트도 운동적 의미를 담아서 한 건 아니었으니까요. 그때부터 투명가방끈모임 안에 모여서 책을 읽는다든가, 밥을 먹는다든가, 얼굴 보고 놀 수 있는 소모임이 생겼어요. 그렇게 변하고 나서는 계속하고 싶은 마음이 크게 들지 않았어요. 저는 운동 조직으로서의 투명가방끈모임을 기대하고 같이했던 거거든요.

투명가방끈모임이 인력이나 준비된 것에 비해서 너무 많은 것을 하려고 욕심을 냈기 때문에 결국 전부 지쳐서 나가떨어졌던 것은 아닐까 하는 생각도 든다. 물론 모임이나 운동에 대해 서로 생각하는 상이 달랐고 합의가 되지 않은 이유도 컸을 것이다. 서울학생인권조례 주민 발의와 투명가방끈모임을 연달아 하면서 청소년 활동가들에게 쌓인 피로도 분명 영향이 있었을 것이다. 투명가방끈모임은 그렇게 대외적 활동은 없는 사람들의 모임으로 유지되다가, 2013년 하반기부터 거부 선언 등을 다시 해 나가고 있다. 현재도 투명가방끈모임 안에는 대학 거부 이후의 대안적인 삶의 방식에 대해 논의하는 흐름과, 교육 및 학력·학벌 차별 등에 대해 문제를 제기하고 운동을 만드는 흐름이 공존하고 있다.

2011년 대학/입시 거부 운동은, 앞서 말했다시피 대학/입시 거부 선언을 집단적인 운동으로 처음 만들었다는 데 의의가 있다. 그리고 그렇게 집단적인 운동이 되었을 때 거부자들은 따로 떨어진 존재가 아니라 서로 연결되고 자신의 삶을 긍정할 수 있는 힘을 가질 수 있게 된다. 어쓰에게 2011년 대학/입시 거부 운동은 어떤 의미였을까.

어쓰 저는 되게 좋았어요. 이 활동으로 저의 선택이나 그 선택 이후 살고 있는 제 현실이 좀 증명되고 있단 느낌을 받았다고 해야 하나? 대학에 가지 않는 것을 개인의 선택으로 남기지 않고 의미 있는 목소리로, 그러니까 공론화 혹은 운동으로 만드는 작업이 된 거 같아요.

모두가 대학 입시를 향해 달려가는 입시 교육 혹은 경쟁 교육 속에서, 수능을 보지 않는, 입시를 치지 않는 맥락은 굉장히 여러 가지가 있어요. 그런데 사회에서 인정받는 방식은 대학을 가거나 아니면 대학을 그만두더라도 빌 게이츠처럼 되는 것뿐이잖아요. 그 두 가지만 권장되거나 이해되는 사회에서, 사실은 "저는 대학을 그만둡니다. 그렇지만 제가 대학을 그만두는 건 빌 게이츠처럼 되려는 게 아니라"로 시작하는 여러 가지 말들이 있다는 것을 알린 거예요. 저 같은 경우 왜 대학에 안 갔냐는 질문도 많이 받고 인터뷰도 백 번은 더 한 거 같은데, 그런 질문을 받을 때마다 "그냥 안 갔다"고 대답했거든요. 어영부영 살다 보니까 대학을 안 가 있었다고요. 뭔가 거창하고 대단한 이유가 있지 않아도 수능을 안 볼 수 있어야 하는 건데 그런 얘기를 하기 어려운 사회에서 나의 경험과 선택을 긍정받은 운동이었어요. 저한테만 그런 게 아니었을 거예요. 각자의 선택, 각자의 삶이 공론장에 모여서 하나의 목소리가 됐을 때, 드러나지 않았던 수많은 삶과 경험이 드러나는 계기가 되지 않았을까요? 저는 구원받은 느낌이었어요. 말이 너무 거창하긴 하지만.

청소년운동은 2011년 대학/입시 거부 운동을 통해 교육운동의 문제에 청소년운동의 방식으로 개입하고, 목소리를 냈다. 그리고 입시 경쟁이나 서열화, 학벌주의 등에 대한 입장을 선명하게 드러냈다.

공현　정책 차원에 머물러 있던 입시 관련 논의들 안에 '삶'과 '사람'을 집어넣은 거 같아요. 입시 폐지를 이야기할 때 입시 폐지 운동의 주체가 누구인지 늘 모호했는데 거기에 대학/입시 거부자라는 사람들을 당사자로서 훅 집어넣은 느낌이 있었죠.

어쓰　맞아요. '얼굴들'을 드러내는 거였죠.

그동안 입시 경쟁 교육과 학벌주의의 문제점을 이야기하는 운동은 계속 있어 왔다. 그리고 그런 운동들이 있었기 때문에 우리는 대안을 상상하고 제안할 수 있게 되었다. 하지만 몇몇 청소년 활동가들은 이러한 운동이 계속해서 '말'과 '정책 토론'을 중심으로 이루어지는 것에 답답함을 느끼곤 했다. 현재의 대학 서열 체제를 대신할 대학·입시 시스템을 제안하고 설득하는 데 주력했지, 사람들을 조직하고 실천을 만드는 데는 소홀하다는 인상을 받았던 것이다. 2007년 꾸려진 '입시폐지대학평준화국민운동본부'는 사람들을 계속 가입시키면서 확대해 가는 것을 목표로 하긴 했지만 2009년을 넘어가면서 이러한 처음의 포부가 무색하게 존재감 없는 단체가 되었다. 투명가방끈모임은 이러한 상황 속에서, 입시 경쟁과 학벌주의 문제의 당사자이면서도 저항자인 주체들을 전면에 내세우는 새로운 방식을 제안했다.

그러나 기존의 교육운동은 대학/입시 거부 운동을 그리 쉽게 받아들이지 못했다. 당시 투명가방끈모임은 입시폐지대학평준화국민운동본부를 없애고 새로이 만든 '교육혁명공동행동'과 함께 11월 12일 집회를 준비했지만, 그 과정에서 마찰이 생겼다. "대학 거부는 너무 대중적이지 못하다"라는 우려가 교육 단체, 진보 단체 등에서 나왔다. "그래도 대학은 가야/나와야 하지 않나"라고 훈계하는 교육 단체의 활동가도 있었다. 그만큼 대학 거부라는 구호와 운동 방식이 낯설었기 때문이다.

"그래, 난 경쟁에서 이기지 못하는 사람이야"

어쓰는 2010년부터 시작해서 5년 동안 청소년운동을 했다. 나는 '어쓰가 5년이나 청소년운동을 했던가' 하는 생각과 '어쓰가 아직 5년밖에 안 됐던가' 하는 생각이 동시에 들었다. 어쓰와 오랜 시간 알고 지냈고 웬만한 활동들은 다 같이 해 온 것 같으면서도, 또 어쓰가 언제부터 청소년운동을 했던가 기억을 떠올려 보려고 하면 잘 떠오르지 않는 것이다. 별다른 계기나 사건도 없이 청소년운동에 깊숙이 발을 들이고 있는 느낌이라고 할까?

어쓰 친구들이랑 놀다가 자연스레 그 친구들이 하는 운동도 같이하게 된 경우예요. 제가 다니던 대안학교인 하자작업장학교에서 아름다운재단이랑 같이 프로젝트 사업을 진행했고 그 프로젝트 사업에 신청했던 모임들 중에 하나가 청소년운동을 하는 친구들의 모임이었거든요. 인터넷 라디오 방송을 만드는 '모난라디오'라는 모임이었어요. 지금 있는 청소년 자발적 사회 문화 활동 지원 사업의 전 단계인 '지구마을 청년' 어쩌고 하는 이름의 프로젝트였는데, 그 오리엔테이션을 할 때 제가 물 갖다 주고 기록하고 안내하는 스태프 역할을 하고 있었어요. 그러다 우연한 기회로 그 친구들이랑 친해졌고, 같이 놀다가 우르르 어디 간다기에 어디 가냐 물었더니 청소년인권활동가네트워크 회의를 간다고 한 거죠. 그래서 "나도 갈래!" 하고 따라간 거였어요. 그렇게 친구들과의 인연으로 청소년운동을 시작하게 됐어요.

확실히, 딱 기억나지 않을 법한 '자연스러운' 시작이었다. 하지만 어쓰는 청소년운동이 자기 삶을 많이 바꿨다고 말했다. 그 대표적인 사건으로 '대학에 안 간 것'을 꼽았다.

어쓰 청소년운동을 만나면서 대학 문제도 고민하기 시작했어요. 청소년운동을 안 했으면 대학은 갔을 거 같아요. 청소년운동을 시작하고 엠건을 보면서 고민을 시작한 거죠. 엠건은 아까 말한 그 모난라디오에서 만나서 제가 청소년운동으로 흘러들어 가는 데 지대한 역할을 한 친구인데, 걔가 2011년 대학/입시 거부 운동 이전에 수능 거부를 했고, 대학을 거부하고 살아가는 모습을 보면서 생각을 많이 했어요. 그러면서 입시와 경쟁 교육에 대해 생각하고 '그럼 내 삶을 어떤 모양으로 만들어 나갈까' 이런 고민을 처음 하기 시작했죠.

활동가의 삶을 살고 싶단 생각도 있었지만, '경쟁을 거부하는 삶'을 살고 싶다는 생각이 컸던 거 같아요. '나는 경쟁에서 이기지 못하는 사람이기 때문에'라는 말을 할 수 있어야죠. 대학/입시 거부 운동을 하면서도 "좋은 대학을 못 가니까 그런 거 아냐?"라는 비아냥을 많이 들었는데, 그것만으로 설명할 순 없지만 그게 사실이 아니지도 않은 거예요. '그래, 나 좋은 대학 못 가. 그래서 좋은 대학과 안 좋은 대학을 나누는 건 없어져야 한다고 생각해', '난 경쟁에서 못 이기고 도태될 거야. 그러니까 날 도태시키지 않는 사회를 만들고 싶어' 이런 이야길 하고 싶었고 그렇게 살 수 있는 삶, 그런 사회를 만들어 가는 삶을 살고 싶다고 생각했어요. 그 모든 과정에 청소년운동이 함께 있었던 거죠. 어떻게 보면, 내 삶에서 운동이 청소년운동으로 딱 한정되지 않는 이유도 거기에 있는 거 같아요.

이 이야기를 듣고 어쓰를 인터뷰하기를 잘했다는 생각이 들었다. 그리고 최저임금투쟁위원회, 전태일 열사 40주기 기획단, 희망버스 기획단 등 청소년 활동가로서는 드물게 다양한 운동 영역에 발을 걸치고 있는 그의 활동도 이해가 됐다. 활동을 시작한 초기부터 "왠지 모르게 연대체 담당 같은 건 내가 다 맡았다"는 어쓰는 청소년운동 안에서나 인

권운동 안에서도 여기저기 불려 가서 활동을 하곤 했는데, 최근에는
세월호 문제에 관련된 연대체에도 발을 들여놓았다.

어쓰 제가 그런 사람인 거 같아요. 뭔가 흐르는 대로 가고 일이 있으면
일을 하는데, '내 활동이 뭐지?' 하면 딱히 없어요 요즘 제 고민이에요.
"어쓰, 이거 하자" 하고 제안하면 가서 일하다가 내 의지와 상관없이 또
끝나고 해산되고, 그게 반복되는 거 같아요.

하고 싶은 운동도 많고, 여러 운동에 관심이 많다는 어쓰. 아무래도
나는 그가 좀 더 청소년운동만 해 주면 좋겠다는 욕심이 있지만, 아마
도 어쓰는 계속 그래 왔듯이 여기저기 불려 다니고 또 기꺼이 자기 힘
을 보태면서 살 것이다. 사람들이랑 어울려 놀다가 청소년운동을 처음
시작하게 됐듯이, 또 다른 사람들과 어울리다가 섭외와 조직을 당할 것
이다. 그것이 어쓰의 운동이고, 또 어쓰의 장점이기도 하다. 세상 여러
군데에 관심을 두고 애정을 가지고 살아가는 것, 그리고 경쟁을 거부하
고 경쟁에서 낙오되고 패배하고 도태되는 사람의 입장에서 이야기하는
것, 그것이 어쓰가 대학/입시 거부 운동을 이어 가는 방식일지도 모르
겠다.

낮추자 아니, 내놔라!

정재환(검은빛)

글 공현

나에게 홍대 거리는 만남의 장소다. 홍대 거리를 돌아다니다 보면 왠지 지인을 만날 것 같은 느낌이 든다. 약속된 만남이든, 우연한 만남이든. 실제로 많은 사람을 만나기도 한다. 검은빛과도 홍대 거리에 있는 어느 카페에서 만나기로 했다.

2012년은 4월에 총선, 12월에 대선, 큰 선거가 두 번이나 있었던 해였다. 청소년인권행동 아수나로(아수나로) 등에서는 2012년에 청소년의 정치적 권리에 대한 주장들을 지속적이고 전면적인 운동으로 만들어야 한다는 문제의식을 가지고 있었다.

검은빛은 2012년 꾸려진 '청소년의정치적기본권내놔라운동본부(내놔라운동본부)'라는 연대체에서 활동했다. 그는 그 전부터도 아수나로에서 참정권 운동을 담당했고 2012년 청소년 참정권 운동 전반에 참여했다. 아수나로 활동을 그만둔 뒤에도 개인 활동가로서 내놔라운동본부 활동을 계속해 참정권 운동에 대한 그의 애착을 보여 주었다. 내놔라운동본부는 2013년 하반기에 사실상 사라졌는데, 그 직후에 검은빛은 스무 살이 되었으며, 대학에 입학했다. 그가 청소년운동을 해 온 약 3년여의 시간 중 2년을 차지했던 참정권 운동이 그렇게 '멈춰' 버렸고, 마치 약속이라도 한 듯 그의 '10대'도 끝났다. 나는 검은빛에게 청소년 참정권 운동에 대한 이야기를 듣고 싶었다. 그리고 그가 지금 어떤 소감을 가지고 있는지도 궁금했다.

"이 학교를 다니다간 자살할 것 같았다"

검은빛이 청소년운동에 참여하기 시작한 것은 2009년 겨울, 정확히
는 2010년이 막 시작될 무렵이었다.

검은빛　청소년운동을 시작한 계기를 저도 찾아보려고 애썼는데 정확하
게 기억이 안 나요. 예전부터 정치나 사회 이슈에 관심이 많았고, 이것저
것 책도 많이 읽기는 했죠. (진보적) 부모님의 영향? 그런 이야기는 사실
굉장히 진부한 얘기잖아요. 근데 영향이 있었을 거 같긴 해요.

청소년 활동가들 중에는 어떤 결정적이고 뚜렷한 계기가 있어서 청소
년운동을 시작한 사람이 있는가 하면, 특별할 것 없는 일상 속에서 청
소년운동을 접하고 참여하게 되는 사람도 있다. 검은빛은 아마도 후자
쪽인 듯했다. 그가 두발 규제, 체벌 등 학생 인권 침해가 심한 중학교에
다녔던 것도 학생 인권이나 청소년운동에 관심을 가지는 데 영향을 미
쳤다.

검은빛　서울 광신중에 입학했는데, 두발 자유나 소위 우리가 학생 인권이
라고 부르는, 지금은 당연시 여겨지는 것들이 굉장히 안 되고 있었어요.
그런 때에 인터넷 기사를 보고 아수나로에 들어갔던 것 같아요.

2011년, 같은 재단의 광신고에 진학하게 된 검은빛은 학교에서 벌어
지는 인권 침해를 도저히 견딜 수가 없었고 결국 자퇴를 선택했다.

검은빛 두발이나 이런 규제가 하나도 없고 학생 자치가 굉장히 잘돼 있는 고등학교에 지원했는데 떨어지고 진짜 최악인 광신고에 배정됐어요. 이 학교는 지역에서도 대학에 잘 보내기로 악명이 높았어요. 그리고 진짜 잘 때려서 그때도 여럿 맞았죠. 그런 데서 두발 가지고 맨날 걸리고 벌점 맞으니까 심리적인 압박이 굉장히 컸어요. 너무 다니기 싫어서 부모님한테 "이 학교 진짜 못 다니겠다. 이 학교 다니다가는 내가 자살할 거 같다" 그러니까 "자퇴에 대해 우리 사회가 아직 편견을 가지고 있으니까 좀 더 괜찮은 학교로 가 보자" 해서 전학도 한 번 가 봤어요. 남강고였나? 근데 그 학교는 문제가 더 심각한 거예요. 등교 시간에 맞는 건 일도 아니에요. 귀 잡고 데리고 나가서 때리고 얼차려 시키고. 그 분위기는 더 못 견디겠더라고요. 그래서 자퇴했죠. 좋은 학교에 들어갔으면 자퇴를 안 했을 수도 있어요.

학교가 이런 식으로 쫓아낸 학생들은 얼마나 많을까. 어쩌면 지금도 학생들 중 상당수는 그만두는 것을 진지한 선택지로 고려해 볼 기회조차 없이 그저 참고 있는지도 모르겠다.

그렇게 학교를 나온 게 2011년 상반기. 학교를 그만두고 검은빛은 청소년운동에 한층 더 본격적으로 참여하게 되었다. 학교에서의 인권 침해가 그가 청소년 활동가가 되는 데 지대한 기여를 한 셈이다. 검은빛은 서울학생인권조례 주민 발의 운동에 바로 참여하게 됐다. 폭풍 같은 주민 발의가 지난 뒤 2011년 하반기에는 대학/입시거부로삶을바꾸는투명가방끈들의모임(투명가방끈모임)의 대학/입시 거부 선언, 서울학생인권조례 통과를 위한 서울시의회 대응 활동 등이 있었다. 검은빛은 밀도 높은 활동들에 참여하며 청소년운동의 경험을 쌓았고 '표현의자유를위한연대(표현의자유연대)'라는 연대체의 담당자로도 활동했다. 검은빛은 표현의자유연대에서 청소년의 표현의 자유, 청소년의 참여권 등에 대한 정책 제안 등을 함께 작업하면서 청소년의 정치적 권리 전반에 대해서도 공부하고 관심을 가지게 됐다고 한다. 그리고 2012년, 청소년 참정권 운동이 시작됐다.

'낮추자'를 딛고

청소년 참정권 운동은 길게 보면 1992년, 백기완 민중 후보 선거운동 때 '16세 선거권'을 주장한 고등학생운동 활동가들부터, 2002~2004년의 18세 선거권 운동 '낮추자', 더 최근에는 2008년 '기호 0번 청소년 후보 운동'까지 상당한 역사가 있다. 이런 운동들에서 단지 선거권 연령 제한에 대한 문제 제기만 한 것은 아니었다. 그렇지만 청소년 참정권 운동의 프레임은 여전히 낮추자의 선거권 연령 논의가 대표적인 것으로 기억되고 있다. YMCA나 흥사단 등에서 선거 시즌마다 18세, 17세 하는 식으로 선거권 연령 제한 문제를 청소년의 정치 참여 확대로 이야기하는 것도 낮추자의 영향 속에 있다. 선거권 자체가 대의제 민주주의 시스템에서는 중요한 권리라서 그럴 것이며, 낮추자가 그만큼 이슈화를 잘 시켰고, 또 실제로 20세였던 선거권 연령 제한을 19세로 변화시키는 성과를 냈기 때문이기도 할 것이다.

'낮추자' 운동으로부터 약 10년이 지난 2012년, 다시 본격적으로 참정권 운동에 불이 붙었다. 이때 청소년운동이 참정권 운동에 힘을 기

울이게 된 이유는 몇 가지를 꼽을 수
있다. 우선 하나는, 경기도, 광주, 서
울에서 학생인권조례가 제정되는 등
학생 인권 운동에서 어느 정도 성과
를 이루었기 때문이다. 물론 학생 인
권 운동의 목표를 다 이루었다고 할
수는 없지만, 적어도 상당수 지역과
학교에서 두발 규제가 완화되거나 사
라지고, 교육부도 학교에서의 학생들
을 때리는 형태의 체벌은 금지시키
는 등, 두발 자유, 체벌 금지 등에서
눈에 띄는 변화를 만들기는 했다. 다
른 운동 의제를 전면적으로 제기하

검은빛

며 운동의 범위를 넓혀 볼 만한 때였다. 그중에서도 참정권 의제는 이
미 과거에 관련 운동이 있었고, 촛불 집회 등에서 우호적인 기반도 생
겼으며, 2012년에 큰 선거가 두 번이나 있다는 점에서 외적 조건이 좋
았다.

또 다른 이유는 참정권을 인정하지 않아서 청소년들이 문제를 겪는
사건이 계속 일어났다는 것이다. 예를 들어 2008년 촛불 집회나 그 전
부터도 줄곧 있어 온 청소년들의 집회의 자유에 대한 침해, 청소년의
선거운동을 금지한 선거법 등이 그러했다. 학생인권조례에서도 '집회
의 자유', '사상의 자유' 같은 조항들이 논란이 되었고, "공부해야 할 학
생들이 무슨 집회냐"라거나 "학생들에게 사상을 주입하려고 사상의 자

유를 가진다고 한 거 아니냐"라는 말들이 나왔다. 〈서울신문〉, 〈국민일보〉, 〈동아일보〉 등의 중앙 일간지들도 사설을 통해 학생들에게 집회의 자유가 왜 필요하냐는, 반인권적인 입장을 줄줄이 내놓았다.* 청소년들의 참정권에 대한 사람들의 편견이 여과 없이 드러났던 셈이다.

그리고 무엇보다도 서울학생인권조례 주민 발의의 경험이 큰 영향을 미쳤다. 학생인권조례를 만들기 위한 서명에 정작 청소년들은 참여조차 할 수 없었던 그 경험은 청소년 활동가들에게 고통스럽기까지 했다. 검은빛 역시 주민 발의 운동에 참여했을 때 "우리가 목소리 내고 싸워 가면서도 왜 이렇게 힘을 갖지 못하나?"라는 의문을 갖게 됐고, "정치적 권리가 없어서 그런 것"이라고 판단했다고 한다.

이에 2012년의 참정권 운동은 선거권 연령 제한 외에도 주민 발의 및 주민 투표에 참여할 권리, 선거운동의 자유, 정당 가입의 자유, 학교에서의 민주주의, 표현의 자유, 집회의 자유, 자치와 참여의 권리를 주장했다. 사실 선거권 연령 제한 기준을 20세 또는 19세에서 18세로 바꾸는 것만이 참정권 운동의 전부가 될 수 없는 것은 명백했다. 그런 점에서 2012년의 운동은 '낮추자' 때보다 일견 더 포괄적이고 일상적인

---

* "무엇보다 학생의 교내 집회 자유를 허용한 것은 너무 성급한 것이 아닌지 우려하지 않을 수 없다. '최소한의 범위에서 학교 규정으로 집회의 시간과 장소, 방법을 제한할 수 있다'는 규정을 두기는 했지만 민감한 학내외 이슈가 있을 때마다 집회의 방식으로 해결하려 한다면 이를 실효적으로 통제할 방법은 없다."("학생 인권만큼 교권 보장도 고민하라", 〈서울신문〉, 2011년 9월 9일)
"학생들에게 교내 집회의 자유를 부여한 것도 무책임의 극치다. 각종 이슈가 발생할 때마다 무분별한 정치 집회가 봇물을 이루지 않을지 걱정이다."("서울학생인권조례, 무책임의 극치", 〈국민일보〉, 2011년 9월 8일)
"초등학생까지 학교 안팎에서 시위에 나서면 나라 꼴이 어찌 되겠는가. 나이 어린 학생들에게 무제한의 권리와 자유를 주는 나라는 지구상 어디에도 없다."("공교육 무너졌는데 '학생 시위권'이 그리 중요한가", 〈동아일보〉, 2011년 9월 9일)

내용들을 제시했다.

2012년 청소년 참정권 운동의 시작, 청정원

검은빛은 2012년의 참정권 운동에 두 개의 연대체가 있었다고 정리했다. 하나는 '청소년정치적권리보장을위한원탁회의(청정원)'였고 다른 하나는 내놔라운동본부였다. 청정원은 상반기에, 내놔라운동본부는 하반기에 만들어졌다고 한다. 이 중 청정원은 아수나로, 국제앰네스티 대학생네트워크, 진보신당 청소년위원회(준), 흥사단 교육운동본부 등

| 2012년 시기별 청소년 참정권 운동과 사건 |

시기	사건과 활동	연대체	주장
3월	• 청소년 정치적 권리 헌법 소원 청구	청소년정치적 권리보장을 위한원탁회의 (청정원)	청소년 선거권/피선거권, 정당 가입, 선거운동의 자유 등
4월	• 청소년 참정권에 대한 정당 답변 공개 • 청소년 투표 퍼포먼스 • 총선, 투표소 앞 1인 시위		
5월			
6월 7월	• 통합진보당 청소년 당원 제명 사태 대응 (청정원, 청소년비상대책위원회 등)		
8월			
9월			
10월 11월	• 서울시 교육감 선거 후보 경선 청소년 배제 반대(청소년인권행동 아수나로, 21세기청소년공동체 희망 등)	청소년의정치적 기본권내놔라운동본부(내놔라운동본부)	청소년 선거권/피선거권, 학교 민주주의, 언론·표현·집회·결사의 자유 보장, 정책 결정 과정 참여, 지역 자치 참여
12월	• 대선, 투표소 앞 1인 시위		

이 참여하여 2012년 3월에 꾸려졌다. 검은빛에게 왜 이름이 하필 '원탁'이냐고 묻자 의외의 답이 돌아왔다.

검은빛 어떤 한 분이 청정원이라는 단어를 떠올리고 거기에 맞춰서 이름을 지어 보는 게 어떻겠냐고 해서, 일종의 개그를 치기 위해 만들었던 이름이죠. (웃음)

정식으로 청정원이 꾸려지기 전인 3월, 아수나로는 청소년 청구인 네 명과 함께 〈공직선거법〉 제15조와 제16조, 〈정당법〉 제22조, 〈주민투표법〉 제5조, 〈지방자치법〉 제15조에 대해 헌법재판소에 위헌 확인 소송을 제기했다. 심판 청구 대상은 선거권 연령을 19세로 제한한 것, 피선거권 연령을 25세로 제한한 것, 19세 미만의 선거운동을 금지한 것, 19세 미만의 정당 당원 및 발기인 자격을 박탈한 것, 19세 미만의 주민 발의 및 주민 투표 참여를 금지한 것이었다.*

이러한 참정권 의제 설정은 청정원으로 이어졌다. 청정원은 여기에 학생회 자치, 학교 안 집회의 자유, 학생 대표의 학교 운영 참여와 같은 학

---

* 2012년 3월에 청정원에서 헌법재판소에 제기했던 청소년 참정권 소송에 대한 판결은 2년 뒤인 2014년 4월 24일이 되어서야 나왔다. "판결이 좋게 나올 가능성은 제로에 가깝다"던 검은빛의 예측대로, 모조리 각하 또는 기각이었다. 헌법재판소는 청소년은 "정치적 판단 능력이 미약"하고, "정신적·신체적 자율성이 불충분"하다며 선거권·피선거권뿐만 아니라 선거운동의 자유나 정당 가입 등 각종 정치적 권리들을 제한하는 것이 정당하다고 판결했다. 소수 의견조차 썩 좋지 않게 나왔다. 소수 의견을 낸 재판관들은 18세 정도면 충분히 성숙하니까 18세로 선거권 제한 연령을 정해야 한다는 의견을 내면서, 기본적인 결사의 자유 등에 속하는 정당 가입에 관해서도 18세부터만 보장해야 한다는 의견을 냈다. 결국 나이에 대해 19세냐 18세냐 하는 차이만 있었을 뿐, 헌법재판관들 모두가 청소년들은 미성숙하므로 정치적 권리를 보장해선 안 된다는 논리를 그대로 답습한 것이었다.

2012년 3월 22일 아수나로가 청소년의 정치적 권리를 제한하는 법률에 대해 헌법
소원을 청구했다. 헌법재판소는 이를 모조리 각하 또는 기각했다.

교 안 이슈를 더하여 의제를 정리했다. 이는 청정원이 정당들에 보낸
질의서에 반영되어 있다. 청정원은 4월 초에 각 정당들이 청소년의 참
정권 문제에 대해 답변한 결과를 정리해 발표했다. 4월 7일에는 서울 홍
대 거리에서 투표권이 없다는 이유로 청소년들의 의견이 무시당하는
것을 표현한, '청소년의 투표소' 퍼포먼스를 했다. 실제 기표소를 준비해
서 사람들에게 기표를 하게 한 뒤, 기표소에서 나오면 그 표를 찢어 버
리고 "이것이 바로 청소년들이 받는 취급입니다"라고 이야기하며 청소
년 참정권 주장을 알리는 홍보물을 나눠 주는 것이었다.

청정원 활동이 가장 주목을 받은 것은 4월 11일, 총선일에 한 '청소년
이 없는 투표소를 습격하라' 전국 1인 시위였다. 검은빛은 이를 '클라이
막스'라고 말하면서도, 이 1인 시위를 하기 전까지도 이슈가 될 거라 생

각지 않았다고 고백했다. 준비 과정에서 마찰도 있었고, 참여하는 사람들이 얼마 없을 거라고 생각했다는 것이다. 하지만 예상과 달리, 1인 시위 행동은 상당히 화제가 되었다. 참가자도 100명 가까이 되었다. 투표를 하러 온 안철수와 1인 시위를 하던 청소년이 악수를 하는 사진이 언론에 나오면서 주목받게 된 해프닝도 있었다. 이때 참정권 보장을 요구하며 1인 시위를 하는 청소년들에게 선관위 관계자나 경찰 등이 위협, 폭언을 하는 경우가 있었는데, 이런 사례들을 모아 국가인권위원회에 진정을 하는 등 후속 작업도 이루어졌다.

> **검은빛** 1인 시위가 처음으로 이슈가 되면서 약간 논란이 불거졌어요. 경찰들이 당시에 1인 시위 하던 사람들을 잡아가거나 협박·폭행을 했고, 거기에 선관위 직원들도 얽혀 있었죠. 그래서 우리가 국가인권위에 진정하고 기자회견도 했어요. 그 진정이 2014년에 처리가 됐어요. 각하라고, 대신에 선거권 연령에 대한 정책 권고를 내겠다고요. 도대체 이 사람들은 2년 동안 뭘 했는지 모르겠어요.
>
> **공현** 선거권이랑 1인 시위 침해는 서로 아무 상관없는 이야기잖아요?
>
> **검은빛** 그러니까요. 2년이나 지난 시점에서 굳이 권고가 내려지길 바라지도 않았고요. 그리고 이후 겨울에 대선이 있을 때도 1인 시위가 있었는데 그땐 아예 1인 시위에 어떻게 대응할지에 대해 선관위에서 지침 같은 게 내려왔단 얘기를 들었어요.
>
> **둠코** 우리 쪽도 매뉴얼을 따로 준비해서 1인 시위를 할 수 있는 법적 근거나 방법을 참여자들에게 배포했었죠.
>
> **검은빛** 여기까진 성과가 좋아요. 제가 했던 정치적 권리 운동 중에 가장

성과가 좋았던 시기가 아니었나 싶어요. (웃음)

　검은빛은 이 1인 시위가 청정원의 '마지막 기획'이었다고 했다. 그 뒤, 미리 기획한 건 아니었지만 청정원은 6월 통합진보당에서 벌어진 청소년 당원 제명 사태에 대응하게 됐다. 이 사태는 통합진보당 내에서 비례대표 경선 과정의 의혹에 대한 갈등이 계속되고 중앙위원회 단상 점거 등이 일어나면서 갑작스레 불거진 것이었다. 당의 문제점들을 '혁신'하겠다며 꾸려진 '혁신비대위'가 청소년 당원이 현행 정당법에 어긋난다며 청소년 당원들의 자격과 권리를 박탈하는 조치를 취했던 것이다. 짐작건대, 아마도 당 청소년위원회가 혁신비대위와는 대립하는 정파 쪽이었기 때문에 당략적인 판단이 작용한 결과였을 것 같다. 이미 2008년 민주노동당 분당 당시에도 소위 '평등파' 측에서 "'자주파'가 당 장악을 위해 미성년자들까지 동원하여 당원으로 가입시켰다"라고 비난했던 전력이 있다. 2012년의 사건 역시 2008년의 그런 논란의 연장선상에 있던 것으로 보인다.

　청정원은 이에 대해 청소년 당원들의 참여를 보장하라고 입장을 내고 1인 시위를 하며 정당의 자유를 주장했다. 일부 통합진보당 청소년 당원들도 모여서 청소년비상대책위원회를 꾸리고 대응에 나섰다. 이 사태는 결국 통합진보당 자체가 재차 분당이 되는 혼란 속에서 제대로 매듭지어지지 못하고, 2013년 3월에 청소년 당원들을 복당시키는 것으로 마무리되었다. 검은빛은 정당 운동 차원에서 청소년 당원들을 어떻게 볼 것인지 논쟁이 되었으나 그 논의가 더 나아가지 못했다며 아쉬워했다.

검은빛 그때 통합진보당 내부에서도 그렇고, 이 문제를 정당 운동을 하는 사람들이 어떻게 봐야 되는지에 대해 논쟁이 있었어요. 청소년을 당원으로 인정하는 게 현행법상 범법 행위로 해석될 여지가 있는데, 청소년들을 당원으로 받기는 해야 되겠고, 상식적으로도 잘못된 거 같진 않으니까요.

이 활동을 끝으로 청정원은 2012년 여름 무렵에 해산한다. 기록과 검은빛의 기억에 따르면 청정원 해산 시점은 아마도 8월 정도로 짐작된다. 해산에는 여러 가지 문제들이 작용했다. 예컨대 국제앰네스티 대학생네트워크는 단체 내부 사정으로 참여가 어려웠다. 검은빛은 그 밖에 아수나로가 약속한 일들을 하지 못하는 등 제대로 책임을 지지 못했던 것이 가장 큰 이유라고 평가했다. 진보신당 청소년위원회(준)는 이러한 아수나로의 연대 태도나 방식에 공식적으로 문제를 제기하기도 했다.

내놔라운동본부와 '암흑의 8개월'

2012년 4월 총선이 지나고 12월 대선 때까지, 통합진보당 사태에 대응하는 것 외에 한 활동이 무엇인지 묻자 검은빛은 쓸쓸한 웃음을 지었다.

검은빛 암흑의 8개월이었죠.

청정원 해산 뒤 아수나로에서는 내놔라운동본부를 꾸렸다. 이 운동본부는 처음에는 주로 아수나로의 수도권 지역 지부들이 모인 단위에 가까웠지만, 참여를 원하는 다른 단체와 개인들도 들어오면서 연대체의 성격을 띠게 됐다. 내놔라운동본부의 5대 요구안은 다음과 같았다.

1. 선거권/피선거권, 내놔라!
2. 모이고 외칠 권리, 내놔라! (표현의 자유, 집회·시위의 자유, 정당 및 단체 등의 결성 및 참여 보장)
3. 학교 민주주의, 내놔라! (학생회와 동아리 등의 학내 자치, 참여 보장)
4. 판단할 권리, 내놔라! (자신에 대한 정책과 행위에 대해 직접 판단하고 이를 위한 정보와 기구에 접근하고 참여할 권리 보장)
5. 우리 동네, 내놔라! (지역 일에 대해 알고 주민으로서 참여 보장)

내놔라운동본부는 2012년 10월 28일 출범식을 가졌고, 초창기 11월에는 비교적 힘 있게 활동을 만들어 갔다. 〈내놔라 신문〉이라는 이름의 홍보물을 만들어서 배포했고, 일주일에 두세 번씩 거리 캠페인과 서명 받기 등을 해 나갔다.

그렇지만 내놔라운동본부는 시작부터 삐걱거리는 연대체였다. 주장과 운동의 방법론 등에 대해 합의가 안 된 채로 대외 활동을 시작했던 것이다. 검은빛은 내놔라운동본부 안에서 '모의 투표를 할 것인가 말 것인가', '서명을 엽서 형태로 받을 것인가 다른 형태로 받을 것인가', '서명을 모아서 청원 형식으로 넣을 것인가 그냥 발표할 것인가' 같은 사소한 활동 방식까지도 매번 논쟁이 되었고 회의할 때마다 결론이 바뀌

내놔라운동본부는 2012년 10월 28일 출범식을 가졌고, 초창기에는 힘 있게 활동을 만들어 갔다.

었다고 했다. 또한 주장 면에서도 '선거권 제한 연령을 몇 살로 주장할 것인가' 등이 논쟁거리가 되었다.

내부에서 논쟁이 끊이지 않고 활동이 정리가 안 되면서 시간이 갈수록 힘이 떨어졌다. 결국 내놔라운동본부는 모은 서명을 활용하지도 못하고, 원래 계획했던 '파티'를 하지도 못했다. 그러다가 12월 19일 대선을 앞두고 급하게 투표소 앞 1인 시위를 준비했다.

검은빛 얘기할 만한 게 없어요. 사실 내놔라에 대해 이야기하면 이렇게 싸웠던 내용이나 제대로 안 됐던 거, 엎어졌던 기억밖에 없거든요. 제대로 된 이야기를 하려면 바로 겨울로 넘어와야 해요. 겨울로 넘어와서 대선 때 1인 시위를 했어요. 그때는 센세이션하게 반응이 오진 않았는데 그래도 여러 언론에 보도됐고 인원도 굉장히 늘었어요. 200명 가까이 됐던 걸로 기억해요.

결국 12월 대선 때 다시 투표소 앞 1인 시위를 할 때까지 제대로 한 것이 없었다는 술회였고, 이것이 그가 이때를 "암흑의 8개월"이라고 부른 이유였다. 11월부터 내놔라운동본부가 했던 서명 받기와 캠페인을 고려하더라도, 그 사이 8개월 동안 청소년운동이 청소년 참정권에 대해서 주장을 정리하고 지속적인 활동을 이어 갔다고 보기는 어려울 것이다. 이는 내놔라운동본부의 한계였다기보다는 청정원이 4월 총선 이후 제대로 된 활동을 하지 못한 것에서부터 원인을 찾아야 할 것 같다.

내놔라운동본부는 이후에도 2013년 하반기까지 존속했다. 2012년 대선 이후 약 1년 동안 내놔라운동본부는 어떻게 흘러갔을까.

검은빛 1인 시위가 끝나고 진짜 암흑기로 들어갔죠. 기획을 해도 제대로 되지 않고, 맨날 뭔가 바쁘지만 하는 게 없었어요. 다른 이야기는 다 차치하고 내놔라운동본부 안에서 2013년에 계속 갈등했던 부분은 입법 운동으로 가냐 대중 운동으로 가냐 이 부분이었던 거 같은데 사실 저는 여기 오해가 있다고 생각해요. 애당초 대중 운동을 부정하고 입법 운동을 하자는 얘기가 아니었는데, 논쟁이 좀 비화된 게 있어요. 여기에는 감정싸움이 영향을 끼쳤다고 생각해요. 마지막에는 담당자들의 소통 문제도 있었고요. 그 와중에 아수나로가 내놔라운동본부를 탈퇴하면서 완전히 공중분해의 시기로 들어갔죠.

한편에서는 결국 실질적으로 청소년들이 참정권을 보장받으려면 법을 개정해야 하니까, 국회의원들을 만나서 설득하고 법을 바꾸는 데 초점을 맞춰야 한다고 주장했다. 다른 한편에서는, 먼저 더 많은 청소년들을 참여하게 해서 사회적 세력을 가지는 것, 그리고 시민들의 생각을 변화시켜 청소년 참정권을 지지하는 여론이 커지게 하는 것에 초점을 맞춰야 한다고 주장했으며, 또 이런 변화가 있어야만 국회의원들도 움직이고 법도 바꿀 수 있다고 했다. 사소한 방법론의 차이 같지만 운동에 대한 근본적인 인식의 차이가 반영된 것이기에, 나는 그저 오해에서 비롯된 문제는 아니었을 거라는 생각이 들었다. 이는 운동이 충분히 그 목표와 방법론을 합의하지 못한 데서 비롯된 갈등이었다.

내놔라운동본부와는 별개의 일이지만 2012년 하반기, 이수호, 송순재, 이부영 등이 참여했던 진보 진영의 서울시 교육감 후보 경선 과정에서 청소년 참여가 배제되어 청소년 활동가들이 반발했던 사건도 청소년 참정권 운동에서 빼놓고 갈 수 없다. '2012서울시교육감민주진보후보시민추대위(추대위)'는 초기에 진보 교육감 후보를 정하는 경선 과정에서 '적법한 테두리 안에서 청소년의 참여를 최대한 보장한다'라는 합의를 했었다. 그러나 경선이 시작되면서 일부 후보들이 청소년들의 선거인단 참여에 반대하고 나섰다. 그러자 추대위는, 선관위에서 경선 과정에 청소년 참여는 법적 문제가 없다고 확인했음에도 불구하고 17세라는 선거인단 연령 제한을 두기로 결정했다. 그들은 그 이유로 "어린 학생들이 제대로 투표할 수 있겠는가?", "청소년들이 시민 선거인단에 참여할 경우 시민 추대 운동 자체가 '희화화'될 수 있다" 등의 궁색한 말들을 늘어놓았다.

톰코　정확히 말하면, 처음엔 나이 제한이 없었어요. 그런데 어떤 후보가 나이 제한이 없는 게 이상한 거 아니냐고 문제를 제기했죠.

검은빛　그때 이수호 후보가 '희망(21세기청소년공동체 희망)'의 이사장이었잖아요. 그러니까 다른 후보가 '희망에서 (선거인단을) 동원하면 어쩌냐', '(나이 제한을 두지 않는 게) 이수호 후보에게 더 유리한 룰 아니냐'며 반발했다는 이야기가 있었어요. 어느 후보가 나이 부분에서 섬세함을 뽐내신 거죠. 그래서 17세 이상이어야 투표를 할 수 있게 됐고요.

통합진보당 청소년 당원 제명 사태 때에 이어서 청소년들의 참정권은 이렇게 당리당략에 의해 아주 쉽게 짓밟혔다. 청소년 단체들과 청소년 활동가들은 2012년 10월 29일 호소문을 발표하고 피켓팅을 하는 등 여러 노력을 기울였다. 아수나로 서울지부는 선거인단 연령 제한을 8세로 하자는 타협안도 내놓았다. 그러나 17세 연령 제한은 바뀌지 않았다. 토론회에서 경선 후보들에게 이 문제에 대해 답변을 요구해 봐도 청소년의 참정권은 인정하지만 국민의 정서가 어떻고 하는 구차한 답변이 돌아올 뿐이었다. 이에 아수나로 서울지부는 11월에 추대위 탈퇴를 선언했다.

검은빛　그럼에도 그때 추대위를 탈퇴하는 것이, 참여를 거부하는 것이 과연 옳았는지 고민이 들어요. 어렵더라도 그 안에 들어가서 이 판을 어떻게든 활용할 수 있는 방법을 찾아야 하지 않나요? (후보 경선 등이) 얻을 게 없는 판이 아니었거든요.

조직 안에서 문제가 생기더라도 참고 안에서 계속 부딪히면서 이야기하고 바꿔야 된다는 의견이다. 이것은 '옳고 그름'의 문제가 아니라 어느 방법이 더 효과적인지의 문제일 것이고, 어쩌면 그때그때 달라지는 문제일지도 모르겠다. 검은빛도 이 부분에 대해 논쟁이 계속 있어야 할 것이라고 했다.

'몇 살이냐 논쟁'의 벽

검은빛에게 2012년 참정권 운동에 대해서 어떻게 평가하는지, 사회적인 성과가 있었다고 보는지 물었다.

검은빛   제가 단언할 수 있는데, 사회적 여파는 없었어요. 눈에 띄는 어떤 변화가 없었거든요. 국회 정치개혁특별위원회에서 한 번 언급되긴 했죠. 선거 연령을 18세로 내려야 된다는 얘기도 나왔고, 김광진 의원이 피선거권 연령 제한을 낮춰야 한다는 얘기도 했는데* 이게 성과라고 생각은 안 해요. 이전에도 있었던 논의가 고스란히 반복된 거거든요.

공현   낮추자의 자장을 넘지 못했죠.

검은빛   그러니까요. 이건 진짜 우리의 한계고 우리가 실패했다고 말할 수

---

* 김광진 전 새정치민주연합 의원은 2014년 1월 23일, "현행법은 국회의원과 지방의회의원 및 지방자치단체장의 선거권은 19세 이상으로 정하여, 19세부터 정치적 판단과 활동이 가능한 연령임을 명시하고 있음에도 불구하고 피선거권의 경우 특별한 기준이나 근거도 없이 25세로 정해져 있다. 이러한 차등으로 인하여 대학생을 비롯한 20대 청년층의 정치 참여가 제한되고 있으며, 이는 〈대한민국헌법〉이 정한 정치적 평등권 침해의 소지가 있다"라며 피선거권 연령 제한을 선거권 연령 제한과 같은 19세로 바꾸는 〈공직선거법〉 일부 개정 법률안을 대표 발의했다.

있는 지점이에요. 결국 변하지 않았어요. 우리는 연령에 갇히지 않은 청소년의 정치적 권리에 대한 포괄적인 문제 제기, 그리고 그것은 선거권으로만 대변되는 것이 아니라 여러 가지 방식으로 대변될 수 있는 문제라는 인식을 전달하려고 내놔라운동본부도 띄우고 의제를 확장하려고 시도했던 거거든요. 만약 그게 성공했다면 이전과 다른 운동적 흐름을 만들어 낼 수 있었겠지만, 우리는 낮추자에서 별반 나아가지 못했어요. 결국 또 몇 살이냐 논쟁에 갇혔고 여전히 몇 살이냐 논쟁이 전 사회적으로도 계속 진행되고 있고요. 결국 몇 살까지 미성숙하고 몇 살부터 성숙하냐, 이런 논쟁에 강하게 문제 제기를 못 했던 거잖아요.

'몇 살이냐 논쟁'. 18세 선거권 운동, 더 나아가서 선거권 연령 제한을 바꾸는 운동에 대해 여러 청소년 활동가들은 회의를 갖고 있다. 그것이 보편적인 권리를 위한 운동이라고 하기 어렵기 때문이다. 청소년운동에서는 참정권이 보편적 권리라는 것을 이런 식으로 설명하곤 한다. 사람에게는 기본적인 당연한 인권으로서 자기 결정권이 있다. 이 권리를 확장하면, 공동의 사안을 결정할 때는 그 결정 과정에 참여하여 의견을 내고 함께 결정할 권리가 있다. 선거권 역시 이 참여권을 보장하기 위한 하나의 수단이다. 선거권이 있냐 없냐 자체가 중요한 것이 아니고, 선거든 무엇이든 결정 과정에, 정치에 참여하고 영향을 미칠 수 있느냐가 중요한 문제인 것이다. 선거권은 참정권의 중요한 일부이기는 하지만, 18세 선거권만을 주장하면 결국 18세 미만인 사람들은 여전히 참정권을 가질 수 없다는 말과 다름없다.

이처럼 선거권 연령 제한에 초점을 맞추게 되면 자꾸 권리의 '자격'

을 논하게 된다. "18세(10대)는 선거권을 가질 만큼 성숙한가?" 하지만 20세도, 40세도, 60세도, 과연 성숙한 정치적 판단을 하는 시민이라서 선거권을 가지고 있는 것일까? 애초에 자격을 충족시켜야 권리를 가질 수 있다는 전제를 거부하고 보편적인 권리를 이야기해야 한다.

그래서 나는 낮추자의 문제 설정이 아닌 다른 참정권 운동을 만드는 것이 청소년운동의 과제라고 생각하고 있다. 그런 관점에서 보면 2012년의 운동은 일정 부분 진전을 이루었다. 선거권 연령 제한 문제만이 아닌 다양한 참여권과 정치적 권리들을 주장했기 때문이다. 그러나 그 주장만큼 활동이 따라오지 못한 것이 문제였다. 2012년 청소년 참정권 운동의 대외적인 활동은 총선과 대선 때 투표소 앞 1인 시위가 거의 전부였고, 투표소 앞 1인 시위는, 청소년(18세든 17세든 16세든)에게도 선거권을 달라는 말로만 전해졌다. 언론의 보도도, 사람들의 반응도 그러했다. 그 밖에 보편적인 참정권에 대한 논리를 만들고 이 논리를 보급하고 홍보하는 등의 활동은 충분하지 못했다. 나는 2012년의 참정권 운동에 대해서 '(사건들에 대한) 대응은 있었지만 (지속적인) 운동이 없었다'라고 다소 박한 평가를 하곤 한다.

검은빛은 2012년 참정권 운동이 제대로 안 된 이유에 대해 "우리의 시기가 안 좋았다"라고 말했다. 2011년, 많은 청소년 활동가들은 억지로 성공시키다시피 한 서울학생인권조례 주민 발의 등을 거치며 많은 피로를 느끼고 있었다. 운동을 떠나거나 장기간 휴식을 선언한 활동가들도 많았다. 특히 아수나로 서울지부의 경우가 심각했다. 학생 인권 영역에서 성과를 이루어 그 성과를 딛고 서서 참정권 운동까지 하는 것이 아니라, 반대로 피로가 쌓이고 소진된 상태에서 참정권 운동을 해야 하는 상황이었다. 이 때문에 아수나로가 제안한 청정원이나 내놔라운 동본부 등의 연대체도 제대로 운영이 안 됐다. 연대체에 참여해서 활동했던 다른 단체들도 아수나로에 문제 제기를 했는데, 이는 정당한 비판이었다는 것이 검은빛의 평이다.

이처럼 2012년의 청소년 참정권 운동은, 의제 면에서는 많은 것을 담으려는 포부가 있었지만 그만큼 역량이 받쳐 주지 못했다. 운동 외부적으로 보면 큰 성과까진 없더라도 청소년들의 참정권에 대한 요구를 알리기는 했다는 점에서 나쁠 것은 없었을지도 모른다. 그러나 운동 내부적으로는 많은 갈등과 상처, 앙금을 남겼다. 이때의 운동과 관련해 서로 다른 단체, 또는 같은 단체 안에서도 청소년 활동가들 사이에 많은 '뒤끝'이 남아 있다.

'정치 홀릭'에서 '지역 홀릭'으로

'교육을바꾸는사람들'이라는 단체에서 2013년 4월에 검은빛을 인터뷰한 글을 찾아보면, 검은빛을 가리켜 "청소년 정치적 기본권 '내놔라' 홀릭"이라고 부르고 있다. 청소년 참정권 운동에 꽂혀서 '홀릭'으로 지낸 2년여. 이제 대학생이 된 검은빛에게 청소년운동은 어떤 의미였고, 또 지금 어떤 의미일까? 단도직입적으로 물었다. 지금도 청소년 활동가라고 생각하는가? "물론." 답은 명료했다. 검은빛은 지금도 청소년 활동가로서 청소년운동을 계속하고 있고, 계속하려고 하고 있다. 검은빛은 오히려 대학에 들어가고 나서 청소년운동의 필요성을 다른 측면에서 더 크게 느낀다고 말했다.

검은빛 대학에 들어와 보니까 고등학교랑 크게 다르지 않아요. 학내 자치는 안 되고, 교수들이 자기네들 마음대로 하고. 대학도 고등학교처럼 취업을 위한 다른 발판이 되는 것 같아요. 학점을 잘 받아야 되니까 학점 챙기기 위해 바쁘고, 그러다 보니 사회적인 문제의식이 잘 안 생기고. 투표율도 높지 않아요. 차라리 무효표라도 던졌으면 좋겠는데 그것도 안 해요. 자치를 경험해 보지 못한 게 이런 식으로 강하게 영향을 미치는 것 같아요. 이전까지 십몇 년을 그렇게 보냈으니 이제 와서 바뀌지 않는 거죠. 그래서 오히려 대학에 와서 청소년운동이 필요하다는 걸 더 느껴요. 이게 지금 사회운동에서 변혁할 수 있는 가장 큰 대안이지 않을까요. 이데올로기를 재생산하고 있는 학교라는 공간에서부터 투쟁을 하고 청소년들이 주체로서 해방된다면 사회 변화가 급격하게 일어날 수 있다고 봐요.

그가 요즘 정치 다음으로 꽂혀 있는 것은 '지역'이다. 검은빛은 현재 '관악청소년연대 여유'라는 지역 청소년운동을 만드는 활동도 해 나가고 있다. 그는 공간적으로 청소년들이 쉽게 참여할 수 있고 생활에 밀착한 지역사회 단위에서 모임을 만들고 조직화를 해야 더 많은 청소년들이 참여하는 운동을 만들 수 있다고 생각한다.

검은빛 청소년들은 지하철 타는 걸 외국 나가는 것처럼 생각하고, 옆 동네 가는 것은 해외여행처럼 느낀다고요. 저 역시 중학교 다닐 때 지하철을 탄 적이 그렇게 많지 않거든요. 학교-학원-집, 끽해 봐야 신림사거리? (웃음) 내가 사는 동네가 사실 내 세계의 전부인 경우가 많잖아요. 그러니까 내 지역에 참여의 공간이 없으면 참여를 못 하는 거죠.

그리고 더 나아가서는 서울 지역에 있는 지역 단위 청소년운동 모임들을 네트워킹하는 것까지 추진하고 있다. 현재 청소년운동 조직들이 공히 고민하고 있는 주제가 '조직화'인데, 검은빛의 화두 역시 그런 맥락 속에 있었다.

검은빛에게 참정권 운동 말고 기억에 남는 운동이 있느냐 물었다. '청소년 온라인게임 셧다운제 반대 활동'*과 '광신고 체벌 사건 대응'을 꼽았다. 광신고는 검은빛이 입학하고 몇 달 안 되어 자퇴한 바로 그 학교다. 검은빛이 학교를 그만둔 뒤 학교의 한 친구가 체벌을 심하게 하는 어느 교사의 체벌을 멈추게 하고 싶다고 검은빛에게 연락을 해 온 것이다. 한창 서울학생인권조례 주민 발의 운동 중이었던 검은빛은 학생인권조례제정운동 서울본부와 같이 이 사안을 맡아서 대응했다. 관악 지역의 단체들과 함께 수집한 증거를 가지고 교육청에 감사를 청구하고 기자회견을 하고 학교에 항의 방문을 하여, 최종적으로는 담임 교체와 연수, 학교의 재발 방지 약속 등을 받아 냈다.

검은빛은 당시에 지역 단체들 중 일부가 체벌 사실이 명확한데도 이에 대해 온정적인 대응을 했고 학교에 항의하는 것을 방해하기까지

---

* 청소년 온라인게임 셧다운제는 16세 미만 청소년이 밤 12시 이후에 온라인게임을 하는 것을 강제로 차단하는 제도이다. 2011년 11월에 〈청소년보호법〉이 개정되며 셧다운제가 본격 시행되자, 청소년운동 단체와 문화 단체, 게임 단체 등은 함께 반대의 목소리를 냈다. 검은빛은 2011년 하반기에 토론회 패널을 맡는 등 셧다운제 반대 활동에도 적극 참여했다. 그때 셧다운제에 대해 제기했던 헌법 소원 역시 2014년 4월 24일, 참정권 헌법 소원 판결과 같은 날, 7:2 합헌이라는 결과가 나왔다.

했다고 말했다. 교원 단체에 소속된 누군가는 가해 교사에게 이 사건을 제보한 학생의 신원을 알려 줘 가해 교사가 학생을 따로 불러내기까지 했다.

> **검은빛** 같은 편에서 대처해 주고 해결을 본 지역운동 단체들에게는 아직도 고맙지만, 그때 저는 지역운동의 패악질이 어디까지 갈 수 있는가, 청소년운동이 얼마나 얕보이는가를 느낄 수 있었어요. 저는 그런 측면에서 힘에 대한 욕망이 있는 거 같아요. 우리에게도 힘이 있어야 돼요. 우리는 좀 권력 지향적일 필요가 있다니까요. 우리가 권력을 가져야 문제를 해결해 낼 수 있는 목소리를 가질 수 있는데 우리는 너무 권력이 없어요.

검은빛이 참정권 운동에, 지역운동에 꽂혀 있는 것은 모두 그런 이유 때문인 것 같았다. 그리고 얼마 전, 자신이 졸업한 중학교를 방문했는데 교사들이 예전처럼 학생들을 때리지 않더라고 이야기하며 놀라워했다.

> **검은빛** 진짜 5년밖에 안 지났는데 뭔가 많이 변했어요. 안 때리더라고요. 교사들도 체벌이 문제라고 생각하는 것 같고요.

그런 변화에는 검은빛도 함께했던 광신고 체벌 사건 대응을 비롯한 학생 인권 운동의 영향이 작지 않을 것이다. 그렇게 조금씩이라도, 실패를 거듭하더라도 바꾸어 나가는 것이 우리의 운동이라고 믿는다. 검은

빛은 대학 생활에서도, 지역운동에서도, 아마 더 나은 운동을 만들어
갈 수 있을 것이다. 또다시 새로운 청소년 참정권 운동의 길을 준비하
는 것 역시 검은빛과 다른 청소년 활동가들 모두의 일로 남아 있다.

청소년이기 때문에

공현

"청소년운동을 하게 된 계기가 뭔가요?" 지난 몇 년간 셀 수 없을 만큼 많이 받은 질문이다. 동시에 대답이 궁한 질문이기도 하다. 직접적으로 '청소년운동'이라는 것의 존재를 알고 발을 들이게 된 계기는 고3 때, 2005년 5월 내신등급제 반대·두발 자유화 시위였다. 하지만 생각해 보면 나는 중학교 입학 때부터 교복을 입어야 한다는 것을 혐오했고 학교에서 맞는 것이나 '기합'이라며 괴롭히는 것이 끔찍했으며, 야간 자율학습 같은 장시간 초과 학습을 강요하고 성적으로 사람에게 값어치를 매기면서 차별하는 교육이 징그러웠다. 교사나 선배나 어른들이 스스로를 '윗사람'이라고 일컬으며 '아랫사람'을 무시하고 하대하는 것이 싫었고 부모가 내 진로에 대해 강권하거나 재단하는 것이 부당하다고 느꼈다. 애국심을 요구하며 국기에 대한 맹세나 경례를 하라고 하는 것도 마음에 안 들었다. 그래서 고등학생이던 2004년, 기숙사에서 일어나는 단체 기합을 비판하는 전단지를 배포했다가 벌점을 받았고 학교의 비민주적·반인권적 규칙을 비판하는 리포트를 수업 과제로 제출했다. 찾아보니 2005년 2월쯤에도 '학생에게도 인권이 있는데' 같은 내용의 울분 섞인 글을 블로그에 썼다. 조직적이고 계획적으로 이루어지는 사회운동을 접한 것이 2005년 5월이었을 뿐이다.

그러니까 내가 왜 청소년 인권에 관심을 갖게 되었으며 왜 청소년운동을 했는지 묻는다면, '청소년이라서 그랬다'는 대답밖에는 할 말이 없다. 오히려 반대로 묻고 싶다. 여러분의 청소년기는 어떠(땠)냐고. 인간답게 살고 싶다고 발버둥 칠 법하지 않(았)느냐고. 어차피 몇 년만 참으면 청소년기를 벗어나게 된다는 것은 청소년운동을 하지 않을 이유가 될 수 없다. 청소년기의 일시성은 사람들의 인내심에 관련된 문제이지, 청소년들이 겪는 부당한 억압과 차별을 정당화해 주거나 청소년들이 순응해야 할 이유와는 아무 상관이 없다. 어차피 나는 지금 여기 살아 있는 것이지 미래의 어딘가에 살아 있는 것이 아니므로, 지금 여기에서 사람답게 행복하게 사는 것이 중요하다.

이 책을 쓰면서 과거에 청소년운동을 했던 사람들과 현재 하고 있는 사람들에게 '청소년운동을 하게 된 계기가 무엇인지' 같은 질문들을 잔뜩 하고 다녔다. 답하기 어려운 질문이라는 것을 알면서도 물으려니 좀 미안했다. 그래도 어쨌건 우리는 알고 싶어서 이야기를 들었고, 더 많은 사람들에게 알리고 싶어서 글로 썼다.

어쩌면 나는 과거에 청소년운동을 했던 사람들에게 일종의 '채권 의식'을 갖고 있는지도 모르겠다. 현재에도 청소년운동을 하고 있는 입장에서, 한때 청소년운동을 하다가 지금은 떠나 있는 그들로부터 당시의 경험과 기억, 가지고 있는 자료 등을 마땅히 건네받을 자격이 있다는 의식 말이다. 그 채권 의식 이면에는, 자신이 과거에 청소년운동을 한 활동가였다는 기억과 정체성을 그들이 간직해 주기를 바라는 마음도 있다. 그들을 인터뷰한 것은 그들의 이야기를 듣고 내가 그들을 기억하기 위해서이기도 했지만 동시에 그들이 지금의 청소년들과 청소년운동을 잊지 않고 기억해 주기를 바라서이기도 했던 것이다.

'낡은 새로움'을 넘어 '다른 새로움'으로

짧게는 1시간 반, 길게는 3시간씩 이어진 인터뷰는 새로운 앎과 감정 이입이 함께 일어나는 시간이었다. 페미니스트 정희진은 '낡은 새로움'이라는 표현을 썼던 바 있다. 여성들은 이미 오래전부터 자신들이 겪는 차별과 억압의 문제를 제기하고 목소리를 내 왔지만, 대개 변화를 관철시키지 못하고 경험과 역사가 전수되지도 못한 채, 비슷한 이야기가 처음부터 새롭게 시작하듯이 탄생하기를 반복한다는 의미이다.

이는 청소년들도 마찬가지다. 1990년대 청소년으로서 겪었던 삶과 2010년대에 청소년으로서 겪었던 삶이 질릴 정도로 닮아 있다. 예컨대 1990년대에 주장한 체벌 금지, 2000년에 주장한 두발 자유화, 2002년에 주장한 18세 선거권 보장, 2003년에 제기한 정보 인권 보호, 2004년에 주장한 종교의 자유 보장 중 어느 것 하나 말끔히 해결되지 않고 청소년운동의 과제로 쌓이고 있다.

그래서인지 내가 청소년운동을 하면서 겪었던 감정과 경험들이 비슷

하면서도 다른 모습으로 사람들의 이야기 속에서 나타났다. 하긴, 청소
년을 무시하지 말고 존중하며 인권을 보장하라고 한 것이 1920년대 소
년 운동·어린이날 운동 등의 주제이기도 했으니 결국 본질적으로는 같
은 이야기를 100여 년 동안 하고 있는 셈이다. 이렇게 기억을 기록하고
전하는 작업이 경험과 역사를 공유하고 전수하며 '다른 새로움'을 만들
수 있는 토대가 될 거라고 생각한다.

　우리가 만난 사람들이 특별히 뛰어난 청소년은 아니었다. 그들이 특
별해서 청소년운동을 한 것이 아니다. 단지 삶의 어느 순간에 청소년운
동을 만났기에 특별해 보이는 청소년기를 보냈을 뿐이다. 누구든지 청
소년으로서 혹은 청소년의 입장에서 청소년의 인권을 위해 행동하는
사람들이라면 이 책의 주인공이 될 수 있었다.

　이 책에서 인터뷰한 사람들의 이야기에서 알 수 있듯이, 그저 청소년
이라는 이유로 차별받고 무시당했던 경험, 학교와 교육에서 느꼈던 숨
막힘, 자신이 사는 사회의 문제에 참여해 목소리를 내고 싶은 주인 의
식, 대개 그런 것들로부터 사람들은 청소년운동을 시작하게 된다. 자신
이 청소년으로서 당한 억울함을 풀기 위해서든, 또는 다른 청소년들과
뭔가 함께해 보고 싶어서든, 청소년운동의 문을 두드리는 데 주저할 이
유는 없다. 자신이 직접 주변의 청소년들과 힘을 모아서 무언가를 시작
해 볼 수도 있다. 그런 시도가 다른 운동을 만들고 새로운 시대를 만들
것이다. 앞으로 청소년운동을 궁금해하고 활동하고 싶어 할 이들에게
이 책이 청소년운동을 만나는 또 하나의 통로가 되기를 바란다.

청소년운동 단체 소개

※이름 옆에 ★표가 있는 곳은 현재도 활동 중인 단체이다.

• 18세선거권낮추기공동연대(낮추기공동연대)

2004년 총선을 앞두고 18세 선거권 운동을 주도한 연대체이다. 대구청소년문화아케이드 우주인, 대한민국청소년의회, 문화연대, 청소년정치참여네트워크, 21세기청소년공동체 희망, 민주노동당 청소년위원회 등이 참여했다.

• 21세기청소년공동체 희망(희망) ★

1990년대 고등학생운동 당시 서울 지역에 생겨났던 지역 청소년 단체들이 연합하여 만들어진 단체. 2000년에 21세기청소년공동체 희망으로 정식 창립하여 2003년 사단법인으로 등록했다. 그 뒤로 학생회나 동아리 등 학생 자치에 관한 활동, 학생 인권에 관한 활동, 사회 이슈에 관한 활동 등을 꾸준히 하고 있다. 이와 비슷하게 고등학생운동에 뿌리를 둔 청소년 단체들은 대전의 청소년교육문화공동체 청춘, 인천의 청소년인권복지센터 내일 등 전국에 여럿 존재한다.

• 교육공동체 나다 ★

청소년 인문학 수업을 하면서 청소년 인권 활동도 하는 단체이다. '철학 교실 나다'로 2000년에 시작되었고 2004년부터 '교육공동체 나다'라는 이름으로 활동하고 있다. 2007~2008년은 '거리를 학교로, 도로를 칠판으로'라는 표어 속에 나다에서 활동하는 실무자들과 청소년들이 다양한 청소년운동에 함께했다. 현재 청소년 인문학 수업과 아무나 볼 수 있는 인문학 잡지 《나다wom》을 발간하는 활동 등을 하고 있다.

• 낮추자

2002년 대선과 2004년 총선 때 18세 선거권을 주장하면서 모의 투표와 거리 축제 등을 진행했던 단체이다. 기획팀원을 모집하여 개개인들이 연대하여 기획하고 참여한 프로젝트 수행을 위한 단체였으면서, 문화연대와 학벌없는사회와 위드 등 여러 단체들이 참여한 연대체의 성격을 함께 가지고 있었다.

•대구청소년문화아케이드 우주인

탈학교 청소년과 학생인 청소년들이 함께 수업에 참여하고 프로젝트를 진행했다. 2002년에서 2006년 무렵 활발한 대외 활동을 했다. 청소년 인권 문화제를 기획했고, 18세 선거권 운동, 두발 자유 운동 등에 함께했으며, 청소년을 위한 대구 동성로 문화 지도 만들기 등의 활동을 했다.

•대학/입시거부로삶을바꾸는투명가방끈들의모임(투명가방끈모임) ★

2011년 대학/입시 거부 운동을 계기로 만들어진 단체이다. 입시 경쟁과 학력·학벌 차별 등을 비판하고 다른 교육과 삶을 만들기 위한 활동을 하고 있다. 대학 거부자들이 주로 활동을 하지만 대학 거부자가 아니어도 회원으로 활동할 수 있다.

•대한민국고등학교학생회총연합회(대고총) ★

고등학교 학생회장들이 모인 단체. 2002년 만들어졌다. '학생 참여 운동', '학업 증진 운동', '정의 사회 운동'의 3대 학생운동을 지향한다고 밝혔다. '대한학생회'로 명칭을 변경하여 존속 중이며, 학생회 간 교류, 축제나 문화 행사 개최, 토론회와 연수 등의 사업을 한다.

•대한민국청소년의회 ★

유니세프한국위원회, 민주화운동기념사업회, 전국사회교과모임, 정의교육시민연합, 흥사단 교육운동본부가 주관 단체로 협력하여 2003년에 만든 단체. 제도적 기구는 아니며 모의 의회 성격을 갖고 있었다. 온라인 투표로 청소년들이 청소년 의원들을 선출했고 청소년의회 의원들은 토론회나 입법 청원 등의 방식으로 활동했다. 이후 주관 단체들로부터 독립하여 법인으로 등록해 활동 중이다.

•두발자유화를위한학생운동본부/ 두발자유화를위한시민단체운동본부

2005년 두발 자유 운동을 위해 결성된 연대체. 학생운동본부와 시민단체운동본부를 따로 꾸려서 학생운동본부에는 청소년 당사자만 참여하고 시민단체운동본부에는 비청소년 시민단체들이 참여했다. 그 밖에 같은 시기 아이두 측에서 두발 자유 서명 등을 진행한 단체의 명칭은 '학생인권수호전국네트워크'였다.

• 발전하는학생회 가자

2004년부터 2007년 무렵까지 활동했던 중·고교 학생회 연합 모임. 21세기청소년공동체 희망에 소속된 모임이다. 두발 자유화 운동에 참여했고, 학생회 법제화 운동 등을 기획했다. 희망에는 가자 외에도 여러 차례 학생회 연합 모임이 있었다.

• 사이버유스

1998년 문화관광부의 정책 프로젝트로 만들어진 청소년 웹진이다. 청소년들의 주체적 문화 공간을 지향했으며 청소년 사이버 의회 등에서는 토론과 연대를 통해 의제를 제안하는 등 주체적 활동이 활발하게 이루어졌다. 2002년에 폐간되었다.

• 아이두

1999년 설립된 청소년 포털(idoo.net)로, 상업적 공간이 아닌 청소년들의 자율적 온라인 공간을 만드는 것을 모토로 설립됐다. 처음 만들어질 때부터 운영진을 모두 청소년이 했으며 이곳에서 두발 자유화 운동이나 '외계어 반대 캠페인' 등이 진행됐다. 2010년 문을 닫았다.

• 위드With

2000년 두발 제한 반대 온라인 서명 등을 진행했던 웹 연대체. 사이버유스, 아이두, 채널텐 등 세 개의 청소년 관련 사이트가 연대했다. 온라인 서명 운동 참여가 확산되면서 두발 자유를 이슈화시키는 데 성공했다.

• 전국민주중고등학생연합(민학연)

2002년 학생인권과교육개혁을위한전국중고등학생연합에서 갈라져 만들어진 학생 인권 단체로, 정식 명칭은 '학생인권과교육개혁을위한전국민주중고등학생연합'이다. 이슈화된 여러 학내 운동 및 촛불 집회 등에 참여했고, NEIS 반대 등의 활동을 했다.

• 전국청소년학생연합(전청련)

동일하거나 비슷한 명칭의 단체들이 몇 있었으나, 일단 이 책에 등장하는 곳은 2008년 촛불 집회 당시 결성된 곳이다. 2008년 촛불 집회에 참가했던 청소년들이 모여서 '의식이 깨어 있는 청소년 연합', '촛불 소녀' 등 다양한 모임들을 만들었는데, 전국청소년학생연합은 청소년들이 자발적으로 만든 카페 겸 단체 중에서도 가장 크고 활발한 곳이었다. 촛불 집회에 참가하고 청소년의 권리를 주장하는 등의 운동을 하다 2010년경 활동이 중단됐다.

• 중고등학생복지회(학복회)

1995년 강원도 춘천고 최우주가 하이텔에 보충 수업·자율 학습 강제 문제로 헌법 소원을 내겠다고 글을 올린 사건을 계기로 PC통신을 기반으로 만들어진 학생 인권 단체. PC통신 중 하이텔과 나우누리 두 곳에 있었고 2000년대 초반에 사라졌다.

• 청소년 다함께

다함께는 국제 사회주의를 표방하는 운동 단체이다. 현재 명칭은 '노동자연대'. 청소년 다함께는 다함께에 속해 있던 청소년 모임으로 대략 2003년에서 2010년에 걸쳐 활동했다. 반전反戰 운동, 경쟁 교육 반대 운동, 학생 인권에 관한 운동 등을 전개했다. 청소년 모임은 현재 없으나 노동자연대 소속 청소년 회원은 존재한다.

• 청소년을위한희망네트워크 작은숲(작은숲)

부산에서 2003년 만들어진 단체. 부산 지역의 동아리들과 개인들이 모인 연대체 성격도 어느 정도 가지고 있었다. NEIS 반대 운동, 선거권 제한 연령 하향 운동 등을 했다. 2005년 무렵까지 존재했다.

• 청소년의정치적기본권내놔라운동본부(내놔라운동본부)

2012년 대선을 앞두고 만들어졌던 청소년 참정권 운동을 위한 연대체. 청소년인권행동 아수나로 등의 청소년운동 단체들이 모여서 꾸렸다. 선거권 제한 연령만이 아니라 표현의 자유, 집회의 자유, 학교 운영 참여 등 실질적인 참정권의 내용들을 종합적으로 논의했다. 2012년 대통령 선거일에 1인 시위 등의 활동을 했다.

• 청소년의힘으로

2003년, 청소년 활동가들이 전국적인 청소년운동 단체를 만들겠다는 목표로 모여서 설립했던 조직이다. NEIS 반대 운동을 전개했고 학내 투쟁에 참여했다. 1년 정도 활동하고 사라졌다.

• 청소년이말하는입시 더하기(더하기)

21세기청소년공동체 희망에 소속된 청소년 모임으로, 2004년에 만들어져 2007년 무렵까지 활동했다. 주로 학생 인권과 입시 교육에 관련된 문제에 대해 활동했고 내신등급제 반대 촛불 집회 등에도 참가했다.

• 청소년인권행동 아수나로(아수나로) ★

2004년 '청소년인권연구포럼 아수나로'로 만들어져 2006년 '청소년인권행동 아수나로'로 명칭을 바꾸고 청소년과 비청소년이 함께하는 전국적인 청소년운동 단체로서 활동하고 있다. 두발 자유 등 학생 인권에 관한 활동, 입시 경쟁 교육과 일제고사 반대 운동, 청소년 참정권 운동 등을 해 왔다.

• 청소년인권활동가네트워크

청소년 인권 운동의 진영을 만들고 발전을 꾀하고자 2006년에 만들어진 청소년 인권 운동 연대체. 민주노동당 청소년위원회, 발전하는학생회 가자, 인권운동사랑방, 청소년인권행동 아수나로, 전북청소년인권모임 나르샤, 청소년 다함께 등이 참여했다. 학생들의 학내 운동에 대응하고 학생 인권 이슈를 정리하고 종합하는 한편 청소년 인권 운동의 새로운 의제들을 발굴하고 연구하는 등의 활동을 했다.

• 청소년정치참여네트워크(청정넷)

2003년 경기도 고양시에서 만들어져 청소년의 정치 참여, 청소년 자치 등을 위해 활동한 단체이다. 모의 의회를 개최하고 2004년 18세 선거권 운동을 제안했으며 고양 지역에서 행사를 여는 등의 역할을 했다.

• 청소년직접행동(청직행)

2008년 촛불 집회를 계기로 만들어진 연대체로, 교육공동체 나다와 청소년인권행동 아수나로 서울지부 등이 참여했다. 촛불 집회 안에서 래커와 분필로 청소년들의 주체성을 드러내는 문구를 거리에 적는 활동, 청소년 토론회 개최 등의 행동을 기획했으며 기호 0번 청소년 후보 운동 등을 만들었다.

• 청소년활동기상청 활기 ★

청소년운동에 대한 물질적·이론적 지원과 운동 단체들의 네트워킹을 목표로 하는 연대체이다. 청소년인권활동가네트워크와 교육공동체 나다 등이 청소년 활동가들의 기반을 조성하는 '활기' 프로젝트를 시작한 이후 2012년, 청소년인권활동가네트워크가 '청소년활동기상청 활기'로 전환할 것을 선언하며 만들어졌다.

• 타래

1997년 청소년들이 모여서 만든 인권 동아리. 청소년 인권에 대해 관심이 높아지던 시대상을 보여 주며, 청소년들이 자발적으로 만든 청소년 인권 모임이란 점에서 관심을 받았다.

•학생인권과교육개혁을위한전국중고등학생연합(학생연합)

2000년 만들어진 학생 인권 단체이다. 전국적 학생 조직을 만들려고 시도한 초창기 사례 중 하나이며, 두발 자유 운동, 학칙 조사, 학생 대표의 학교운영위원회 참여 운동 등을 하다 2004년쯤 사라졌다.

•학생인권수호전국네트워크

2005년 두발 자유화 서명 운동과 5월 14일 서울, 광주 등에서 열린 거리 축제, 토론회 등을 주최한 단체이다. "청소년, 학부모, 교사, 지식인, 시민단체 등이" 모인 네트워크 이자 느슨한 연대체로 당시 아이두, 함께하는교육시민모임, 한국학생인권연합 등이 참 여했다. 2005년 5월 이후에도 두발 자유 등을 요구하는 학내 행동 등을 이어 나갔으 며 2007년 이후에는 활동이 사라졌다.

•학생인권조례제정운동 서울본부(서울본부)

서울학생인권조례 주민 발의 운동 및 제정 운동을 위해 꾸려진 연대체이다. 공익변호 사그룹 공감, 교육공동체 나다, 민주노총 서울본부, 불교인권위원회, 어린이책시민연 대, 인권교육센터 들, 인권운동사랑방, 전국교직원노동조합 서울지부, 참교육을위한전 국학부모회 서울지부, 청소년인권행동 아수나로 서울지부, 평등교육실현을위한서울학 부모회, 한국게이인권운동단체 친구사이, 흥사단 교육운동본부, 21세기청소년공동체 희망 등 30여 개의 다양한 단체들이 참여했다. 2010년에서 2012년에 걸쳐 서울학생 인권조례 제정과 정착을 위해 노력했다. 이후 서울본부를 밑바탕으로 전국의 학생 인 권에 관심을 가진 단체들이 모여서 '인권친화적 학교+너머 운동본부'가 꾸려졌다.

•한국청소년모임

2004년 만들어진 다음 카페이자 청소년들의 모임. 두발·복장 자유, 입시 교육 문제, 청소년 노동권, 체벌 반대, 종교 자유 등 2000년대 중반 이슈가 된 청소년 인권 문제 들에 관해 이야기하고 활동했다. 2005년 내신등급제 반대 촛불 집회, 두발 자유 운동 등에도 참여했고 2006년 무렵 활동이 정지됐다.

•행동하는청소년

경남 진주 지역에서 2002년 만들어진 청소년 단체이다. '청소년에게 더 나은 세상을 만들자'라는 슬로건을 내걸고 두발 자유 운동, 체벌 반대 운동, NEIS 반대 운동, 집단

성폭행 사건 규탄 및 성문화 캠페인 등을 진행했다. 2006년에 청소년인권행동 아수나로 진주지부로 합류했다.

기타 단체 및 공간

•교육혁명공동행동 ★

교육운동 연대체이다. 다루는 의제나 소속된 단체들은 2003년 만들어졌던 대규모 교육운동 연대체인 'WTO교육개방저지와교육공공성실현을위한범국민교육연대'와 '입시폐지대학평준화국민운동본부'의 연장선상에 있으며, 2011년에 만들어졌다. 전국교직원노동조합, 전국공무원노동조합, 전국교수노동조합, 한국비정규교수노동조합, 민주화를위한전국교수협의회, 평등교육실현전국학부모회, 학벌없는사회, 함께하는교육시민모임, 입시폐지대학평준화국민운동본부, 장애인교육권연대, 노동자연대, 문화연대, 사회진보연대, 좌파노동자회, 학생변혁모임 등의 단체들이 소속되어 있고 교육 혁명 대장정 등의 활동을 하곤 한다.

•문화연대 ★

'문화 사회 건설'을 목표로 1999년 만들어진 단체. 문화 개혁, 문화에 대한 권리 보장, 문화 민주주의 등 '문화'라는 개념을 중심으로 한 다양한 이슈들을 공론화하고 활동해 왔다. 청소년에 관련해서도 '〈청소년보호법〉 폐지 캠페인' 등 여러 활동을 했고 교육·문화 관련 사안에서 교육 단체 및 청소년 단체들과 연대하고 있다.

•부산 민주공원 ★

부산민주화운동을 기념하고 교육하고자 부산에 조성된 공간으로, 1999년 개관했다. 부산 청소년 축제 '반'을 공동 주최하는 등 청소년들이 활동할 수 있는 행사와 공간을 지원하는 역할을 하곤 했다.

•인권운동사랑방 ★

1993년 만들어진 인권운동 단체. 오랜 시간 한국 인권운동의 다방면에서 중요한 역할을 해 왔다. 청소년 인권에 대해서도 많은 관심을 기울였고 학칙 조사 활동, 학생 인권 운동 등을 함께했다.

• **입시폐지대학평준화국민운동본부**

2000년대 들어 문화연대와 교육 단체들은 수능 시험 날마다 '안티 수능 페스티벌'을 진행했다. 그러다 2007년, '입시폐지대학평준화국민운동본부'를 만들어서 입시 경쟁 교육과 학벌주의에 반대하고 대학 평준화를 이루기 위해 전국적인 캠페인, 소식지 발간, 거리 집회 개최 등의 활동을 했다. 2009년 이후에는 사실상 활동이 정지됐다.

• **전국교직원노동조합(전교조) ★**

한국 최대의 교사 노동조합이자 교육운동 단체로, 1989년 창립되었다. 교사들의 노동조합 결성이 인정되지 않아서 오랜 시간 비합법적 조직으로 취급받고 활동하는 교사들이 해직당하기도 했다. 1999년 교원 노조 관련 법률이 만들어지면서 합법 노조로 인정받았다. NEIS 반대, 종교 자유, 입시 경쟁 교육 반대, 일제고사 반대 등 청소년 인권과 교육에 관한 여러 이슈를 만들고 주도해 왔다.

• **참교육을위한전국학부모회(참학) ★**

1989년 만들어진 대표적인 학부모 단체이다. 학부모의 입장에서 '돈 봉투 없애기 운동', 학교운영위원회 참여 활동, 체벌 반대 운동, 친환경 무상 급식 관련 운동 등을 해왔다.

• **하자센터 ★**

서울시립청소년직업체험센터로 1999년에 만들어졌다. 시립 기관이지만 대안교육의 성격을 갖고 있다. 자율과 존중, 공유와 협력, 일과 학습의 결합 등을 운영 원리로 표방하고 있으며 일과 놀이, 문화적 활동을 결합한 다양한 프로젝트를 진행한다.

• **학벌없는사회**

1998년 함께하는시민행동이라는 단체의 한 분과로 시작하여 2000년 독립, 창설된 교육운동 단체이다. 주로 학벌의 문제를 제기하며 학벌주의, 학벌 차별 등을 해결하기 위한 운동을 했다. 2016년 해산했다.

• **흥사단 ★**

한국에서 가장 오래된 청소년 단체라고 불리는 곳으로, 도산 안창호가 만든 그 흥사단이 맞다. 민족 통일 운동, 투명 사회 운동, 교육운동 등을 진행하며 청소년을 선도·교육하기 위한 활동과 청소년의 권리를 위한 활동을 병행하고 있다.

1995년   강원도 춘천고 학생 최우주 하이텔에 헌법 소원 글 게시

1997년   청소년 웹진 네가진 '청소년 해방 선언서' 발표

1998년   중고등학생복지회 '학생 인권 선언' 발표

2000년   노컷 운동

　　　　　문화연대 등 〈청소년보호법〉 폐지 운동

2001년   MBC 〈느낌표〉 등 0교시 문제 이슈화

　　　　　학생인권과교육개혁을위한전국중고등학생연합 '인권을 찾자 교칙을 찾

　　　　　자' 운동, 학생의 학교운영위원회 참여 요구 운동

2002년   미군 장갑차 사고 추모 촛불 집회

　　　　　18세 선거권 낮추자 운동

　　　　　학생인권과교육개혁을위한전국중고등학생연합 등 0교시·야간 자율 학

　　　　　습·보충 수업 등 법제화 반대와 체벌 전면 폐지 운동

2003년   학생 체벌 금지 연대 활동

　　　　　NEIS 반대 운동

　　　　　전교조 실업교육위원회 등 실업계고 현장 실습 정상화 요구 운동

2004년   서울 대광고 학생 강의석 학내 종교 자유 운동

　　　　　18세 선거권 운동

　　　　　'진보 정당을 지지하는 청소년 활동가 공동 선언문' 발표

　　　　　학생회 법제화 운동

2005년   내신등급제 반대 촛불 집회

　　　　　두발 자유 운동

2006년   학생인권법안 발의

         '두발 자유, 바로 지금!' 거리 집회

         두발 자유! 학생인권법안 통과! 파란만장 청소년 인권 전국 행진

2007년   입시폐지대학평준화국민운동본부 출범

         '미친 학교를 혁명하라' 거리 집회

2008년   광우병 촛불 집회

         일제고사 반대 운동

         기호 0번 청소년 교육감 후보 운동

2009년   일제고사 반대 운동

2010년   경기도학생인권조례 제정

         서울시교육청 학교 체벌 금지 발표

         기호 0번 청소년 교육감 후보 운동

2011년   〈초·중등교육법 시행령〉 개정으로 체벌 제한적 금지

         서울학생인권조례 주민 발의

         광주학생인권조례 제정

         대학/입시 거부 운동

2012년   서울학생인권조례 제정

         '내놔라' 등 청소년 참정권 운동

         서울어린이청소년인권조례 제정

         경남/충북학생인권조례 주민 발의

2013년   전북학생인권조례 제정

교육공동체 벗

교육공동체 벗은 협동조합을 모델로 하는 작은 지식공동체입니다.
협동조합은 공통의 목적을 가진 사람들이 모여서 만든
권력과 자본으로부터 독립된 경제조직입니다.
교육공동체 벗의 모든 사업은 조합원들이 내는 출자금과 조합비로 운영됩니다.
수익을 목적으로 하지 않기에 이윤을 좇기보다
조합원들의 삶과 성장에 필요한 일들과
교육운동에 보탬이 될 수 있는 사업들을 먼저 생각합니다.
정론직필의 교육전문지, 시류에 휩쓸리지 않는 정직한 책들,
함께 배우고 나누며 성장하는 배움 공간 등
우리 교육 현실에 필요한 것들을 우리 힘으로 만들고 함께 나누고 있습니다.

조합원 참여 안내

출자금(1구좌 일반 : 2만 원, 터잡기 : 50만 원)을 낸 후 조합비(월 1만 원 이상)를 약정해 주시면 됩니다. 조합원으로 참여하시면 교육공동체 벗에서 내는 격월간 교육전문지《오늘의 교육》과 조합 회지 〈벗마을 이야기〉를 받아 보실 수 있습니다. 출자금은 종잣돈으로 가입할 때 한 번만 내시면 됩니다. 조합을 탈퇴하거나 조합 해산 시 정관에 따라 반환합니다. 터잡기 조합원은 벗의 터전을 함께 다지는 데 의미와 보람을 두며 권리와 의무에서 일반 조합원과 차이는 없습니다. 아래 홈페이지나 카페에서 조합 가입 신청서를 내려받아 작성하신 후 메일이나 팩스로 보내 주세요.

홈페이지 communebut.com
카페 cafe.daum.net/communebut
이메일 communebut@hanmail.net
전화 02-332-0712, 070-8250-0712
팩스 0505-115-0712

교육공동체 벗을 만드는 사람들

※ 하파타 순

후쿠시마 미노리, 황호연, 황진원, 황지영, 황정하, 황정일, 황정인, 황정원, 황정욱, 황이경, 황은복, 황윤호성, 황승옥, 황순임, 황봉희, 황미숙, 황기철, 황금희, 황규선, 황귀남, 황고운, 황경희, 홍유지, 홍용덕, 홍순성, 홍세화, 홍성은, 홍성구, 홍석근, 홍미영, 현복실, 현미열, 허효인, 허진혁, 허은실, 허수옥, 허성균, 허보영, 함점순, 함영기, 한학범, 한지희, 한지혜, 한정혜, 한은옥, 한영욱, 한영선, 한승희, 한승모, 한소영, 한성찬, 한봉순, 한민혁, 한만중, 한날, 한기현, 한경희, 하혜영, 하정호, 하인호, 하외정, 하승우, 하승수, 하순배, 하광봉, 탁동철, 최희성, 최환근, 최현우, 최현미a, 최현미b, 최탁, 최창기, 최진규, 최지혜, 최주연, 최종순, 최종민, 최정윤, 최정아, 최인섭, 최은희, 최은정, 최은아, 최은숙, 최은숙a, 최은숙b, 최은미, 최은경, 최유미, 최원혜, 최영식, 최영락, 최연희, 최연정, 최애영, 최애리, 최승훈, 최슬빈, 최선영a, 최선영b, 최봉선, 최보람, 최병우, 최미영, 최미선, 최미나, 최미경, 최문정, 최문선, 최동혁, 최대현, 최광용, 최광락, 최고봉, 최경미, 최경련, 채효정, 채현숙, 채종민, 채옥엽, 차유미, 차용훈, 진현, 진주형, 진유미, 진용율, 진영효, 진영준, 진수영, 진만현, 진낭, 지정순, 지은미, 지윤경, 지수연, 주윤아, 주순영, 주수원, 주경희, 조회정a, 조회정b, 조형식, 조형숙, 조항미, 조해수, 조하늘, 조진희, 조진석, 조지연, 조훈력, 조주원, 조정희, 조인재, 조용현, 조윤성, 조원배, 조용진, 조영현, 조영옥, 조영실, 조영선, 조영란, 조여은, 조여경, 조수진, 조성희, 조성진, 조성연, 조성실, 조성대, 조선주, 조석현, 조석영, 조상희, 조미라, 조문경, 조두형, 조경원, 조경애, 조경아, 조경삼, 제남모, 정희영, 정희선, 정홍윤, 정혜령, 정현주a, 정현주b, 정현숙a, 정현숙b, 정혜레나, 정춘수, 정철성, 정진영a, 정진영b, 정진규, 정종민, 정재학, 정인영, 정이든, 정은회, 정은주, 정은균, 정유진a, 정유진b, 정유숙, 정유섭, 정원석, 정용주, 정영현, 정영수, 정애순, 정애숙, 정수연, 정선희, 정상희, 정부교, 정보라a, 정보라b, 정미옥, 정미라, 정명옥, 정명영, 정득년, 정기진, 정광호, 정광필, 정광일, 정관모, 정경진, 정경원, 전혜원a, 전혜원b, 전정희, 전유미, 전상보, 전보선, 전병기, 전민기, 전미학, 전미옥, 전미영, 장효영, 장흥월, 장혜진, 장혜옥, 장혜경, 장주섭, 장종성, 장재화, 장재혁, 장인수, 장은하, 장은미, 장윤영, 장원영, 장영회, 장영경, 장시준, 장슬기, 장선영, 장선아, 장상욱, 장병학, 장도현, 장근영, 장군, 임혜정, 임현숙, 임향신, 임한철, 임지영, 임중혁, 임종길, 임정은a, 임정은b, 임전수, 임양미, 임수진, 임성준, 임성빈, 임성무, 임선영, 임상진, 임명택, 임동헌, 임덕연, 임금록, 이희옥, 이효진, 이화협, 이화숙, 이호진, 이혜정, 이혜숙, 이혜린, 이형환, 이형빈, 이현주, 이현종, 이현익, 이현민, 이현, 이혁규, 이향숙, 이한진, 이태영a, 이태영b, 이태구, 이충익, 이충근, 이초록, 이창진, 이진희, 이진혜, 이진주, 이진숙, 이지혜, 이지현, 이지향, 이지영a, 이지영b, 이지연, 이준구, 이주희, 이주탁, 이주영, 이종찬, 이종은, 이정희a, 이정희b, 이정희c, 이정현, 이정윤, 이정연, 이재형, 이재익, 이재두, 이인사, 이용휘, 이은희, 이은진, 이은주a, 이은주b, 이은주c, 이은영a, 이은영b, 이은숙, 이은경, 이윤주, 이윤엽, 이윤승, 이윤선, 이윤미a, 이윤미b, 이윤경, 이유진, 이월녀, 이원님, 이운서, 이우진, 이용환, 이용석a, 이용석b, 이용상, 이용기, 이영화a, 이영화b, 이영호a, 이영호b, 이영혜, 이영주a, 이영주b, 이영아, 이영선, 이영상, 이연진, 이연주, 이연숙, 이연수, 이애영, 이아리마, 이승헌, 이승태, 이승유, 이승유, 이슬기a, 이슬기b, 이순임, 이수정, 이수미, 이소형, 이성원, 이성숙, 이성수, 이성구, 이설희, 이선회, 이선표, 이선용, 이선영, 이선애, 이선미, 이상훈, 이상직, 이상원, 이상영, 이상미, 이상대, 이상균, 이분자, 이보선, 이보라, 이병준, 이병재, 이병곤, 이범회, 이민재, 이민아, 이민숙, 이민수, 이미옥, 이미영, 이미연a, 이미연b, 이미숙a, 이미숙b, 이미라, 이미, 이명형, 이매남, 이동훈, 이동철, 이동준, 이동범, 이동갑, 이도종, 이도연, 이덕주, 이남숙, 이난영, 이나경, 이기규, 이근회, 이근철, 이근준, 이근영, 이균호, 이교열, 이광연, 이관형, 이계삼, 이경진, 이경욱, 이경언, 이경아, 이경림, 이건진, 이갑순, 윤홍은, 윤지형, 윤종원, 윤우람, 윤영훈, 윤영인, 윤영백, 윤여강, 윤승용, 윤석, 윤상혁, 윤병일, 윤규식, 육신혜, 유효성, 유은아, 유영길, 유성희, 유성상, 유근란, 위양자, 원지영, 원종희, 원윤희, 원성재, 우창숙, 우지영, 우완, 우수경, 우성조, 우경숙, 오혜원, 오현진, 오중근, 오정희, 오정분, 오은정, 오은경, 오유주, 오유진, 오승훈, 오세희, 오세연, 오세란, 오상철, 오민식, 오명환, 오동석, 오경숙, 염정화, 염정신, 여희영, 여태진, 엄창호, 엄지선, 엄재홍, 엄영숙, 엄기호, 엄귀영, 양희전, 양해준, 양지선, 양은주, 양순숙, 양윤신, 양영희, 양애정, 양선형, 양선영, 양상진, 양동기, 안효빈, 안혜초, 故안혜영(명예조합원), 안찬원, 안지현, 안지움, 안준철, 안정민, 안정미, 안재성, 안윤숙, 안용덕, 안옥수, 안순역, 안선영, 안상태, 안경화, 심항일, 심은보, 심승희, 심수환, 심동우, 심규장, 심경일, 신희정, 신홍식, 신혜선, 신충일, 신창호, 신창복, 신중휘, 신은정, 신은숙, 신은경, 신유준, 신영숙, 신소희, 신미옥, 신귀애, 신관식, 송화원, 송호영, 송혜란, 송현주, 송진아, 송정은, 송용석, 송승훈, 송산재, 송명숙, 송근희, 손호만, 손현아, 손진근, 손재덕, 손은경, 손소영, 손미, 손명선, 소수영, 성현주, 성현석, 성주연, 성유진, 성용혜, 성열관, 설은주, 설임민, 선미라, 석경순, 서혜진, 서혜원, 서정오, 서인선, 서은지, 서윤수, 서우철, 서예원, 서승일, 서명숙, 서금자, 서근원, 서경훈, 서강선, 상형규, 복현수, 복준수, 변현숙, 변규석, 백흥미, 백현희, 백지연, 백인식, 백영호, 백승범, 백기열, 배희철, 배희숙, 배진희, 배주영, 배정원, 배일호, 배이상헌, 배영진, 배아영, 배성호, 배기표, 배경내, 방은아, 방성억, 발득일, 반영진, 박회진, 박희영, 박효정, 박효수, 박환조, 박혜숙, 박형진, 박형일, 박현미a, 박현미b, 박현주, 박현숙, 박현선, 박춘애, 박춘배, 박칠호, 박진환, 박진숙, 박진수, 박진교, 박지희, 박지홍, 박지인, 박지원, 박지선, 박지나, 박종호, 박종하, 박정아, 박정미, 박은하, 박은성, 박은경a, 박은경b, 박용빈, 박옥주, 박옥균, 박영실, 박영미, 박영림, 박신자, 박승철, 박숙현, 박수현, 박수진a, 박수진b, 박수연, 박소영, 박성현, 박성규, 박선혜, 박선영, 박복선, 박범이, 박민영, 박미희, 박명회, 박명진, 박명숙, 박동준, 박도정, 박덕수, 박대성, 박노해, 박노한, 박나실, 박고명준, 박계도, 박경화, 박경진, 박경주, 박경이, 박경숙, 박건형, 박건진, 민형기, 민애경, 민병성, 미류, 문회영, 故문홍빈(명예조합원), 문진숙, 문지훈, 문용석, 문영주, 문순창, 문순옥, 문수현, 문수영, 문수경, 문세이, 문성철, 문봉선, 문미정, 문명순, 문경희, 모은정, 모영화, 명수민, 마연주, 마승희, 립보, 류형우, 류창모, 류지남, 류경희, 류재향, 류원정, 류우종, 류영애, 류명숙, 류경원, 도정철, 도인정, 데와 타카유키, 노영필, 노영민, 노상경, 노미화, 노미경, 노경미, 남효숙, 남주형, 남정민, 남유미, 남유경, 남원호, 남예린, 남선우, 남미자, 남동현, 남궁역, 날맹, 나규환, 김희경, 김희옥, 김흥규, 김훈태, 김효정, 김효승, 김환희, 김흥규, 김혜영, 김혜민, 김혜림, 김형우, 김형영, 김형렬, 김형근, 김현진, 김현준, 김현주, 김현조, 김현정, 김현영, 김현실, 김현선, 김현경, 김현, 김헌택, 김필임, 김태정, 김태욱, 김춘성, 김창진, 김찬영, 김진희a, 김진희b, 김진명, 김진, 김지혜, 김중미, 김준희, 김준연, 김준산, 김주기, 김종while, 김종원, 김종옥, 김종성, 김종만, 김정희, 김정현, 김정주, 김정식, 김정섭, 김정삼, 김정기, 김정규, 김재황, 김재원, 김재민, 김장환, 김인순, 김이은, 김이상, 김이민경, 김은회a, 김은희b, 김은파, 김은진, 김은영, 김은아, 김은식, 김은숙, 김은남, 김은규, 김은경, 김윤창, 김윤주a, 김윤주b, 김윤정, 김윤자, 김윤우, 김유정, 김유미, 김우영, 김우, 김용훈, 김용양, 김용섭, 김용만, 김용란, 김용기, 김요한, 김영회, 김영진a, 김영진b, 김영주a, 김영주b, 김영주c, 김영자, 김영아, 김영순, 김영삼, 김연정, 김연일, 김연오, 김연미, 김애숙, 김애령, 김시내, 김승규, 김순희, 김순천, 김수현a, 김수현b, 김수진a, 김수진b, 김수진c, 김수정a, 김수정b, 김수정c, 김수경, 김소희a, 김소희b, 김소영, 김세호, 김성진, 김성중, 김성애, 김성숙, 김성수, 김성보, 김설아, 김선희, 김선우, 김선산, 김선구, 김선경, 김석준, 김석규, 김상희, 김상정, 김상일, 김상욱, 김상남, 김상기, 김봉석, 김보현, 김병희, 김병훈, 김병주, 김병섭, 김병기, 김범주, 김방년, 김민희, 김민제, 김민정, 김민수a, 김민수b, 김민진, 김지연b, 김지양, 김지식, 김중미, 김준희, 김미라, 김무영, 김묘선, 김명희a, 김명섭, 김록성, 김동현, 김동준, 김동일, 김동이, 김도형, 김도현, 김도연, 김도석, 김대명, 김대성, 김다희, 김다영, 김남철, 김남규, 김기오, 김기언, 김규향, 김규태, 김규리, 김광명, 김고종호, 김경호, 김경일, 김경엽, 김경연, 김경숙a, 김경숙b, 김경미, 김가영, 김가연, 기호철, 기형훈, 기세라, 기선인, 금현진, 금현옥, 금명순, 권회중, 권혜영, 권현영, 권재옥, 권자영, 권이근, 국찬석, 구회숙, 구자숙, 구완회, 구수연, 구본희, 구미숙, 꽹이눈, 광흠, 곽혜영, 곽현주, 곽진경, 곽노현, 곽노근, 곽경미, 공현, 공은미, 공영아, 고효선, 고춘식, 고은정, 고은미, 고영주, 고영아, 고병헌, 고병연, 고민경, 강현주, 강현정, 강태식, 강진영, 강준희, 강이진, 강은정, 강영일, 강영구, 강순원, 강수미, 강수돌, 강성호, 강성규, 강선희, 강석도, 강서형, 강봉구, 강병용, 강곤, 강경미, 강경모

※ 2016년 11월 14일 기준 1,056명